Johann Jakob Simler

# Sammlung alter und neuer Urkunden zur Beleuchtung der Kirchengeschichte

Zweiter Band

Johann Jakob Simler

**Sammlung alter und neuer Urkunden zur Beleuchtung der Kirchengeschichte**
*Zweiter Band*

ISBN/EAN: 9783742870698

Hergestellt in Europa, USA, Kanada, Australien, Japan

Cover: Foto ©Lupo / pixelio.de

Manufactured and distributed by brebook publishing software (www.brebook.com)

Johann Jakob Simler

**Sammlung alter und neuer Urkunden zur Beleuchtung der Kirchengeschichte**

# Sammlung

## Alter und neuer Urkunden
### zur Beleuchtung der
# Kirchen-Geschichte
### vornemlich des
## Schweizer-Landes

### von
## Johann Jakob Simlern,
Ephor. Colleg. Alumn.

---

Zweyten Bandes, II<sup>ter</sup> Theil.

---

Zürich, bey Johann Kaspar Ziegler, 1760.

## I.
Nachricht
von den Zürichischen Herausgaben
## der Heiligen Bibel,
in deutscher Sprache
von J* J* B*

---

Anno 1525. bey Christoph Froschouer in gemein Fol. in 2. Theilen.

Der erste Theil ist An. 1525 gedrukt: meldet nicht von wem die Uebersezung herrühre. Der zweyte Theil ist An. 1529 gedrukt, und wird die Uebersezung der Propheten den Dieneren der Kirchen Zürich zugeschrieben, die auch eine besondere Vorrede diesem Theile vorgesezt haben. Diese Uebersezung der Propheten ist veranlasset worden durch die Uebersezung der Propheten, die An. 1527 von Ludwig Häzer und Johannes Denk, zu Worms, in gleichem Format ist ans Licht gestellt worden. Die Apocrypha hat Leo Jud übersezt, und mit einer Vorrede versehen. Was die übrigen heiligen Bücher betrift, so ist die Uebersezung von D. M. Luther entlehnt worden. Das N. Testament, so An. 1524. gedrukt worden, ist Luthers Version, nach dem Exemplar zu Basel 1523.

Von 1527=1529. ist auch eine Herausgabe in Octav vorhanden, mit einigen Figuren gezieret; der dritte Theil ist zu Basel gedrukt. Diese Herausgabe hat dreyerley Schrift=Charakter.

Von 1527=29. ist auch eine Herausgabe in Duodez, in VI. Theilen; deren der erste An. 1527. der vierte Theil aber, so die Propheten enthält, An. 1529 ausgefertiget worden: Sie ist mit latinischen Buchstaben niedlich gedrukt. Die Vorrede der Diener der Kirchen Zürich findet sich vor den Propheten, und die Vorrede Leonis Jud vor den Apocryphis, wie in der Edition in Folio. Die Apocryphischen Bücher machen hier und in der Octav=Edition einen besondern Theil.

An. 1530. bey Christoph Froschouer, mit latinischen Buchstaben, in groß Octav=Format. In dieser Edition sind die Vorreden und die Glossen über etliche schwere Hebräische Wörter und Redens=Arten, die in den vorigen kleinen Editionen befindlich, hier gänzlich weggelassen, damit der Text (der unverändert beybehalten worden) desto kommlicher in einen Band gebracht, und dieser Format, als ein tägliches Handbuch, zur Predigt oder auch über Feld gebraucht werden könne. Die Apocryphischen Bücher sind hier ganz hinter dem Neuen Testament angefügt worden.

- - Es thut zwar Herr Doct. Heinrich Bottinger in seinem Bibliothecario quadriprip. Lib. I. c. 3. unter diesem Jahre auch Meldung einer Herausgabe in groß Folio, die er perfectissimam & absolutissimam nennet. Allein es ist in der Jahrzahl ein Drukfehler, und gehöret dieser Ruhm der Herausgabe von An. 1531, die er sonst in seiner Verzeichniß gänzlich würde übergangen haben.

An. 1531 bey Christoph Froschouer in groß Folio, mit schöner Bibel-Schwabacher-Schrift, mit einer neuen Vorrede oder Vermahnung und Einleitung an den Leser: aus welcher Vorrede von der Beschaffenheit dieser Herausgabe folgendes anzumerken: 1) Daß dieß die erste Edition beyder Testamenten, die also zusammen gedrukt, und auf einmal herausgegeben worden: versteht sichs namlich in diesem Format. 2) Daß die fünf Bücher Mosis, Josua, der Richter, der Königen, der Chroniken aus Luthers Wittenbergischen Herausgabe abgedrukt, doch mit etwas Veränderung der Worten, zuweilen auch des Verstands. 3) Daß die Uebersezung des Buchs Hiobs, der Psalmen, der Sprüche und des Prediger Salomons in dieser Herausgabe von den Dienern der Kirchen Zürich sey verfertiget worden. 4) Thut der Verfasser der Vorrede ein offenherziges Bekenntniß, daß die Uebersezer bey ihrer Arbeit der Hebräischen Puncten und Pasuken wenig geachtet; weil dieselben neulich von den Rabbinen der Juden erdacht, und von Anfang nicht gewesen

wesen seyen. Und diese Anmerkung findet sich auch schon in der Vorrede über die Propheten der vorhergehenden Editionen. 5) Gegen dem Ende der Vorrede bitten die Uebersezer, daß man ihre Arbeit zu gutem annehmen wolle; mit Begehren, daß wo man eine eigentlichere und klärere Dolmetschung fürbringen möge, daß solches geschehe, 2c. So was findet sich auch in der Vorrede über die Propheten der vorigen Editionen.

In dieser Herausgabe sind die Apocryphischen Bücher schon mit den Canonischen vermengt, und in die Mitte gesezt worden.

Diese Edition vergleicht sich mit der in Folio von An. 1536, 1540. wie Herr D. Hottinger l. s. c. anmerkt.

An. 1534. bey Christoph Froschouer in Quart-Format, mit einer Vorrede des Drukers, in welcher er vorgiebt, daß die Diener der Kirchen Zürich die ganze Bibel gründlich verdeutschet haben. Diese Uebersezung samt der Vorrede ist in folgenden Herausgaben in Folio, als nemlich von An. 1536, 1538, 1540. beybehalten worden.

An. 1535. Es ist ein Fehler, wann der Froschouerschen Officin in diesem Jahre eine Bibel-Herausgabe zugeschrieben wird.

An. 1536. bey Christoph Froschouer in groß Folio; abermal mit heiterer Andeutung, daß der Text mit den Original-Sprachen auf das allerbest sey zusammen gehalten worden. Mit dieser Edition kommen überein die von An. 1538, 42, 48, 54, 70, 71, und 80.

Hier

## in deutscher Sprache.

Hier ist ein etwelches Register oder Index beygedrukt: welches der Druker, wie er in der Vorrede meldet, lieber vollständiger gehabt hätte, so er aber bisher nicht erhalten mögen.

An. 1538. bey Froschouer in Quart-Format, samt desselben aus den vorigen Editionen wiederholter Vorrede.

An. 1540. bey Froschouer in groß Folio: Hier sind Figuren und die Summarien der Capiteln neu hinzukommen. In der hier wiederholten Vorrede des Froschouers wird sehr gerühmt, daß der ganze Text aus den Grundsprachen aufs allertreulichste verdeutschet worden. Man haltet dafür, dieses sey die nemliche Herausgabe, deren der grosse Polyhistor Conrad Geßner in seiner Bibliotheca gedenket: Antea quoque (tota) Biblia Germanica (Leo Jvd) reddiderat ad Hebraicam Veritatem, cum Judæo quodam diligenter collata: quæ item Tiguri edita sunt.

An. 1542. bey Froschouer, in Quart-Format, mit saubern Schriften.

An. 1545. Von einer Edition, die in dieses Jahr einfallen soll, weiß Herr D. Bottinger nichts. Dieses mag wol daher rühren, weil in der Herausgabe, die in dieses 1545 Jahr gehört, auf dem Titul-Blatt in der Jahrzahl ein merklicher Fehler sich findet, da anstatt M D XLV. stehet M D XXV. wie solches aus der hinten an den Vorreden und Registern beygefügten

Zeitrechnung, die bis auf das Jahr 1545 fortgesezt ist, klar zu ersehen ist. Diese Ausgabe ist in groß Folio, in zween Theilen. Der erste Theil begreift die V. Bücher Mosis und die übrigen historischen Bücher, denen von Blatt CCXXXV. b. angehängt sind die Apocrypha. Der zweyte Theil begreift die poetischen und prophetischen Bücher, nebst dem Neuen Testament. An dessen Ende stehet: Gedrukt zu Zürich bey Christoffel Froschouer, MDLI. Der Druker hat unter seinem Namen eine Vorrede an den Leser beygesezt, worinne er sich rühmet, daß er den Text mit vieler Mühe und Kosten durch die Gelehrten der Hebräischen Sprache nach dem Grundtext habe verbessern lassen; wovon er zur näheren Erläuterung folgendes hinzugesezet: Vff das bittend wir den christlichen Läser, daß er sich nüt irren lasse, so er in disem Druk yez im 39. und 40. vßgangen, auch in künftigem eine andere Erklärung, Vorred oder Eynleytung in die Heil. Bibel, auch im Text an vilen Orten ganze Sentenz verbessert finden wirt: dann sölches nit fresfentlich, sunder mit guter Vorbetrachtung und flyssigem Erwegen beider Spraachen gschechen ist. Er rühmet ferner, daß er die Concordanzen und Summarien der Capiteln mit Mühe und Fleiß durchgesehen und verbessert habe. Er erinneret auch, daß er die Glossen, die in der Ausgabe, von Ao. 1531. mit kleinerer Schrift in den Text

Text geſetzt waren, jez in Klammern eingeſchloſſen habe. Dieſe Edition iſt durch und durch mit vielen Figuren und Holzſtichen ausgeziert.

Sonſt müſſen die Bibel-Exemplarien um dieſe Zeit ſehr rar geweſen ſeyn. Bullingerus ſchreibt an Hrn. Eberhard von Rümlang, Sekelſchreiber zu Bern, ſub 28. Nov. 1544. alſo: Libentiſſime tibi miſiſſem Biblia Germanica, ſed non potui in tota Urbe apud ullum Bibliopolam ulla invenire colligata, unum modo erat venale Exemplar, cujus Figuræ ſive Imagines omnes eſſent illuſtratæ Coloribus, non minoris vendere volebat quam VII. Aureis Tigurinis. Ego vero illud, licet ſit pulcherrimum, quia magni erat Pretii, non audebam mittere. Quod ſi illud adhuc ſibi mitti cupit, indicet aliquem qui aſportet. Quod ſi Exemplum aliud cupit ſibi colligari, ſignifica tu mature & parabitur.

An. 1548. bey Froſchouer, in Quart-Format, ſamt einer Vorrede des Drukers, in welcher vorgegeben wird, „ daß auf ein neues
„ durch die Gelehrten der Hebräiſchen Spra-
„ che mit groſſer Mühe und Koſten der
„ deutſche Text gegen dem Hebräiſchen
„ Buchſtaben von Wort zu Wort gehal-
„ ten, und ſo viel möglich verglichen, des-
„ halb das Deutſche jez dem Hebräiſchen
„ viel näher, dann je, worden ſey; daß man
„ verhoffe, ſolche Arbeit ſoll von keinem

„ der Hebräischen Sprache Verständigen
„ gescholten, sondern angenommen und ge-
„ lobt werden."

Diese Edition in Quart samt der gleichen Vorrede ist wieder gedrukt worden in
2. Theilen An. 1570. und bey Wolfen An.
1597. und 1618. doch mit etwas Aenderung;
Z. Ex. Exod. XXI. 30. da die vorgehenden
Uebersezungen haben: Sein Seel zu erlö-
sen, wird gesezt: Sein Seel zur Erlösung.

An. 1554. bey Andreas Geßner, dem jüngern,
und Rudolf Weissenbach, in gemein Folio;
ist der nächstvorhergehenden durchaus gleich.

NB. Einige Exemplar haben auf dem Titel 1555. und am Ende 1553. andere auf
dem Titul 1554. und am Ende 1553.

An. 1556. bey Christof Froschouer, in groß
Folio-Format, mit grosser Bibel-Schwabacher-Schrift gedrukt, und mit Concordanzen, Argumenten und Figuren geziert. In
dieser Edition wird der Bericht von allen
Büchern Heil. Schrift, von ihrer Würde
und Fürtrefliche aus den vorigen Ausgaben
wiederholet. Nach diesem Bericht folget
eine Vorrede des Buchdrukers, die mit
obiger von 1548 gleichlautend: so daß folglich, was hier von der Verbesserung der
Uebersezung nach dem Hebräischen gerühmt
wird, von einer frühern Arbeit zu verstehen ist, die zwischen 1542 und 1548 mag
vorgenommen worden seyn.

An. 1565. bey Christoph Froschouer, in Folio,
mit kleiner Mittel-Bibelschrift, samt Figuren

ren und einer absonderlichen Vorrede, in welcher die an das Werk gewendte Mühe weitläufig angerühmt wird.

Es ist sehr zweifelhaft, ob diese Bibel in der Eidgnoßschaft gedrukt worden, obgleich im lezten Blatt stehet, bey Christof Froschouer, MDLX. (1565.): dann a) ist diese Bibel auf Baßler Papier gedrukt; b) wird auf dem Titel weder des Orts noch des Drukers gedacht, wider des Froschouers Gewohnheit. c) Dergleichen Vorrede findet sich in keiner andern, weder vorgehenden noch folgenden Bibel-Editionen, die Froschouer besorget hat. d) So sind auch diese kleine und abentheurliche Figuren in keiner Zürich Bibel zu finden; eben so wenig als dergleichen Anfangs-Buchstaben; da der erste Buchstaben in der Bibel Personam Patris, Filii & Spiritus Sancti cum Coronatione B. Mariæ vorstellt. e) Auch ist ausser der Geßnerischen in klein Folio keine andere Edition mit der gleichen Schrift gesezt. f) Wie nun diese Herausgabe in allen äusserlichen Stüken sich von andern gar merklich unterscheidet: So differirt sie auch hin und wieder gar sehr in dem Text der Uebersezung.

An. 1560. wird durch ein Irrthum von derjenigen Edition unterscheiden, von welcher ich sogleich Meldung gethan.

An. 1570. bey Froschouer, in Quart-Format, in 2. Theilen. Ist ein blosser Nachdruk von der Herausgabe von An. 1548.

An. 1571. bey Froschouwer, in groß Folio. Ist in allen Stüken, das Titulblatt ausgenommen, der Edition von An. 1536 ganz gleich.

An. 1580. bey Froschouer, in groß Folio, mit Figuren, gewohnlichen Vorreden und Register.

An. 1586. Diese fälschlich angegebene Edition ist wiederum aus einem Drukfehler entstanden: Es heißt beym Hottingero l. s. c. decima tertia 1571. in Fol. Respondet per omnia Editioni 1586. dafür unstreitig muß gelesen werden 1536.

An. 1589. in der Froschau, in Quart-Format, in 2. Theilen gedrukt: sonst die Eschersche Bibel genannt. Laut der Vorrede sind in dieser Edition die meisten Aenderungen, sowol in Absicht der Summarien, als der beygesezten Lehren, aus Paræi Laboribus hergenommen worden. In dieser Edition sind zuerst die Versikel unterscheiden: sie hat auch weniger Figuren als die vorhergehenden Ausgaben.

An. 1597. bey Johann Wolf von neuem übersehen, in groß Folio; dazu kommen eine ordentliche Abtheilung aller Capitel, samt jeden Capitels ausführlichen Summarien, nothwendigen Concordanzen, Chroniken, Landtafeln, neuen Figuren, vollkommnen Register.

NB. Von dieser Zeit des 1597. Jahrs an hat die in den vorigen Editionen angenomnommene Ueberſezung, ſonderlich wegen des Stili, die meiſte Aenderung gelidten: worben das ſchlimmſte iſt, daß dieſe gemachten willkührlichen Anmerkungen eben nicht allemal Verbeſſerungen ſind, wie mit Exempeln zu beweiſen.

An. 1618. bey Joh. Rudolf Wolphen, in groß Folio. Iſt nichts anders, als eine neue Auflage von der nächſtvorhergehenden Edition. Hieher gehört folgende Nachricht:

Den 2. Septemb. 1616. wurden auf die Chorherren-Stuben für Herrn Sekelmeiſter Eſcher, Junker Geörgen Grebel und Stadt-Schreiber Wirzen, ſamt dem Herrn Pfarrer Breitinger beruft Herr Drukerherr Wolf und M. Euſtachius Froſchauer, und ward zwiſchen ihnen ein Verglich getroffen, anlangend das Papir zur Bibel; nemlich, daß Wolf dem Froſchauer um ein jede Ballen des Papirs, deſſen er ihm ein Muſter zeiget, und von Herrn Stadtſchreiber aufbehalten worden, zahlen ſoll 12. fl. desgleichen an das ganze Werk, welches ſich ungefehr belaufen möchte in die 70. Ballen, auch ein Loden Nördlinger: Weil aber Froſchauer ſich hoch beklagt, daß er bey dieſem Preis der 12. fl. nicht beſtehen möge, iſt ihm verſprochen worden, wann er rechtſchaffene Währſchaft mache, werdind U. Gn. HHerren ihm auf jede Ballen noch 1. fl. geben, daß er alſo 13. fl. haben werde, und ward angedeutet, daß den halben Theil U. Gn.

Gn. HHerren aus dem Sekel- und Obmann-
Amt bezahlen werdind.

An. 1638. bey Bodmer, aus chriſtlicher Anordnung und gottſeligem Eifer E. Ehrſ.
Obrigkeit in Zürich, zu gutem ihrer Stadt
und Landſchaft, in Folio.

In dieſer Herausgabe ſind die Aenderungen von An. 1597. vaſt alle beybehalten,
und der Stilus ziemlich nach dem ober-
deutſchen Dialekt accommodiert worden.
Ich finde von dieſer Ausgabe folgende Nachricht:

Alsdann auf Unſerer des Gn. Herrn Bur-
germeiſters und eines Ehrſ. Raths gnädigen Befehl, meine Herren die Examinato-
res von beyden Ständen, ſamt andern hiezu verordneten Herren einen Rathſchlag ge-
faſſet, was maſſen der groſſen Züriſchen
Bibel neue Auflegung und in den Druk
Verfertigung (welche wegen geberlichen
Mangels der Exemplarien, ſowol von Hoch-
gedacht U. Gn. HHerren, als einem Ehrſ.
Synodo hochnothwendig erfunden worden)
an die Hand genommen und vollführt, beſonders auch woher der Unkoſten, ſo ſich in
dieſem gottſeligen, wichtigen Werk auf ein
namhafte Summ belauft, möchte genommen werden: haben ſie nach reiflicher Erwegung ein und anderer Beſchaffenheit rath-
ſam und gut befunden, U. Gn. HHerren
gehorſamlich zu erſuchen, daß angeregter bib-
liſcher Unkoſten, zu deſto fertiger Fürderung
der

in deutſcher Sprache.

der Sach, aus dem Obmann-Amt ausgelegt (worzu ſich M. HHr. Obmann Rahn günſtig und freundlich erbitten laſſen) und die mühſame Special-Bezahlung Operarum typographicarum, ſamt andern erforderlichen Ausgaben von Herrn Hauptmann, Salomon Birzel, der hierzu auch geneigt, ausgefertiget werden ſolle: und ſodann dieß ganze Werk zu verhoffentlich gutem End gebracht, habe man ſich der neu gedrukten Exemplarien halben, wie dieſelbigen zu unverweiltem Abgang und Erſtattung des Unkoſtens aufs kommlichſt anzuwenden, und wiederum eines freundlichen Verglichs zu berathen. Der gnädig, allmächtig GOtt wolle durch ſeinen Göttlichen Segen dieß Heil. Werk dergeſtalt anfangen führen und zu End bringen helfen, daß es zu wolverhoffter Beförderung ſeiner höchſtheiligen Ehren und der Auserwehlten zeitlichem und ewigem Heil dienen möge. Actum, Sonntags, den 6. Sept. 1635.

Heinrich Wonlich, Diener der Kirche im Münſter.

Es zeiget auch die ſpecificierliche Verzeichniß, daß vom 25. Sept. 1635. bis den 20. December 1638. auf den Druk dieſes Bibelwerks aus dem Obmann-Amt an baarem Gelt ſey vorgeſtrekt worden:

10849. fl. 37. ß. 2. Hlr.

Das

Das Biblische Werk von An. 1638 haben geführt:

Herr Obmann Rahn.
Herr Statthalter Hirzel.
Herr Rathsherr und Censor Escher.
Herr Zunftmeister Bodmer.
Junker Sekelmeister Schneeberger.

An. 1667. Von den grossen Anstalten, die, unter Hochoberkeitlichem Ansehen, durch das in ein Collegium Biblicum versammelte Ministerium in der Stadt, zur Ausfertigung dieser Herausgabe, sind gemachet und gebraucht worden, habe ich absönderlich gehandelt, und aus zuverläßigen Urkunden näher bestimmet, wiefern dieselben einen Einfluß auf die Vervollkommenung dieses Bibelwerks gehabt haben.

- - In gleichem Jahr ist bey Joh. Jakob und Heinrich Bodmer das gleiche Werk auch in 2. Theilen in Quart=Format abgesezt worden.

An. 1683. bey Michael Schaufelbergers sel. Erbin ist durch Joh. Bachman die Bibel in Octav=Format aufgelegt worden.

An. 1691. bey David Geßner, in groß Folio, auf gut Schreibpapier, mit sauberem Druk.

An. 1707. in der Geßnerischen Drukerey ist eine Handbibel mit beygefügtem Psalmenbuch, in Duodez=Format, gedrukt worden, die an Feinheit des Papiers und des Druks der feinsten Holländischen Arbeit wenig nachgiebt.

An.

in deutscher Sprache.

An. 1710. haben Michael Schauffelbergers sel. Erben und Christoph Hardmeyer die Edition von An. 1683. in gleichem Octav-Format wieder aufgelegt. Weilen aber die Correctur davon nicht zum besten ist besorget worden, so hat die erstere Ausgabe noch immer vor dieser den Preis behalten.

An. 1712. bey Bodmer und Geßner sind auf Hochobrigkeitliche Unkosten von diesem Jahr an vier verschiedene Bibelausgaben, jedes mal in Folio- und in Quart-Format, in wolfeilem Preis, zu gemeinem Nuzen und Gebrauch des L. Landvolks, ausgefertiget worden: Nemlich An. 1712. 1724. 1728. in Folio, und An. 1745. in klein Folio.

NB. Hier ist anzumerken, daß seit An. 1667. bis auf An. 1712. über die inzwischen herausgekommenen Bibel-Auflagen keine öffentliche Cura ergangen ist; sondern jedem Verleger ist überlassen worden die Revision und Correctur nach Belieben zu bestellen: Folglich schwer zu sagen ist, ob und wiefern diese Ausgaben von der verbesserten Uebersezung von An. 1667 abgehen. Hergegen haben M.Gn.HHerren bey denen auf Obrigkeitlichen Vorschuß seit An. 1712 veranstalteten Bibelausgaben, jedes mal einigen aus den Professoribus an ihrem Gymnasio die Revision und Besorgung der Edition aufgetragen: wie dann HHerr Theologus Johann Jakob Lavater, damals noch Professor Ling. Hebr. An. 1728. die Aufsicht über selbige Herausgabe mit seiner gewohnten

ten rühmlichen Sorgfalt geführet hat. Es wäre allerdings zu wünschen, daß man von jeder dieser Auflagen ein zuverläßiges Verzeichniß haben könnte, von denen Veränderungen, die in dem Text der einmal angenommenen deutschen Uebersezung sind gemacht worden: damit man dieselbigen näher prüfen, und dasjenige, was sich der und dieser Privatus etwann erlaubt hat, nicht der ganzen Kirchen, oder dem ganzen Ministerio aufgebürdet werden könnte.

An. 1755. ist in der Orellischen Drukerey in groß Folio herauskommen:

Biblia, das ist: Die ganze Heilige Schrift Alten und Neuen Testaments, aus den Grundsprachen treulich wol verteutschet; aufs neue und mit Fleiß übersehen: mit dienstlichen Vorreden, begreiflichen Abtheilungen der Capitel, vielen Auslegungen und Nuzanwendnngen, auch genauer Anmerkung der Parallelstellen und nothwendigen Concordanzen; GOtt zu Ehren und allen heilsbegierigen Seelen zum Unterricht und Trost versehen und herausgegeben durch Johann Caspar Ulrich, Pfarrer zum Frau Münster.

An. 1756. ist bey Bürklin ein Handbibel in Octav-Format zum Vorschein kommen, welcher hinten beygefügt das Psalmenbuch, dieselbe ist durch und durch mit Kupferstichen ausgeziert. Mehrers kan ich davon nicht melden.

II.

## II.
## Annales *
### sive
## Chronicon Cœnobii Capell,
Opus incœptum ab Orbe redempto 1526.
Librariis promis,
### PETRO SYMLERO
et
### HFINRYCHO BULLINGERO,
Calendis Februariis sub Volcatio Jonero,
Monasterii Abbate.
Ex Originali in Archivo Ecclesiæ
Turicensis.

---

### Pio Lectori.

Gratiam & pacem a Domino. Vigebant apud vetustiores, *pie Lector*, ad eum modum artes, & in universum omnes bonæ literæ, ut nihil quantumvis minutum,

modo

---

* Mein sehr wehrter Freund, Herr G. E. Haller, hat in seinem ersten Versuch einer critischen Verzeichniß aller Schriften, welche die Schweiz ansehen, Bl. 90. 92. eine so genaue und nette Beschreibung dieser Bullingerischen, meistens nach der Sallustischen Schreibart abgefaßten Schrift gegeben, daß sich die Liebhaber der Vaterländischen Geschichte von der Fortsetzung der Hallerischen Arbeit viel großes versprechen können.

modo honestum & decorum, ab eruditorum se quiret abdere calamo. Testantur id Josephi, Eusebii, Aphricani, Livii, Justini, Pompei, & innumera alia veterum monumenta: Posteaquam vero terrarum orbis, imperante *Phoca* Caesare, & ex Romanis Pontificibus *Bonifacio* ejus nominis *tertio*, Romani Praesulis agnovit Sceptrum, deinde & Roma humanitatis & eruditionis fons, sub *Arcadii* & *Honorii* temporibus a barbaris & inhumanis coepit vastari Gothis, Hunis, Vandalis; ita coeperunt squalere cum vera pietate honesta studia: ut nostra tempora a Maioribus, post superstitionem, hypocrisim & barbariem, acceperint nihil. Hinc factum etiam, ut *Monasteria*, quae antiquitus pietati dicabantur & Musis, nihil nisi Psalmos quosdam, & eos quidem non intellectos murmurare, & regnum Dei in externis quaerere docuerint, linguas ignorarint, bonas literas contempserint, & toti otio & ignavia ignobiles perierint. Imo cum doctiores veluti pestes Reipublicae & Religionis proscriberentur: quis e tanta caterva fuerit, putas, qui vel unicum verbum bene latinum posteris commendare studuerit? Verum isthoc boni viri jus non erat verae Religionis: Sic enim alibi legimus. ,, Quondam Scholae
,, Monasteria erant, ubi sua sponte coeli-
,, bes degebant Scholastici, & quamdiu
,, libebat, communiter omnibus rebus
,, inter

„ inter se scholastici utebantur, parebant
„ liberaliter Præceptoribus, una psalle-
„ batur, orabatur, disserebatur, habe-
„ baturque totum genus vitæ non pro
„ peculiari quodam Christianismo, seu
„ pro statu perfectionis, sed pro imper-
„ fectorum, pro adulescentum tyrocinio
„ & rudimento." Neque multo aliter
*Philo* apud Eusebium Ecclesiast. Hist. lib.
II. cap. VII. Inprimis ergo conveniebat,
omni fastu & avaritia postergata, prospicere, quid potissimum ad veram promoveret pietatem & eruditionem, conveniebat optimorum auctorum deligere libros,
honestos & eruditos advocare viros, atque ita demum juventutem in piis erudire moribus & honestis imbuere literis:
sic ut horum eruditione & pietate omnes
undique meliores fierent provinciæ. Verum usu venit hic humano generi, quod
nullibi non solet in rebus per se quidem
piis, at nostro vitio ad impietatem delabentibus, potissimum hoc nostro tempore, quo triste Antichristi sydus nobis
nostrisque illuxit Patribus. Inde nimirum minore jactura, minori & dedecore, illi suum experti sunt infortunium,
quam nos, si nunc in tenebris & silentio
dies nostros male disperderemus, quibus
tanta meridies, divina miserante clementia, affulsit. Placuit ergo, *Pie Lector*,
omne incommodum Majorum nostrorum
negligentia admissum, pro virili sarcire,

## Fig. I.

Isti tres nobiles fuerunt tres fratres carnales, *Waltherus* & fratres sui, *Conradus* Abbas Morbacensis in eadem Abbatia sepultus, & *Ulricus* præpositus Lucernensis,

in

---

chen dem Gemählde, nach der sel. Reformation, beygeschrieben, und über dieß folgende deutsche Nachricht demselben beygefüget:

In diesem Closter hub man an das Evangelium Christi predigen An. 1523. unter Herrn Appt Wolfgangen Joner, zugenannt Rupli, welcher samt dem Conuent hernach im 1527. Jahr das Closter zur Reformation übergab der Stadt Zürich, als den rechten Schirmherrn vnd Kastvögten.

Diß Closter Cappel ist gestift,
Gebuwen worden, zeigt an Gschrift,
Nach Cristi Geburt unsers Herren,
Vom edlen von Eschibach Waltheren,
Man zalt 1185. Jahr
Im 28 Brachets on Gfar,
Geschach, nach dem er buwen hat,
Schnabelburg Schloß, wie es ob stat.
Mit sampt siner lyblichen Brüderen zwen,
Die nach imm stand hie vnden meer,
Der erste Cunrat von Eschibach,
Starb Abbt im Closter Marbach.
Vlrich, der ander Bruder sin,
War Bropst zKutzern da gstorben gsin,
Die dry sampt nachgendem Gschlächt,
Hand buwen, gstift diß Closters Gmächt.
Wie nun zergangen syg diß Gschlächt,
Zeigt an der alten Gschrift gar rächt,
Von Habspurg Albert Römsch Künig war,
Als da man zalt 1308. Jar,
Der hatt sich groß Vmbills vermessen,
Vnd thet der Billikeit vergessen;
Sins Bruders Sun wolt er enterben,
Dem thet der Adel widerstreben.

Als

VII.

in eadem præpositura sepultus. Iste *Waltherus* nobilis *de Eschibach*, qui primus hic ponitur, construxit nobile castrum *Schna-*
bel-

Als er der Zyt heim kam von Baden,
Thet sich der Adel zHandels bladen,
Betratend inn uff fryer Straaß,
Redtend inn an in diser Maaß,
Daß sy von imm begärtind zhören,
Ob er sich doch noch wolte speren,
Deß gab er innen schlechten Bscheid,
Das imm zuletst ist worden leid.

Wann diser Fürst was vndericht,
Das er inn vff der Stett ersticht,
Bim Wasser Limagt inn erschlagen,
Deß sich die Küngin thet beklagen,
Zeräcken was ir gentzlich gaach,
Vnd wolt vergelten dise Schmach:
Derhalben sy zornig und behend
Ann die von Zürich Botten sendt.

Mit Bitt und Gällt sy zu beståchen,
Das sy den Schaden hülffind råchen:
Der Adel thet gen Heimen keren,
Da sich ein jeder meint zeweren,
Als der von Wart, Balm vnd Eschibach
Ein ieder in sin Schloß vnd Gmach;
Wies nun die Küngin bsamlet hatt,
Wol ab dem Land vnd vß der Statt

Ein Zůg gerüst mit Wer vnd Waaffen,
Den Adel umb den Todschlag zstraffen;
Erschlugend merteils Edellůth,
So werind nach ald werind wyt,
Zuletsten erst ouch das geschach,
Das man sSchloß der von Eschibach,
Starck, werhafft, Schnabelbyrg genampt,
Mit aller Macht ward zBoden grant;
Die Lůth vnd Schloß als ist gwunnen,
Diß Gschlächts nur einer ist entrunnen;
Hand sich doch allwäg erlich ghalten.
Gott well diß Gstifft noch lang erhalten.

*belburg*: postmodum anno 1185 IV. Calend. Julii in honore Mariæ semper virginis fundavit domum & monasterium in *Cappella* sub regula & ordine Cistertienn. Et per unigenitam filiam advocati *de Suartzenberg* ( cui etiam in toto dominio Suartzenberg successit ) genuit duos filios subscriptos, *Waltherum* & *Berchtoldum*, & quatuor filias; prima nupsit *Roggenbach*, secundæ duæ *Vspunon*, quarta suscepit habitum religionis in monasterio *montis Angelorum*. Iste secundum consuetudinem patrum suorum viam universæ carnis ingressus, sepultus est hic ad tale signum A.

### Fig. II.

Iste *secundus Waltherus de Eschibach*, divisione bonorum cum fratre suo *Berchtoldo* facta, præter castrum *Suartzenberg* cum suis attinentiis, quod indivisum simul habuerunt, possedit castrum *Rüsegga* & *Eschibach*, cum toto dominio ad ea pertinente: & uxorem *de Oberenhofen*, per quam etiam castrum *Oberenhofen* cum suis attinentiis possedit, unum filium videlicet *Bertholdum de Eschibach*, & tres filias genuit: quarum prima nupsit *Wartha*, secunda *Götzkon*, tertia *Stöeffen*. Iste viam universæ carnis ingressus, sepultus est hic ad tale signum B.

*Fig.*

### Fig. III.

Iste *Bertholdus de Schnabelburg*, filius *primi Waltheri de Eschibach*. divisione cum fratre suo *Walthero* facta, præter castrum *Svvartzenberg*, cum suis attinentiis, quod indivisum simul habuerunt, possedit castrum *Schnabelburg* cum suis attinentiis, & per uxorem *de Klingen* genuit quinque filios: *Ulricum*, *Waltherum*, *Bertholdum* Clericum, *Conradum* Clericum, *Heinricum* ordinis Prædicatorum, & tres filias: quarum prima sine liberis decedens in paterno sepulchro tumulatur, secunda apud *Günstal* morabatur Monialis, tertia, quæ *Conrado de Liebenberg* nupsit, sine liberis decessit. *Conradus* Parisiis mortuus, *Bertholdus* apud Friburgum juxta Prædicatores est tumulatus C.

### Fig. IV.

Iste *Bertholdus* filius *secundi Waltheri de Eschibach* per uxorem videlicet nobilis Viri *Lütoldi de Regensperg* filiam genuit & tres filios, *Waltherum*, *Conradum*, Clericum, in sepulchro patris hic tumulatum, & *Bertholdnm* sine liberis decedentem, & apud Interlacum sepultum. Iste *Bertholdus* consuetam viam patrum ingressus, sepultus hic ad tale signum D.

### Fig. V.

Iste *Ulricus* filius *Bertholdi de Schnabelburg*, divisione bonorum cum fratre suo *Walthero* facta, poſſedit caſtrum *Schnabelburg* cum ſuis attinentiis, ſed frater ſuus *Waltherus* poſſedit caſtrum *Schvvartzenberg* cum ſuis attinentibus. Iſte idem *Ulricus* per uxorem *de Thierſtein* genuit quinque filios: *Bertholdum, Waltherum, Joannem, Ulricum, Rodolphum.* Qui *Rodolphus* ſine liberis decedens in ſepulchro patris tumulatur. *Ulricus* in habitu religionis in domo fratrum Teutonicorum, *Bücken.* Supradictus vero *Ulricus* per eandem uxorem genuit tres filias: quarum prima nupſit *Wolna*, ſecunda *Griezenberg*, tertia *Dengen.* Iſte jus patronatus eccleſiæ in *Barro* libere & legitime donavit ac tradidit monaſterio de Cappella ordinis Ciſtertienn. Et tandem in Domino moriens ſepultus hic ad tale ſignum E. Cujus uxor hic in ſiniſtro latere ad ſepulchrum mariti ſui dinoſcitur eſſe tumulata, ad tale ſignum ⊕.

## Fig. VI.

Iſte *Waltherus de Schvvartzenberg* frater *Ulrici*, filii *Bertholdi de Schnabelburg*, diviſione cum fratre ſuo *Ulrico* facta, poſſedit *Schvvartzenberg* cum ſuis attinentiis, & filia illuſtris Viri *Rodolphi* Comitis *de Hapſpurg* & Alſatiæ Landgravii accepta in uxorem, ſine liberis decedens Argentinæ mortuus eſt & ſepultus. Tandem oſſa a fratribus hujus monaſterii ad hunc locum translata, hic ſunt ſepulta ad tale ſignum F.

*Fig.*

## Fig. VII.

Iste *Bertholdus de Schnabelburg*, filius *Ulrici de Schnabelburg*, succedens patri suo cum fratribus suis, videlicet *Joanne* & *Walthero*, & eodem *Walthero* sine liberis apud monasterium *Waldkilchen* sepulto, per uxorem, videlicet sororem Margravii *de Haberg* genuit duos filios, *Wilhelmum* & *Heinricum*. Tandem viam universæ carnis ingressus hic ad tale signum est sepultus G.

Hæc quidem in Schedulis illis sunt reperta. Jam quæ ad interitum & exitum hujus gentis spectant, ex Chronicis sic intelleximus. Tenebat anno ab orbe redempto 1308. Romani Imperii gubernacula *Albertus*, Rodolffi filius, Habspurgii Comes & Austriæ Dux, homo non nihil a paterna pietate degenerans, & satis ferus, qui nuper *Adolphum* Roma: Imperatorem bello trucidarat: Nunc vero *Joannem*, duodecim annorum adulescentulum, fratris sui filium, abdicare destinabat, proscribere & eliminare. Ob quam rem adeo iniquam, commoti acrius nobiles nonnulli, ii nempe quos vulgus *a Wardt*, *Balm*, ac *Eschibach* vocat, adulescenti, injuriam depulsuri, suggessere, ut hæreditatis jure paterno sibi destinatæ, coram Imperatore, mentionem faceret: & tergiversantem aggrederetur ferro. Expostulat ergo juvenis. Difficilem se præbet Rex. Resciunt id jam dicti nobiles. Quid multis?

multis? Tandem stat sententia, ferro rem tentandam, ni ab injuria deflectat Imperator. Jactabatur res varie. Tandem opportuna se videbatur dedisse occasio, dum a Thermopolitanorum urbe (*Baden*) rediens Imperator ea parte tranaret Limagum, qua *Windisch* alluitur. Igitur e vestigio conveniunt Regem in littore, & expostulant de hæreditate. Ille cum insidias nesciret, audacius respondit, haud esse opportunum, ut puero tantum pareret imperium. Hic vero adulescens suggestione magis quam robore fortis, Principem ferro transfodit & fundit, & illico sese cum suis in pedes conjicit, impune; nam ita rem disposuerant, ut primi cum Rege tranarent, aliis in alia fluvii parte remanentibus. Profugiebant illi eo, ubi quivis se maxime putabat inaccessum, in primis vero *Eschenbachii* in solidissimam munitionem *Schnabelburg*. Rex in suo sanguine moriens volvebatur. Interea Reginæ tristissimum ferebatur nuntium. Illa porro dolore pene extincta, ejulare, conqueri, pessima quæque imprecari, atque de ultione cogitare non cessabat, donec precibus & muneribus *Tigurinorum* agrum fortissime excitaret in Nobilium exitium. Pereunt ergo gladio plerique omnibus in locis. Alii in *Varvvangen*, alii aliis locis. Tandem etiam in *Schnabelburgum* impetus fit, quod cum arte & natura esset munitissimum, poftremo cuniculorum suffossione

præ-

præcipitatur, convellitur, & funditus extirpatur. Erat is annus ab ore redempto 1316. *Regina* in Mariti memoriam *Regios campos* condit, altari summo ea parte locato, qua Rex lethale vulnus acceperat. Istis autem omnibus ita transactis, nescimus, num quis alius ex *Eschenbachiorum* superfuerit familia. Ajunt unum tantum e tot egregiis viris furto subtractum. Verumne, an secus, non magnopere contendam. Nam alias nonnulla innocentiæ vestigia restare ipsi vidimus sed alieniora illa, quam quæ in transcursu adscribi possint. Neque enim magnum, si optimi viri pessimo mortis genere perierunt: quando longe incorruptiores Heroes in eadem fuerunt alea, ut cum Valerio & Plutarcho, non uno loco docent Sacræ Literæ. Faxit Deus, ut tantæ causæ maturo hodie agantur consilio, valeatque longe universa mulierum vesania.

*Porro Fundationis Instrumentum hoc est:*

*Hermannus*, Dei gratia, sanctæ Constantiensis Ecclesiæ Episcopus *Wilhelmo* venerabili Abbati de *Capella* salutem & omne bonum. Quia Christi vices in Ecclesia Dei agere credimur: ejus domesticis filiis nobisque subditis, prodesse magis quam præesse debemus: illis maxime, qui omnia relinquentes crucem Christi potius elegerunt quotidie portare, quam mundi
favori-

favoribus extolli. Quapropter fili *Wilhelme* Abba, piam devotionem nobilium fratrum *de Efchibach* ortis, hoc est, *Conradi* Abbatis de Morb: *Ulrici* præpositi de Luceria, *Waltheri,* Domini de Schnabelburg, & ejusdem Waltheri conjugis videlicet *Adelheidi,* & filiis suis atque filiabus, hoc est, *Walthero, Bertholdo, Adelheidi, Edevvige,* intuentes annuimus, & sigilli nostri impressione confirmamus, quicquid ipsi pro salute animarum suarum parentumque suorum, tibi dederunt monachisque fratribus tuis *Ciftertienn*: ordinis, ibidem Deo & ejus Genitrici servientibus, hoc est, Capellam cum omnibus appendiciis suis, totumque territorium ejusdem Capellæ cum omni jure suo, ad construendam Ciftertienn: Ordinis Abbatiam, quod donum ita devote, ac omni bona voluntate pleni fecerunt, ut ab omni prorsus exactione, aut alia aliqua calumnia, tam causa advocatiæ, quam aliis secularibus occasionibus, monachi, qui in loco eodem, hoc est, Capellæ, Deo & beatæ Mariæ servirent, libere & quiete vivere possent. Ad hæc, adhuc adponimus, quod ipse Dominus *Waltherus* dedit eisdem monachis, in loco Capellæ Deo servientibus, totam pasturam & usimentum per totam terram potestatis suæ. Concessit etiam si quis de advocatia sua ibidem venire voluerit, vel allodium sive prædium suum vel aliud ibi dare libere faciat.

ciat. Testes *Freuuinus* canonicus de Turrego, & *Arnoldus* sacerdos S. Petri de Turrego. *Rodolphus de Lonquust, Hermannus de Aribo, Thietelinus de Uron, Burckardus de Semvve, Conradus de Rifferschvvylere,* sacerdotes. *Cono de Plichistorff,* qui sub eisdem testibus dedit allodium suum de *Nidolsperg. Ulricus de Rifferschvvylere,* qui sub eisdem testibus dedit II. jugera terræ. *Hugo Molendinarius* de Turrego. *Henricus de Herfeivvylere.* Ad hæc adponimus donum *Rodolphi de Onren,* qui dedit totam familiam suam, hoc est, servos & ancillas *de Rixa.* Testes, *Wernherus* magister domus *de Onren, Cono de Buxe,* & *Enguiloldus* fratres *de Onren.* Dedit adhuc Dominus *Waltherus* quicquid habebat in *Rixa,* in terra & in lacu, in præsentia prædictorum testium. Actum Incarnationis Domini 1185. Imperii *Friderici* 31 anno. In die dedicationis Ecclesiæ de Capella factæ sunt prædictæ donationes.

## *De Cænobii Nomine, ejus Forma, Situ, ac nobili Æde. etc.*

Jam quia longius est, *Cistercienfis* ordinis institutum: quam ut hic recenseri possit, hoc adnotasse satis putabimus, idem institutum & eandem vivendi Regulam Cistercienbus esse ac Benedictinis: de qua re integer liber circumfertur a fratribus, ad quem te, si curiosus es, relegamus. In præsentiarum de nominis imposipositione ac ratioue, item forma Cœnobii dicemus. Fama est, *Sacellum* fuisse pervetustum eo in loco, quod hodie *Templum* Divi *Marci* occupat, id quod post famam, multi quoque adhuc superstites viderunt: ejus vero incolas aliquot extitisse hermicolas, vita non omnino pœnitenda, qui & subterraneo meatu, inde usque ad eum pertransierint locum, quem inferius Abbatis vinariam cellam, in profundiore secessu conditam, dicemus. Erat autem illis ea spelea domatis loco, quemadmodum etiam hodie, camini & aliarum rerum restant vestigia. Id vero cum re ipsa experirentur *Eschenbachii*, & aliquoties e castro (*Schnabelburg*) cernerent luminum fulgorem, qui splendidior solet sub obscuram fieri noctem; moti rerum occasione, Templum adornare cœperunt : dein & universum Monasterium, quod a Sacello illo pervetusto, quod nobis Alemannis ein *Cappell* sonat. illi nominarunt nostra Lingua CAPPEL. Hæc quasi per manus a majoribus nostris, de nominis impositione, accepimus. Nunc pergimus indicare qualemcunque *Cœnobii* nostri *figuram* : & eam quam nostro tempore vidimus ipsi.

Est locus qui ab ortu versus plagam septentrionis *Albim* Tigurinorum montem habet, a meridie vero ac *Tugio* ascendentibus, paulo editior, colliculi in morem, disposito fundo, undiquaque irriguis pratis confinibus, cui Fundatores nostri, cum
haud

haud commoda videretur in *Nidolſperg**  ædificatio, totum hoc impoſuere ædificium, muris cinctum, porta munitum, & reliquis id genus illuſtratum. Inter ea cum nihil ſit non ſumma cura elaboratum, primas tamen mereri videtur auguſtum illud & vere Solomonicum *Templum*; quod ut totum a doctiſſimis artificibus, & quadris conſtructum eſt lapidibus; ita non minus effabre expolitis. Eſt illi figura in Crucis modum compoſita, & caput orientem reſpicit, longum pedes XXXVI. latum vero XXVIII. Cornua ad dextram & ſiniſtram longitudine tenent pedes XXIII. latitudine LXXXV. Quæ inprimis contemplari volumus, dein vero progredi ad cetera. In capite orientem verſus, *Feneſtra* eſt, ut immenſæ altitudinis & latitudinis, ita artificii, quod ad colorum diſpoſitionem & delectum ſpectat, non vulgaris: ante quam ſtatim, poſt paſſum unum aut alterum, *Ara* eſt, adeo ampla & ſpecioſa, ut haud facile ſecundam in tota repereris Helvetia, lata ſemis & palmas duo de viginti, longa vero ſemis & VIII: integro & non interrupto conſtrata lapide: ita ſplendide polito, ut Policletem poſſit agnoſcere artificem. Ad dextrum porro ingredienti, *Sedilia* in murum, exectis facta quadris, ternario juncta numero, columnulis, capitellis, & excavationibus ac circino ornata, præ-

---
* primum conſilium Yſelſperg fundum elegerat. *Bulling*. ad marg:

præstructo etiam pulpito: conspectui sese offerunt: quo fessus longa statione Sacrificus cum Ministris se conferre solebat, quando etiamdum ab altari eos, oblongæ chori cantiones, depellebant. Altitudo illi cum omnibus aliis æqualis. Idem pavimentum, eadem testudo, de quibus paulo post. Cornu vero illud quod respicit septentrionem, altitudine nihil dissidet a tota ædificii profunditate, & duabus fenestris, hac quidem occidentali, illa vero meridionali, lucem immittit apertam; instructum est Aris duabus, quarum Joanni una, altera Nicolao dicata; non quidem illæ in præscripta constitutæ metha: sed singulis extra septa, orientem versus: deductis *Sacellis*, quæ ex sectis constructa lapidibus, & obducta testudinibus, singulis fenestris orientem admittunt solem. Ex utraque parte *monumenta* extolluntur clarissimorum virorum: hic enim atque illic *Manasseorum* & eorum, quos vulgus *a Baldeg*, & *Bonstetten* vocat, nec non & illustris viri *Joannis de Scon* Equitis aurati visuntur sepulcra: quorum pietate factum [quemadmodum postea copiosius docebimus] ut non nihil coenobio accreverit necessariorum magis quam divitiarum. Inter hoc & dextrum cornu, septa est, paulo minor cornubus; quæ caput & cornua tertiæ parti, occidentali puto, ceu nodo quopiam jungit, libera omnino, nisi quod columnis & privatis

qui-

quibusdam arcubus in altum, non secus deducitur: ac si sibi tantum privatim serviat, nihil commercii cum reliquis habeat. Illi ad dextram, meridiem versus, dextrum cornu est confine, & plane nihil dissidet ab hoc, quod jam nunc depinximus: nisi quod una tantum fenestra eaque haud magna occidentem immittit lucem. Sunt in eo Aræ duæ, hæc *Petro* ac *Paulo*, illa vero *Stephano* consecrata, ubi & *Grisoleorum* visuntur monumenta. Est & *Conclave* munitissimum in ejus cornu parte extima, fratres *Benedictinum* vocant: in quo Templi ornamenta sacris peragendis aut peractis, reponebantur, e quo etiam ceu scæna sacrifici prodibant ad aras. Ceterum Sacellis illis imminet & aliud conclave, in eosdem fere usus deputatum: ad cujus exitum vetustas *Bibliothecam* habuit, in ea cum nihil neque bonarum neque piarum invenerimus literarum, silentio transeundam statui. Proxime illam in ejusdem cornu parte extima, *Horologium* sibi suam habet sedem, adeo affabre per artificem (cui nemo unquam par fecit) constructum; ut intra paucissimas rotas, innumera illa consistat dimensio. Extat etiamdum hujus descriptio per eruditissimum L. L. D. *Durstium* *: adeo non poterit hoc divinum opus absolvi paucis. Redimus ergo per lapideos illos, in ædem reducentes, gradus, occidentalem etiam

par-

---
* D. Turst, Tigurinus, *Bull.* ad marg.

partem delineaturi. Itaque tertia pars Templi, quæ post cornua incipit, & occidentem versus spatio 94 pedes diducitur, latitudinem 57 pedum habet, sed non parem undique altitudinem. Dividitur enim hæc pars per columnas in ordines treis, qui tamen pares sunt longitudine, at neque altitudine, neque latitudine, quia meditulli latitudo intra columnas consistens, pedes habet 26. reliquæ partes a columnis ad parietem singulæ non nisi decem. Sed de media parte primum dicendum erit. Est hæc sola cubitos (ni fallor) alta 24. & semis; aut si mavis pedes 52. Erigitur autem hinc atque illinc, a pavimento, tenaci stratum cœmento, per columnas sex: quarum una ab alia 9 distat pedes, recto ad orientem & occidentem ordine: ita ut binæ in sumitate constituant arcum: quibus deinde non nihil incumbit murorum. Quos sequuntur fenestræ singulæ, amplæ, perspicaces, & adeo adpositis & lepidis variegatæ coloribus: ut vel hinc adpareat veterum industria. Summam vero partem mira columnarum connexione, obtinet testudo; quæ pari arte, in omnes excurrens Templi partes, in caput videlicet & in cornua, omni parte fere similis, mirum est quam probe vocem acceptam calleat regerere: sic ut ipsam Ovidii *Echo* in sumitatum sinu latitare jurares. Ita si omnia congeras in hac parte: reperies in
singu-

fingulis cornubus & capite fingulas connexiones, cui & media illa accedit, omnia jungens: hoc eft, connexiones quatuor, hic vero in parte tertia connexiones fex, quas fingulæ fequuntur coftæ, finum conftituentes: hoc eft 6: Columnas ex utraque parte 12: feneftras 12: arcus 12: ac in fine capitis columnas duas: in facie feneftram unam: in cornubus tres: in Sacellis quatuor. Rurfus in meditullio fedilia funt querno ligno per chorum (ut vocant) fpatio 48 pedum hinc atque illinc ante columnas opere carpentario concinnata, circinis cava, capitellis intorta, leunculis, liliis, animalculis, imagunculis, & id genus infertionibus pulcherrime expolita, haftilibus & pulpitis exculta: a tergo vero innituntur muro, qui a tertia columna, medius, fpatio 10 pedum extra primam, verfus orientem, utrinque producitur: & ibi quernam januam ex utraque parte, fub libera illa teftudine, omnia tamen conne&ente, conftituit; quæ in capitis columnas innituntur. Ad occidentem idem murus latitudinem meditullii occupat, occludit, & coiens januam conftituit. Iftæc vero omnia vulgus chorum adpellat. Prope hunc eft etiam murus alius, qui totam Templi latitudinem, nedum chori aut columnarum occludit, & media janua aditum ad interiora præbet. In eo roftra funt, e quibus ad populum verba fiunt, quem promifcue miscue ea Templi pars recipit, quæ extra hunc murum hoc nomine vacat. Insignis clarissimorum *ab Hünenberg* monumentis seu sepultura, quæ ad dextram introeuntibus est conspicua.

Nunc de reliquis etiam duabus partibus dicendum, quæ huic parti tertiæ veluti appendices sunt. Ordiuntur autem a cornubus dextro & sinistro, sicuti & descripta pars tertia, cum qua & excurrunt ad occidentem usque, pedes 94. Altitudo earum ad arcus columnarum definit, etsi non minus fulgeant utræque, connexionibus senis constructæ, quas sequuntur costæ, hoc est, ex utraque parte, duodenis, latitudo pedes habet decem, ut antea monuimus. Longitudo interrumpitur muro illo, quo segregatur a choro populus. Uterque paries muratus, sed non lapidibus sectis constructus uti cetera omnia. Undique patent utræque in partem tertiam: nisi qua chorus includitur: sic ut nihl omnino supersit obstaculi, præter columnas & altitudinem, quo minus eodem omnia contegerentur tecto. Et ea pars, quæ septentrionem spectat, fenestras habet sex prioribus nihilo ignobiliores. Meridionalis, quia ambitu hæret, nullam. Porta vero omnium maxima occidentem spectat, desuper amplissima illustris fenestra. Minor hac est in cornu sinistro septentrionem spectans. Nam alias quoque januas quatuor habet. Primam

mam & frequentia populi notam, quæ ad septentrionem fere in postrema Templi parte, educit. secundam, quæ per gradus traducit ante horalogium, ad dormitorium. Reliquæ duæ immittunt in ambitum: quarum hæc e regione septentrionalis est, versus occidentem; illa vero quæ prope initium dextri cornu, in eundem immittit. Cœnobitis usitatissima. Et hactenus de *Templo*, nunc quid *Ambitus* contineat, aut quæ ei connexa sint, audite.

*Ambitus* multis quidem nominibus ædificium est haud unquam satis laudatum. Forma est quadrangularis, Pavimentum cœmento stratum, pineo tectum ligno; sparsim & artificum insertionibus ac picturis ferro fieri solitis, ornato. Parietes extraforanei Cœmentariorum opus, dealbati & levi pictura variegati: interiores vero sectilibus stabiliti saxis, fenestras bifores complectuntur. Quarum pretium, perspicuitas, industria, & inaudita raraque pictura; cum omnem superet dicendi violentiam; satius putavi præterire: quam indignis figmentis indigne tractare. Septentrionales *intersignia* primarum *Civitatum Helvetiæ* habent, numero 10. Meridionales *Abbatum* & *Heroum* quorundam tenent, numero 9. Orientales 8. totidem & occidentales, & ipsæ *Abbatum*, *Episcoporum*, *Nobilium* & *Cœnobiorum* intersignia ostentantes. Sunt autem ob hoc ceteris partiores, quod duabus januis in hortulum floribus & palmis confitum, præbent ingreffum: qui in medio virens, mirum eft, quantum fpectatori adferat voluptatis. Habet etiam nihil ultra 77 pedes, cum alia illa latera pateant 81. Sunt & alia nonnulla, quæ hunc reddunt multo commendatiorem. Eft enim inter prima, ad Templi ftatim ingreffum, *Halvvileorum* & Sacellum ferreis cancellis inclufum & eorundem Maufolea. Eft & Senatus receptaculum, quod fratres *Capituli domum* vocant, miris jucunda liniamentis: ante cujus fores monumenta nitent illuftriffimæ *Efchenbachiorum* familiæ. Sunt & alia multa non minus jucunda quam pulcherrima: & ejus generis eft *Refectorii* aula, candore, aura, feneftris, ac pavimento celeberrima. Porro ad occidentem habet omnium fructuum vivaciffimum Repofitorium. Eft ibi locus undique fpatiofiffimus, æditus, leni aura pervius, falubris, feneftris illuftriffimus; in quem frumentorum folent acervos convehere. Sub hoc vini eft *Cellarium*, omnino tale, cui haud facile repereris fimile, five profunditatem, five frigus, five teporem, five viciffitudines anni, five aliud quidpiam fpectes, pavimentum e cœmento eft, & teftudine undiquaque contectum. Ceterum fupra Ambitum *Cellæ* fratrum funt, numero 16. munditie, amplitudine, filentio, quiete, ftructura & profpectu, homini Mufis & Pietati confecracrato præmodum jucundæ. Jam ex *Ambitu* exitus ad communem omnium *Domum* patet. Etiam hic feneſtris ornatus, & ex parte dextra tribus ſtipatus cellulis. At *Domus* ampla eſt & regia, tamen vetuſta, & veterum more conſtructa: libere, & in æditiorem locum; ſic ut nullus ex omnibus ſit ventis: iisque ſalubrioribus, qui non queat pleno velo, omnes fere Domus partes pervagari: interim altitudine ſua non niſi tres manſiones complectitur, quarum una, ni fallor, ab altera quatuor diſtat cubitis, nam nullus nobis de tectorum faſtigiis ſermo erit. Porro ſupremam, quæ ex omnibus & ſaluberrima eſt & expolitiſſima *Abbas* inhabitat. Ea ad ſeptentrionem hypocauſtum & cubiculum habet: Domini *Muſeon*, & vere Muſeon amœniſſimum. Nam vincit imprimis proſpectus ita jucundus, ut nihil plane deſiderari poſſit. Quum ante feneſtras Cimiterium criſtallo ſit viridius, in quo fons vivaciſſimæ aquæ per cannas ferreas, in lintrem ſpatioſiſſimum, non ſine leni prorumpit murmure: adiacent prata, campi, montes, ſylvæ, omnia illa in ipſo ſunt obtutu, & ultro ſe, adperienti feneſtras, ſuavianda præbent: intus *Pictorum* induſtria vireſcunt omnia, erumpunt flores, virent frondes, pervagantur aves, ea demum arte conſtant omnia; ut parietes undiquaque virere credas. Ad orientem cubiculum eſt ampliſſimum arcis, armariis,

lectis

lectis, aliaque fuppellectili inftructiffimum. Ad meridiem hypocauftum eft haud exiguum, totum ligneum, mire arte expolitum, pulcherrimis feneftris confpicuum, tecto in arcum excavato, & hoc folent excipi hofpites, non usquequaque ignobiles. Juxta quod haud magno intervallo patet *Aula* vere regia, non ita alta, ut fpatiofa; qua nihil poteft æftivo tempore, ad fedandum nociviorem æftum, vel cogitari jucundius. Patet inde ad Tuginum montem, Alpes & floribus defiderabiles campos, profpectus. Patet leni aurulæ aditus. Quid vero multis? Tota, quanta quanta eft, voluptatis theatrum eft. Occidens autem cubicula varie hofpitibus inftructa tenet. Hanc vero ftructuram omnem Abbatiæ titulo cognominant fratres. Secundam partem id hypocauftum obtinet, in quo folet totus fratrum coire cœtus. Quod fi ita foret pulchrum, ut aliâs eft vetuftum, effet procul dubio excultiffimum. Hactenus *Stubam Conventus* vocavimus. Ceterum hanc partem ita occupat, ut poft eam nihil fit calamo dignum. Poftrema & infima pars, haud inelegantiffima eft portio, iis tamen difpofita. qui aliquando correpti morbo, a ceteris eo deferuntur, ne contagio ferpat longius: hypocauftum eft additum cubiculo, fpectans orientem, & ad dextram Sacello pulcherrimo junctum, *Simoni* & *Judæ* facrum, in capite rotun-

rotundum, alias quadrum, ara inſtructum, teſtudine tectum, ſtratum cœmento. Ad ſiniſtram carceres ſunt, malorum ultores, teterrimi odore, ac tenebris denſiſſimi. Subjicitur his Abbatis vinaria Cella profundiore condita receſſu, quæ hoc potiſſimum nomine illuſtris eſt, quod quondam hermicolarum fuit domicilium. Ad exitum hujus, qua ſolet inclinatus ferri ſol, eſt & alia habitatiuncula, meridiem ſpectans, *Prioris Spelea*, cubiculum & hypocauſtuum non ita altum neque ſpatioſum, quod olim fertur Conventus fuiſſe hypocauſtum. Sed ſcio quod tedeat te tedioſæ deſcriptionis, quæ ergo ſunt reliqua, paucis perſtringenda ex re tua fore putamus. Longum enim foret, ſi equorum ſtationes, culinam, balneorum lavacra, lanienam, officinas Fabrorum omnes, & alia multa ædificia: pari pergerem deſcribere diligentia. Potiſſima quæ reſtant hæc ſunt. Ad orientem brumalem Piſtrina eſt, ampliſſima domo illuſtris: & ante eam Molitorum officinæ duæ, ſingulis frumenti repoſitoriis ſuperſtructis, editis & amplis. Ad meridiem horti ſunt holeribus amœniſſimi, fere ad ſpatium duorum jugerum porrecti. Porro ad occidentem domus eſt eorum, qui certa pecunia ſibi in omnem proſpexere vitam, quos alii vocarunt Præbendarios; domus haud contemnenda, tribus aut quatuor conſpicua habitationibus, cubiculis, hypocaupocauſtis, & id genus ſimilibus. Septentrio ſervorum habet domum, vere magnificam amplam & excelſam, ſed non ſingulari induſtria interius compoſitam & cultam, quum minori pretio longe plures, nedum cultiores potuiſſent ædificaſſe habitationes.

Proximum illi eſt diverſorium: hypocauſtis, cubiculis, inſtructiſſimum, elegans, amœnum, Portæ confine, a qua non modicum habet ornamenti. Superſtructas enim cum habeat habitationes, longe promovet proſpectum, & ſalubrem admittit auram.

A fronte, qua reſpicit Templum pomario viridatur, vitibus & prato, hortisque fertiliſſimis. Et hæc quidem omnia muro, per multos circumeuntem paſſus, includuntur. Et in univerſum omnia ita ſunt diſpoſita, ut quoquo te vertas, nihil non viſu jucundum invenias. Cingunt enim undiquaque iſtæc virentia prata, letæ ſegetes, ſylvæ avium garritu perſtrepentes; non minus ipſo aſpectu, quam amœna deambulatione ſuaves, irrigatione & leni rivulorum murmure deſiderabiles. Neque enim deſunt fontes, adeo ſuaves & ſalubres, ut neſcias utrum alteri in delitiis præferas. Arbores vero ſuo tempore ſic incurvantur fructibus, ut ignores, utrum compendio plus, an voluptati ſit tribuendum. Uſu venit aliquando, ut coram intuearis lætham pecudem

dem in floridissimis colludere ac gregatim pascere campis. Quid quod altissimi montes, variis depicti coloribus, ad miraculum etiam hominis mentem delectant? Breviter. Is est undique florum gratissimus odor: ea fruticum & arborum lenocinia, ut Thessalica Tempe huc collata non sit Tempe: & homo terque quaterque omnem exuerit vitam, qui in hoc absolutissimo voluptatis exemplari, in hoc paradyso, & vera felicitatis arce constitutus, respirare non cœperit. Verum præviderant hæc omnia Fundatores, solertissimi homines, qui in hisce Musarum campis: Musarum deliciis: in gremium Musarum allicere voluerunt.

*Nobilium Catalogus, quorum benignitate Cænobium floruit.*

His jam commodissimum subjungetur *Nobilium* catalogus, quorum benignitate factum, ut Cœnobium opibus auctum, subinde magis atque magis floruerit. Imprimis autem monemus, quod post nominum catalogum parum aut fere nihil exspectare debes. Nam quisnam alio fuerit prior, quis posterior, quis pater, quis filius, id demum plane ignoramus. Donationes fortassis non ignoraremus ex instrumentis, sed quorsum illis hic opus? Unde si aliquoties numerus aliquis annorum accesserit, is certe quasi fortuitus, nihil subindicat nisi mortis diem. Tu ergo

ergo hæc boni confule, quæ non fine magno labore tibi exhibemus. Itaque *Halvvileri* cum *Landenbergiis* & nobilibus a *Balldegg* Roma pulfi, in Helvetios appulere, & quos antea vocarant *Heroas Alarum,* hos nunc Cæfarea privilegia *Halvvileros* vocant a caftro *Halvvil.* Donatores ex illis primum obtinebunt catalogum; nempe hunc:

Rudolphus, a Halvvil, fatis conceffit anno 1321.

Gualtherus, a Halvvil, & conjunx ejus Lauda a *Tengen* 1374.

Theodoricus, a Halvvil, Eques aur. & Joannes, a Halvvil. Periit uterque in ea pugna, qua *Leopoldus* Auftriæ Dux apud Sempachum Lucernanorum oppidulum occubuit, anno 1386.

Joannes, a Halvvil, 1380.

Rodolphus, a Halvvil, 1389.

Joannes, a Halvvil, qui apud oppidum S. Galli interfectus occubuit anno ab orbe redempto 1405.

Conradus, a Halvvil, cum uxore *Landenbergia* 1405.

Theodoricus, a Halvvil, 1460.

Theodoricus, a Halvvil, 1469. Ex his duobus alter fuit procul dubio Tigurinorum Imperator, cum adverfus reliquos Helvetios in Mariæ a Magdalo die confligerent in iis campis, quos vulgus adpellat: *Sylväld.* Sic enim docent veteres Tigurinorum Chronicæ: „Anno ab orbe

„ orbe redempto 1443 traducebant civi-
„ tatem versus post Bernenses & Solo-
„ durnios omnes reliqui Helvetii exerci-
„ tum, Tigurum obsessuri, quibus non
„ modica copia occurrerunt Tigurino-
„ rum phalanges, ac copiæ, quarum
„ Dux Theodoricus, a Halvvil, etc."

Joannes, a Halvvil, & Magdalena prognata a *Rotenstein* 1494.

Gualtherus, a Halvvil, & Elizabet prognata e *Hegy*, homines austeritate vitæ, & absoluta pietate laudatissimi, qui & nonnullos annos, vita haud pœnitenda, in hoc vixere cœnobio. Obiit ille anno 1513.

Hugo, a Halvvil, qui Mediolani in ea occubuit pugna, qua fortes suos & amissam belli gloriam infelix luxit Helvetia 1515.

Margarita, a Halvvil, 1386.

Margarita, conjunx Marquardi *a Baldegg* 1437.

Beatrix, a Halvvil, conjunx Theodo: a *Bütickon* 1519.

Vuillebirgis, a Halvvil.

Hartmannus, a Halvvil, & Catherina uxor.

Theodoricus, a Halvvil, & Siguna *a Rotenstein*, uxor.

Rodolphus, a Halvvil, & *Udelhildis*, uxor.

Rodolphus, a Halvvil, Eques aur. & *Anna de Stoffeln*, uxor.

Burckardus, a Halvvil, & *Dorothea a Rüsegg*, uxor.

Burckardus, a Halvvil, Eques aur. & *Helena*, uxor.
Joannes, a Halvvil, Eques aur.
Joannes, a Halvvil.
Hartmannus, a Halvvil.
Petrus, a Halvvil.
Berchtoldus, a Halvvil.
Gualtherus, a Halvvil.
Rodolphi, a Halvvil, II.
*A Baldegg* nobili Romanorum familia, hos agnoscimus benefactores, quos sequens indicat catalogus.
Marquardus, a Baldegg, qui occubuit cum *Leopoldo* Austriæ Duce in pugna Sempachia, anno 1386.
Marquardi, a Baldegg, Equites aurati II.
Hartmanni, a Baldegg II. quorum unus Eques aur.
Hartmannus, a Baldegg, Canonicus Constant. Doctor utriusque Juris, in Sacello Nicolai sepultus.
Joannes, a Baldegg, & uxor *Verena de Arburg* 1451.
Joannes, a Baldegg.
Rodolphi, a Baldegg III.
Anna, uxor Gottfridi *de Hünenberg*, 1374.
Beatrix, a Baldegg.

    Hi vero sunt ex illustri *de Hünenberg* familia, qui rebus nostris consuluere.

Joannes, a Hünenberg, & Agnes *de Hinwyl*, uxor.

Gottfridus, a Hünenberg, & Margarita *de Fridingen* 1372. Idus Martias. Sepulti in penultimæ testudinis septo occidentem spectantis, versus meridiem, lapide, quatuor ferreis annulis insigni superposito, & intersignibus notato.

Hartmannus, ab Hünenberg, & *Mechtildis de Rinach*, uxor.

Hartmannus, ab Hünenberg, cum uxore *Landenbergia*.

Henrichus, ab Hünenberg, & Barbara filia.

Elizabeth & Benigna, ab Hünenberg, quarum utraque Abbatissa fuit in Cœnobio Monialium *Frovvental*.

Hartmanni, ab Hünenberg, Equites aurati II.

Conradus, ab Hünenberg.

Hartmannus, ab Hünenberg.

Joannes, ab Hünenberg. 1419.

Petri, ab Hünenberg II.

Gottfridi, ab Hünenberg IV. e quibus unus obiit 1369. alter 1383.

Ex *Griseleris*, quos vulgus *Geſſler* adpellat, sequentes agnoscimus benefactores.

Ulricus, Griselerus, Eques aur. & Anna *de Mülinen*, uxor.

Joannes, Griselerus, & *Guota*, uxor.

Henrychus, Griselerus, & Margarita de *Eltbach*, uxor.

Heinrychi, Griseleri III. e quibus unus obiit 1403 alter 1479.

Ulricus

Ulricus, Griselerus.
Hermannus, Griselerus.
Guilhelmus, Griselerus.
Joannes, Griselerus.
Theodoricus, Griselerus.
Rodolphus, Griselerus.
Georgius, Griselerus.

*A Bonstetten* hi sunt, qui rem nostram promoverunt:

Ulricus, a Bonstetten, Eques auratus, obiit a 1337.
Ulricus, a Bonstetten, & Adelheidis *de Manes*, uxor, 1401.
Theodoricus, a Bonstetten.
Hermanni, a Bonstetten III.
Joannes, a Bonstetten II.
Catherina, & Vuilburgis, a Bonstetten.
Verena, a Bonstetten, uxor Alberti *de Rinach*.
Gertrudis, a Bonstetten.

Porro inter præcipuos sunt *Eschenbachii*, ita ut neminem habeant secundum. Nobilitate vero præcellunt maxime.

Rodolphus, Comes Habspurgii, & Alsatiæ Landgravius.
Albertus item filius Romanorum Imperator. Leopoldus Austriæ Dux, & Hartmannus a Habspurg. De quibus hæc extant in Instrumentis super decimas Barr datis Anno 1249.

Comes a Kiburg Hartmannus cum Patre Heinricho, matre *Mechtildi*, & fratribus Rodolpho & Heinrycho.

Comes a Vuerdenberg Hugo, Commendator in Wedenfchvvyle Anno 1375.

Joannes de Seon, Eques aur. a quo Kilchbergen. Decimæ certa emptæ funt pecunia & vindicatæ.

Neque imus inficias, quin plures fuerint, quorum benignitate floruimus, neque enim catalogum omnium : fed potiflimorum recenfere voluimus. Imo fcimus ex profeffo reftari multos, quorum non meminimus, cujusmodi funt Nobiles, *a Beinvvyl, Novocaftro, Rüfegg, Ruoda, Cham, Urtzliken, Affholteren, Klingenberg*, etc. Verum fatis fuperque fatis æquo adfcriptum lectori. Annitere tu, ne ingratitudinis erga illos noteris. Ingrato enim homine terra nil pejus creat. Et hactenus de Fundatoribus, Fundatione, Cœnobio, & ejus in opibus felicitate.

*Abbatum Catalogus, in quo recenfentur XV, quorum fcilicet nomina non interierunt.*

Pergimus nunc etiam *Abbatum* fubtexere catalogum : non quidem usque adeo perfectum illum : fed quatenus per notas hinc inde collectas, certum etfi brevem dare licuit. Et principio fatis conftat, ex

Fundationis inftrumento, huic operi fere præfixo, Cœnobium hoc ita effe inftitutum, ut Abbate, veluti Respublica Principe, regeretur, quemadmodum & Ciftertienfibus, quorum hi fequuntur inftitutum. eft ufitatiffimum.

Primus ergo *Guilielmus* fuit *Altaripen*: fiquidem primos Cœnobii incolas *Altaripen*: fuiffe tradunt. Homo ille nimirum integer & præclarus: quando Fundatores viri undiquaque illuftriffimi, viro ignavo, tantum dignitatis faftigium nunquam contuliffent. Initiatus eft anno 1185.

Poft hunc *Guido* * quidam fuit, qui ad annum 1220 res Cœnobii adminiftravit.

Tertio, cujus quidem apud nos reftat memoria, *Wernhero* nomen fuit. Is vixit in hujus Cœnobii negotio, dum a nato Chrifto 1243 annus numeraretur.

Jordanus ab hoc, provinciam fubiit, dum ageretur annus 1248.

Illi proximum habemus eum, quem vulgus vocavit *Auroram*, qui adminiftrationi inauguratus fertur anno 1261. Et ab hoc longo intervallo nullius nomen invenimus: ficut & incerti fumus, num quis alius inter adnumeratos regnaverit. *Martini* cujusdam Abbatis nomen extabat præter illos. Sed quia fine numero certo illitum chartis, incertum, num hoc floruerit tempore, án alio.

Verum

---

* Sehet von diesem Abbt Guido in dem I. Band I. Th. dieser Sammlungen Bl. 3. und 14.

Verum anno 1330. *Burckardus* Abbas fatis conceſſit. Quem ſubſequutus eſt *Joannes de novo Caſtro*, & ipſe ſupremam diem claudens anno 1335.

Huic vero ſucceſſit (ut adparet) *Joannes*, Abbas, qui moriens anno 1350. *Joanni Spetier* commiſit habenas: atque is dum usque ad annum 1366 Abbatem egiſſet, *Joannem Einſidler* habuit ſucceſſorem, qui non niſi ad annum 67 adminiſtratione potitus, moriens *Heinrycum Zigermannerum* in provinciam hanc immiſit: verum & hic haud multos imperitans annos moritur anno 1369.

Hic autem eligitur *Rodolphus Gravv*, qui obiit anno 1387.

Illi proximus videtur fuiſſe *Heinrychus*, Abbas, qui ſupremam occluſit diem anno 1397.

Recentior vero videtur fuiſſe *Heinrychus Pſavv*, qui & Conſtantienſi Concilio interfuit: quod *Joannem Huſs* ad Chriſtum adpellantem, & *Hieronymum Pragundum*: homines, ut illis videbatur, ſesquihæreticos, exuſſit. Obiit ille anno 1426. Porro Concilium incipiebat anno 1414. & abſolvebatur anno 18. Magna in eo pompa. Major luxus, & omnium maxima blasphemia.

## De Wernhero, Abbate, & Bello Tigurino Anno 1439.

Post hunc fuit homo nunquam satis laudatus, quem vulgus *Wernherum am Bach* vocabat. Patria illi *Hergoæ* villula *Mörickon* prope oppidulum *Lentzburg*. Parentes probiores magis quam civiles, & liberales magis quam opibus conspicui. Porro ipse in *Basiliensi* Concilio, quod celebrabatur anno 1434. candidam infulam nactus, omnium testimonio vivebat homo innocens & prudentissimus: humanior, quam qui posset in administratione exercere tyrannidem, & pientior, quam qui ab ambitione, fastu & avaritia, in impietatem raperetur, ignaviam & inhumanitatem. Hoc uno infelicissimus, quod in illius administratione sæva belli tempestas ingruebat, qua ita pulsabatur totus Helvetiorum orbis, ut parum abfuerit, quin ipsa sese conculcarit Helvetia, *Tigurinum bellum* puto: in quo soli *Tigurini*, nobilibus quibusdam freti, ob causam nescio quam, sese reliquis opposuere *Helvetiis*. Erat is annus a nato Christo 1436 dum diri belli seminaria, mortuo *Frydenrycho*, ultimo ex *Doggenburgiis* Comite, inciperent herbescere. Diu tamen volvebantur res, antequam mutuis irrumperent aciebus. Et interea quoque conduxerat *heros* ille optimus fatalem quendam *pictorem*: qui aliquando a fratre quodam incogitantius rogatus, num

num & vaccam delineare fciret: atque is artem nedum profiteretur, verum & oftenderet, Helvetii fimulachro, ex levitate quadam, obfcenius retropofito: adfuit homo & malus & rimarum plenus, qui id facti apud *Tuginos* reliquosque Helvetiorum populos, ita diffipavit, quafi communi confilio, in injuriam & contumeliam Helvetiorum excogitatum fuiffet. Hic illi ardere ac minari, & poft paucos dies, aliis quoque exciti cauffis belli (ut illis videbatur) juftiffimis, ita convulfere furentibus caftris *Cœnobium*: ut neque facri neque prophani habita eura, nihil fere folidi remanferit: & parum abfuiffet, quin totum conculcaffent Cœnobium, certe feptennio a deferto nihil difcrepavit, quando urticæ Templi nonnullas fuperarint januas. Inde vero factum ut hoc triviale in compitis fere omnibus cecinerit vulgus:

Da ſchlach Glück zu, wie zu deren von Cappel zu.

Perierunt hic Cœnobio villæ complurimæ, exuftæ domus ubique in Pagis innumeræ. Et quid multis? Major eft jactura, quam quæ fine dolore etiam a nobis recenferi poffit. Et in univerfum totius belli hujus longior tragœdia, quam ut in Annalibus noftris habeat locum. Tantum, jacturæ fert incogitata levitas.

Tan-

Tantum virus lingua malevola. Nisi enim infelicissima intercidisset pictura, aut verius nephandissimi illius hominis virus, non dubitamus, quin benignius minusque hostiliter illi nostra tractassent: quando heros ille optimus humanitate sua etiam hostium sibi devinxerat animos. Fortassis aliter Deo visum. Hostes vero Tigurinorum urbem obsidunt. *Abbas* autem cum fratribus eo confugerat, dumque tertius mensis obsidionis ageretur, anno a Christo nato 1445 occumbunt in agro Basilien: ad *Birsam* torrentem *Helvetiorum* fortissimi quique, quos *Delphinus* Gallorum Regis filius victor ad 4000 trucidarat, fessos magis, quam victos. Ea dum in castra hæc perferrentur soluta obsidione, terrore perculsi, ac dolore soluti, domum mœsti redeunt, *Tigurini* vero læthi erumpunt, & portas Civitatis pandunt. Igitur post multa fortunæ ludibria rebusque pacatioribus, redeunt ad convulsas ædes miseri, & hic *Abbas* ipse, Monachique citra delectum omnes, collapsa instaurant, immunda repurgant, diutino situ obsita expoliunt, sentes & vepreta exurunt, sacra innovant, & horridi diutina obsidione, laboribus infinitis præmodum emacerantur infelicissimi; tandem vero omnia in sua convehunt, disponunt & stabiliunt. Porro *Constantiæ* agebatur de pace, dum ageretur annus 1446. Cum vero quadraginta sex annos in Cœnobii administratione
optimus

optimus ille heros peregiſſet, feliciter vitam finivit. Erat is annus ab orbe redempto 1471.

## De Hulderycho Stempflio, & Joanne Schönenbergio, Abbatibus.

*Wernhero* ſtatim ſucceſſit *Huldricus Stempfflius* Bremgartinus, homo alias minime malus: ſed rei cœnobicæ non perinde utilis. Principio, quod vini immodicus potator erat: deinde quod ejusmodi gubernatoribus omnia adminiſtrabat, quibus privatum compendium impenſius placebat, quam Cœnobii tenuitas ferre poſſet. Excreſcebat hinc quoque damnum, quod ipſe interim negotiorum & contractuum Cœnobii plane rudis atque ignarus, aut certe negligens, impune illis licebat, quod libebat. Inde factum eſt, ut Respublica Cœnobica vix dum a Tigurino bello reſpirans, non parvam acceperit jacturam. Id cum fratres paulo iniquius conſulerent: illeque nonnihil cauſæ diffideret: primores quosdam vocavit, ratiocinationem pendit, atque functionem deponit, cum jam adminiſtrationis nonum, ( ni fallor ) annum egiſſet. Fuit ſtatura brevi, membris gracilioribus, & ejusmodi ſenectute, quæ vini helluones ſolet concomitari. Et quando frugalioris ſurrogandi inſtitutum Stempflium a gubernaculo dejecerat, ſtatim de frugaliore conſultatur.

tur. Aderat tum forte fortuna, ex visitatione, ut vocant, generali Abbas *Morimundi legatus* uno e quatuor primariis Cœnobio, qui precibus *Tigurinorum* quorundam corruptus, eum in electione *Abbatem* esse declaravit, quem *Tigurini* sibi petierant dari, quemque non nisi tres ex fratribus elegerant. *Joannes Schönenbergius* is erat. Nam reliqui fratres duodecim *Huldericho Nerachio*, Beronensi, viro prudentissimo, sua dederant suffragia: quanquam eo non poterant neque suffragiorum vi, neque æquitatis ratione, neque amicissimis precibus penetrare, ut is rerum summæ adhiberetur, quem omnium consensus delegisset, *Tigurinis* tanta majestate reclamantibus, & suum *Schönenbergium* poscentibus. Ideoque fratres sibi injuriam fieri, leges violari, & privilegia sua sibi conculcari conquerebantur: sed frustra, factione alterius violentia perrumpente. Id quod adeo fratrum animos exulceravit, ut quisque Cœnobio relicto ad parentes atque notos diverteret, ibique æquitate & judicio imploráto, de irrogata injuria illos accusaret. Erant autem *Bernates* aliquot, erant aliquot *Lucernani*, erant alii *Tuginii*, & alii ex *aliorum* Helvetiorum urbibus oriundi, quarum Proceres cum injuriam ulcisci & æquitatem conarentur tueri, ejusmodi feruntur legem tulisse, ut nemo in posterum ex eorum finibus extra Tigurinum agrum residens, & agros Cœnobii, villas, prædia

dia & fundos poſſidens, quicquam ſive decimarum ſive cenſuum Cœnobio penderet, donec fratribus illis æquæ leges cederent. Quod quam primum eſſet evulgatum, ſtatim de concordia apud Tigurinos agi cœpit. Aderant eo tempore ex Abbatibus Abbas *Murianus*, Abbas *Rütinenſis*, & *Cunradus a Rechberg ab Einſidlen*, ut concordia inter eos reſtauraretur., laborantes. Cum vero jam longo tempore cauſa inter Senatores devoluta eſſet, tandem hoc Senatus conſulto liti finis imponitur. Eſſe quidem in cauſa *Schönenbergii* æquitatis minimum, interim tamen ita eſſe conſtitutum, ut *Schönenbergius* ſumma rerum potiatur, *Nerachius* vero omnium ſibi adminiſtrationem ſumat, atque ad eum modum pacati ad Cœnobium cum obedientia Abbatis redeant omnes. Ad quam ſententiam graviter *Heremitici loci Abbas* commotus, ad hunc modum reſpondiſſe fertur: „ Iſts dann vnbillich, vnd muß dens „ nocht das ( das Ir wöllend ) ſin, ſo weiß „ ich doch wol, das Chuncz von Rechberg „ nitt darby muß ſyn. " Atque hoc dicto curſu rapido domum acceleravit. Fratres vero non usque quaque ſententiæ adplaudentes: attamen ad Cœnobium redierunt. Et *Schönenberg* dignitatis titulum, *Nerachius* vero rerum adminiſtrationem ſuſcepit, in qua adeo ſedule & prudenter omnia agebat, ut unus ex omnibus mereatur cum *Wernhero* Abbate conferri. Erat enim ex utro-

utroque mire suspiciendus: utpote qui laborem cum summa conjunxerat prudentia. Hic enim primus agriculturam, atque rem pecuariam, instituit, & quasi sepultam resuscitavit. Qua parte adeo rebus Coenobii accrevit, ut jure thesaurum Coenobio invenisse credatur. Neque interim terrenis istis totus immergebatur: sed insigni quoque pietate omnibus se ex aequo commendabat. Statura autem illi justa fuit & athletica magnitudine plurimum veneranda. Sermones illius rari: sed jucundi erant & prudentes, consilia sana, conversatio jucunda, & vitae institutioni praemodum utilis. Ingenium illi liberale & eruditionis non omni parte expers. Breviter, homo fuit, cui ne Momus quidem detrahere potuisset. Porro Abbas ille *Schönenbergius* benignis erat moribus, & mente pia: in conversatione vero jucundus & urbanus; in administratione non omnino indiligens: Rerum vero ac negotiorum Coenobii callentissimus: erga fratres benignus, cum servis minime austerus: & in rebus divinis non usque adeo indoctus & frigidus. Et hoc uno infelicior, *quo Gliceriis suis erat fidelior.* Verum *Nerachius* ille ubi sedula gubernatione multum promovisset in rebus Coenobii, bona pace mortuus est, ipsa Stephani die, dum ab orbe redempto numeraretur annus 1491.

*Annalium*

## Annalium sive Chronicorum Liber II.

### De Abbate Trincklero.

*De Electione Trinkleri, Cœnobii incendio, ac prospera ejus administratione.*

Hucusque indicem conscripsimus earum rerum, quæ ante nostrum seculum nostramque gesta sunt memoriam; nunc vero ad ea nos rerum cursus detulit, quæ nostri ævi hominibus comperta consequentia esse videntur. Mortuo igitur *Nerachio* Beronensi, suffectus est in rerum administrationem *Joannes Klegerus*, quod *Schönenbergius* Abbas tantis rebus gerendis, senio jam labefactante, impar esset. *Klegerus* porro non ita longo tempore negotiis publicis præfuit: sed protinus *Antonio Hass*, Lucernano, procuranda reliquit: verum cum etiam hic rebus administratione sua etsi satis strenua, consulere non posset, utpote a Tigurino bello & *Stempflio* præmodum accisis, quotidieque in graviorem declinantibus ruinam, tandem visum est Abbati ceterisque fratribus consultissimum fore, si *Schönenbergius* dignitatem deponat: sic enim alium quempiam creari posse, qui minore jactura teneat & dignitatis titulum & administrationis functionem. Itaque legatio mittitur ad reverendum Patrem ac Dominum D. *Joannem* Abbatem in *Salem*, Ordinis

dinis Commissarium, deinde & ad *Tigurinorum* Senatum, a quo cum Legatus senatorii ordinis destinatus, adesset, protinus adfuit & ordinis Commissarius. Initis autem consiliis, & suffragiis collatis, Huldrychus Trincklerus, Abbas declaratus est, electione undiquaque concordi. Fuit is eo tempore a confessionibus Monialium in *Frovvental*: patria vero *Tigurinus*; majoribus & genere in urbe praeclaris. Statura porro fuit satis eleganti, utpote corpulenta, non quidem procera illa athleticave, sed quae ad justam virorum accedebat longitudinem. Vultus illi liberalis, sed quem paulo severiorem reddebant acres oculi, atque supercilia pendula. Ingenium astutum, subdolum, tyrannicum, ac in omnes versatile partes, id quod gestis comprobabitur. Consecrabatur autem in Abbatem a *Daniele Bellinen*: Episcopo, ac Suffraganeo *Constantiensi* die Augusti duodecima, anno vero ab orbe redempto 1492.* Ceterum cum administrationem subiret, erat ea admodum periculosa, censibus intricata, ac aere alieno degravata, adeo ut haud frustra desperasset, qui tamen summa quaeque non modo sperabat, sed etiam consequebatur. Brevi enim diligenti & praemodum fortunata cura, plus quam quingen-

---

* Ediit haec & sequentia de *Trincklero*, ex parte, *Joh. Henr. Hottingerus* in Hist. Eccl. N. T. Tom. IX. p. 306-310.

gentis Coronatis *, quibus quotannis per censum degravabatur, Coenobium, levatum est: morientibus partim iis, quibus ex pacto, certa per vitam solvebantur, partim sumtibus non usque adeo necessariis diminutis. Et plane nihil parumve amplioris fortunæ potuisset inter initia a quoquam desiderari, si modo sæva incendia medium non corrupissent cursum. siquidem dum ageretur annus Domini 1493. dies vero Januarii XV. flammæ per coquinæ caminum perrumpentes, dormitorium invaserunt, immo & consumpserunt una cum ædificiis inferioribus. Et reliquam quoque Coenobii partem ac Templum ipsum vorassent, nisi Tuginorum & vicinorum e Tigurino agro, ferreus labor insignisque prudentia, passim jam jam sævientes, restinxissent, quibus sane plurimum debere Coenobium, nemo est qui non videat, utpote iis, qui sese totos nobis impenderint. Videre hanc calamitatem miserabilem *Stempflius* ac *Schönenbergius* Abbates, *Joannes Murer*, qui Prioris fungebatur officio, *Rodolphus Burckardi*, *Ulricus Koler*, *Joannes Kleger*, *Antonius Haß*, *Joannes Vittel*, *Leonhartus Æbly*, *Joannes Oefely*, *Ulricus Wüst*, *Joannes Landolt*, *Joannes Conradi*, *Wolphgangus Jonerus*, qui tum primum ordini erat initiatus. Quemadmodum autem
in

---

* Fünfhundert Stük. Nolui barbaro uti vocabulo, *Frustum*: *Bullingerus* ad marg.

in nullis rebus adversis *Trinckleri* animus penitus dejiciebatur, sic in hac inprimis strenue sese gerebat. Nam intra quatuor annorum spatium ad eum modum omnia restituit, ut novi ædificii cum pulchritudo, tum celeritas dolorem aboleret ruinæ. Potuit autem isthæc omnia hoc facilius, quo uberiores erant annorum proventus, qui cum nulla parte deficerent, magno interim pretio emebantur vendebanturque.

*De animo moribusque Trinckleri mutatis, ejus fastu, luxu, & tyrannide.*

Vicit itaque adversa & pericula omnia *Trincklerus*, enavigavit item ex Censuum & æri alieni scopulis, qua re posteaquam sibi placeret, & fortuna favente pristinam miseriam jam non amplius agnosceret, a nocentioribus victus, in fastum atque luxum præcipitatus est. Nam majores opes aleæ vicissitudini exponere incipiebat, quam virum administratorem & religiosum deceret. Deinde sumptum non exiguum fecit cum equorum magistris, cum parasitis, famulis & gnatonibus: delectabatur enim hoc hominum genere, plus quam prodesset. Equorum vero adeo studiosus fuit, ut pro duobus semel CLX & frequentius pro laudato quopiam quadraginta exposuerit aureos, quibus deinde Tigurum augusto ingrediebatur triumpho.

pho, comitante nonnunquam immodico equitatu: gaudebat quippe frequenti & turba & admiratione populi. Sed & inſtructiſſima erant illius convivia; maximi ſumptus in hoſpites, balnea frequentiſſima, quibus mirum eſt quantum opum fecerit jacturam. Vivunt adhuc qui olim in *Baden* Argœæ oppidulo viderunt hunc quotidie plus quam viginti hominibus menſas exhibentem, idque per hebdomadas aliquot. *Libidinis* vero non admodum proſtitutæ fuit, ſed *quæ ne Veſtalibus quidem abſtineret*. Ædificia quoque hujus nihilo frugaliora fuere: *Tugii* enim palatium verius quam domum conſtruxit, cujus ſumptus mille & quingentos aureos exceſſere; ita *Tiguri* Phanum atque auguſta erexit ſtabula, majoribus quam credere phas ſit, impenſis: nulla in hoc neque neceſſitate, neque utilitate compulſus: ſed ſolo ambitionis luxusque morbo percitus. Interea vero nemo erat, qui ſe tantis auderet opponere conatibus. Nam ut verſutiſſimi ingenii homo erat; ſic bonam in urbe ſenatus partem & optimatium in Tigurino agro quosque ſibi devinxerat beneficiis ac largitionibus: at rudes populi animos id dementaverat, quod plerunque homines fallere ſolet, jactantia arrogans, auguſta omnium rerum facies, atque profundiſſima hypocriſis. Domi vero Tyrannus ſæviebat in tyrunculos, ita ut nemo eorum illi vel in conſpectum intrepide progredi auderet. Et seniores qui tum supererant, neque penitus cerebro carebant, e Cœnobio callide ablegatos Ecclesiarum (quæ per decimas dependebant a Cœnobio) præfecerat ministeriis: ipse interim domi solus, juvenum sibi deligebat catervam, quibus facilius imponeret, & superstitionem monasticam liberius plantare posset. Itaque nullus hic stultarum legum & ceremoniarum finis: hic nemo satis digne stultitiam & præscriptiones enumerare queat, quid ille præceperit de horis, missis, cantu, pausis, de gestu corporis, inclinatione, vestibus, somno, de silentio, esu, potu, pulsu, deque anilibus fabulis, & neniis id genus infinitis: quibus tamen eo tempore iisque hominibus admodum (si diis placet) religiosus & absolutæ pietatis videbatur Magister. Neque magni artificis erat, juvenilibus animis sensu ac judicio per ætatem adhuc carentibus, imponere, neque magni operis, quo libeat tales flectere. Præterea suos illos, id quod omnium Tyrannorum est, odiebat, neque quicquam cum illis familiarius colloqui, neque unquam apud illos poterat lætari: imo e Tiguro & gaudiorum tripudio reversus, dicere solebat: *Jam jam mihi ipsi excido, cum ad meos me ire sentio.* Omnia denique negotia publica procurabat per extraneos, suis illis in universum neglectis & contemptis. Quo autem quisque ex procuratoribus erat adulanti-

lantior, hoc homini ſtolido charior, hos deinde maxime adamabat, hos ſecretorum ſuorum habebat conſcios, hos laute paſcebat, cum interea Conventus ſqualeret inopia, & nihilo lautius aleretur captivis. Si vero prodiret ille aliquando, jam nemo fratrum conſiſtere audebat: quod viſis illis, aut ob ſanitatem deambulantibus, aut alias ſeſe refocillantibus usque adeo ſæviret tyrannus, clamoribus & jurgiis, ut hominem penitus exuiſſe videretur. In hac autem tyrannide, in hoc Conventus metu, Tyrannus, plus quam quingentis Coronatis degravavit Cænobium, ut jam per æs alienum nihilo melius ageretur, quam dum ille functionem ordiretur. Hinc ille complures, (quos vocant) præbendarios adſumſit, pretium vero luxu perdidit: elocavit item villas viginti, jure hæreditario\*, quæ hactenus peculiares penitus, immunesque, aut emptæ erant liberæ, aut Principum munificentia fuerant donatæ: pecuniam vero inde corraſam, equis, largitionibus, ædificiis, ornamentis, quotidianis commeſſationibus, ſumptuoſis obſonationibus, cupediis, alea, luſibus, balneis, denique omnis generis luxu ac faſtu penitus abſumpſit atque concoxit. Præterea ingentem pecuniam ex pacto reemptionis\*\*: (ut vocant) item uſuræ & plane reſtitutionis iniquæ ſibi paravit, ſed & literis confir-
mavit

---

\* Zu Erbláhen.   \*\* Widerkouff vnd Lobding.

mavit, postremo vero malis istis artibus abligurivit. Interea ratiocinationes suas, quas pro veteri more quotannis adnumerabat Conventui, ita velavit tyrannide, ac fucis impostoris, ut pauci dolum intellexerint, & videntes nihil ausi sint. Et ad eum quem descripsimus modum, tyrannide aliquandiu perrupit *Trincklerus*, atque magno Coenobii detrimento, magni sese per hypocrisim hominibus vendidit.

*Quomodo Trincklero abrogatum imperium, & quomodo perierit.*

Tandem ubi Deo Opt. Max. visum esset, & iniquitatem Tyranni punire, & suppressos erigere, Conventui oculos aperuit animumque addidit, quare brevi, seu numine quodam exciti, sese opposuere Tyranno. Et primo quidem de contemptu conquesti sunt & injuria, deinde vero pernegarunt illi Conventus sigillum, quod nisi literis adpendatur contractuum, jam extra omnem aleam sunt cum opes tum possessiones Coenobii. * Et hic primum vidit miser, omnem spem sibi subversam, neque in posterum licere quod hactenus licuit, nempe alienum æs conflare, & Coenobii opes partim dare in pignus, partim vendere totas, & hic contractus & suo & Conventus roborare Sigillo. Proinde omni spe abjecta furibundum
curis-

---

* Convents-Sigill hat allein Kraft von des Klosters Gütern.

curisque discruciatum animum fuga solatur, & ad solitam conversus hypocrisin, obtendebat, senio jam gliscente plurimum etiam gliscere morbos, quare consultissimum facturos, si alium rerum summæ præficiant, se vero pro summa administrationis diligentia ratiocinationem dependsurum benevole audiant. Quæ cum non admodum displicerent Conventui, mox ille Senatus *Tigurini* & a *Conventu* ordinatis, nempe *Antonio Hass, Huldrycho Wüst, Wolphgango Jonero*, & *Petro Symlero*, omnia negotia totius functionis suæ exposuit. Quæ quidem ut erant intricatissima, sic eam quoque laudem non reportabat, quam speraverat, quin potius id vituperii, quod meruerat. Post hæc abrogata est ei administratio in universum omnis; quod & ipse simularet se petere missionem, & Conventus cuperet illum amovere officio & dignitate. Aderat spectator atque judex omnium, Cœnobii Visitator, *Abbas Alteripæ*; aderant & *Tigurini* Senatus ordinati, coram quibus diu multumque controversum est de certo censu *Trincklero* quotannis dependendo. Putabat enim Conventus haud unquam decere, ut ei aliquid cederet, qui Cœnobium ad ipsas usque radices arrosisset. Contra quos *Trincklerus* innumera amicorum turba stipatus, labores suos, pro more, jactabat, deinde & infortunia contestabatur, fuissetque diutius & multo hostilius utrinque

pu-

pugnatum, nisi Visitator atque Tigurinorum Senatus, motus compoſuiſſent. Decrevere etenim, ut *Trincklero* quotannis ſolverentur tritici modia viginti, totidemque urnæ vini, decem item modia avenæ & centum argenti talenta, quæ apud nos valent aureos quinquaginta: reliqua: utpote equum, habitationem, & alia minutiora, quæ Tiguri illi pendebantur, jam non refero.

His actis depoſuit dignitatem una cum imperio conceſſitque *Tigurum*, cum ageretur A. 1509, Feſtum vero Jacobi, cum præfuiſſet annis fere XVII. Neque Tiguri diutius vixit quam annum & aliquot menſes. Siquidem anno 1511. Sabbatho ante quaſi modo geniti, cuſtode deluſo, *ſeſe* in domo noſtra Tiguri, a trabe tecti *ſuſpendit*: nimirum quod angeretur mala geſta adminiſtratione, quodque ſe contemni videret, neque in tanta exiſtimatione haberi, quanta fuerat cum Abbatis fungeretur dignitate. Poſt quadriduum autem a trabe ſolutus, inque *vas* quodpiam ( Cæſareo patrioque jure atque Conſtantienſis Epiſcopi decreto ) incluſus, hinc per medias plateas, magno populi ſtupore, tractus, in *Limagum* fluvium præcipitatus eſt. Neque ignoro, me omnibus horrorem narratione iſta incutere, verum fuit hoc longe triſtius longeque horribilius: quam ab ullo credi poſſit, ſpectaculum. O ergo & o infortunatiſſimas

mas rerum viciſſitudines! O miſerum &
o ſtultum genus mortalium, cur hisce fi-
dimus caducis? Cur iſta, quæ nos peri-
munt, adamamus? Fuit iſta, fuit procul
dubio juſti Dei ultio, qui deploratum iſtum
magno ſæpius in urbem triumpho ingre-
diuntem, tanta ignominia, tantis probris
tantoque terrore, iterum per medias ex
urbe turbas rapi voluit. Caveamus ergo
a luxu, hypocriſi ac faſtu. Quemadmodum enim Deus noſter horrenda multorum exitia nobis eſſe voluit exempla, ſic
etiam Trincklerum hunc nobis *voluit eſſe
terrori.*

* * *

„ So weit gehet die Bullingeriſche Arbeit,
„ zu welcher Peter Simler, Prior des Kloſters,
„ und nach der ſeligen Reformation erſter
„ Schafner und Pfarrer in Kappel annoch fol-
„ gende Beytraͤge Bullingern zu der Fortſezung
„ des Werks mitgetheilt hatte, die aber wichti-
„ gere Arbeiten deſſelben hernach unterbrochen
„ haben."

Herr Ulrich Wuͤſt, Conuent-Bruder ze
Cappel vnd Burger Zuͤrich, iſt mit einhelliger
Wal des gantzen Conuents zu einem Appt erwellt am 24. Tag Julii An. 1508. in Byſin
Herrn Johanns Speglins, des Appts zu Al-
tenripa, des Viſitators, von dem er ouch angentz beſtaͤdtet ward in Byſin der frommen,
fuͤrſichtigen, wyſen Herrn Herrn Marx Roͤ-
ſten

sten, Burgermeisters, und Junker Hansen Kellers des Rats Zürich, der dozmal Vogt im fryen Ampt vnd Pfleger des Klosters war. Diser Appt ward von Bapst Leone, dem X. mit einer Insel begabt im 1513 Jar; imm ward ouch Fryheit geben, das er mocht sinen jungen Conuent-Brudern die Wyhinen geben, er mocht ouch Meß-Gwänder vnd Kylchen-Zierden, die man imm zutrug, wyhen. Er ließ ein kostlich Insel machen, vnd hielt söllich Gnad und Nachlassung vom Römischen Stul für eine grosse Wirde. Vnd wie wol er vil vff die Ceremonien hielt, so hat imm doch vor Eröffnung des Evangelii allwegen mißfallen, vnd hat für vnbillich geacht, das der eelich Stand dem priesterlichen Ampt abgestrikt wär. Er hielt dem Kloster im zitlichen Gut wol Hus, vnd starb Zürich, im Capplerhoff, an der Pestilentz, am 28. Tag Octobris 1519.

Herr Wolffgang Joner Conuents-Bruder von Cappel, bürtig von Frowenfeld, ward mit einhelliger Wal der Priestern des Conuents zu Cappel zu einem Appt erwellt am 19. November 1519. in Bysin Appts Erharten von St. Vrban, dem es vom Commissario Ordinis dem Appt von Salem bevolchen war. Er ist im Krieg ze Cappel erschlagen worden am 11. Octobris 1531. Diser Appt hat ein grossen Yfer, die guten Künst und das Heil. Evangelion ze fürdern; der nam im 1523 Jar den wolgelerten Meister Heinrichen Bullinger zu einem Schulmeister an, vnd ließ imm selbs und sinem Conuent all Tag offent-

offentlich ein Lection vß der Heil. Gschrift hallten, die besucht er vnd sin Conuent flyßig, vnd ließ jederman ein fryen Zugang darzu. Er hätt gern von Zürich etlich Schulerknaben angenommen: also war dozmal noch by vilen ein Argwon; er wurd sy zum Münchentum zůchen, vnd ward imm keiner geben, dann Johannes Fry, der nach M. Heinrich Bullinger Schulmeister ward. Also nam er sust Knaben an von Winterthur, Elgöw, Frowenfeld, Bremgarten, die all darnach Handwerch leertend.

Von disem Appt vnd sinem Conuent ist das Kloster meinen Herrn von Zürich, als den rechten Schirmherrn vnd Kastvögten, mit Geding übergeben An. 1527. vnd war des Herrn Appts vnd Conuents Fürtrag in kurtz vergriffner Summ also:

„ Fromm, Vest, Fürsichtig, Ersam, Wyß,
„ Gnädige Herren, diewyl wir vß Heil. Göttlicher Gschrift bericht sind, das man GOtt
„ mit verwäntem Gottesdienst, so bishar
„ mit Singen, Lesen, Meßhan, in Klöstern
„ beschächen, vergäblich eert, die Klöster ouch
„ von der ersten Stifftung zu Schulen christ-
„ licher Zucht vnd Heiliger Göttlicher Gschrift
„ geordnet; sind wir vß christenlichem Yfer
„ bewegt, das wir och vnsern gnädigen Her-
„ ren das Kloster mit aller seiner Nutzung,
„ das vnsere Vorfaren der merteyl mit Ir
„ Arbeit vnd sorgsamen Hußhalten überkom-
„ men, fry lediglich wellind übergäben, mit
„ den Gedingen vnd Fürworten, das Ir
„ an-

„ anstatt der abgethonen Mißbrüchen wellind
„ ein Reformation vnd Verbesserung anrich-
„ ten, die dem Gottswort glychmäß syge.
„ Darzu wellend wir all radten vnd helfen,
„ vnd jegklicher sich darzu lassen bruchen,
„ darzu Jmm GOtt Geschiklichkeit geben hat,
„ vnd das ouch meine Herren so all wellind
„ nach Gnaden bedenken."

Uff disen Fürtrag hand mine Herren von Rädten vnd Burgern verordnet:

M. Rudolffen Binder, obersten Meister.
M. Hanns Schwytzer, Panner-Herr.
Juncker Hansen Effinger.
M. Hansen Ochßner.
M. Josen von Rusen.
Hansen Berger, Vogt zu Knonow, (des Fryen-Ampts).
Herrn Doctor Wolffgangen Mangolt, Statt-schreiber.

Dise hand mit dem Herrn von Kappel nachvolgende Reformation abgeredt:

Diewyl die Klöster von Anfang Schulen der Zucht vnd Göttlicher Gschrift gewesen, daby sölle das Kloster für vnd für blyben, vnd sölle der Herr von Cappel allwegen einen gelerten, tugendlichen Schulmeister da erhalten, vnd angentz vß miner Herrn Statt oder Land vier Knaben, die der Leer fähig, vnd zu denen man etwas Hoffnung haben mög, annemmen, vnd die mit aller Notturfft in des Klosters Kosten versehen, vnd so sy etwas

Zuts

nits da gelernet, mögent ſy mine Herrn zu wyter Leer, alß zu gemeinem Nutz bruchen, vnd ander an Ir Statt thun, vnd diſe Ordnung mit den vier Knaben ſoll alſo gehalten werden, biß vff beſſer Vermögen des Kloſters, alsdann ſoll man die Zal der Knaben meeren, je nach Gſtalt des Vermögens. Ob ouch etliche Burger Ire Kind, über diſe Zal, welt ind gen Cappel zur Leer thun, die mag der Herr annemmen, doch das dieſelben mit Imm vmm den Tiſch überkommind nach Billikeit. Es iſt ouch abgeredt, das ze Cappel ſölle ein Pfarrkilchen ſyn, vnd die drü Dörffly, Ebertſchwyl, Heüptikon vnd Vrtzlikon, ſo vornacher gen Bar kilchhörig geweſen, vnd bißhar da zu der Meß gangen, ſöllind fürhin gen Cappel kilchgenöſſig ſyn, vnd daſelbſt mit dem Gottswort vnderwyßt werden.

Die erſten Schulerknaben, ſo nach diſer Ordnung angenommen, ſind:

Heinrich Lafater.　　Felix Stoll.
Rudolff Gwalter.　　Mathys Büß.

Demnach verdingtent etlich Burger Iré Kind dar, vnd nam der Herr von einem 10 Gulden für den Tiſch.

III.

## III.

Ein trüw und ernstlich Vermanung an die **frommen Eydgnossen,** dasz sy sich nach jrer Vordren Bruch vnd Gestalt leytind, da mit sy die Vntrüw vnd Geuärd jrer Fygenden nit belendigen móg.

Beschriben von einem Eydgnossen, yetz vszlándisch, der aber von Hertzen gern jrer Eeren vnd Gütens zunemmen sehe. *

Aus dem in 4to 2 Bógen haltenden Exemplar, welches ohne Namen des Ort und Drukers Ao. 1524. herausgekommen.

---

Ersamen wysen gnädigen in sonders günstigen lieben Herren vnd gute Fründ. Getrüwen Eydgnossen, jr wellind für das erst gheyn Verwundren tragen, das jch on minen Namen zu üch

---

* Diese Schrift, welche Zwinglium, den Verfasser, als einen rechtschaffenen Eidgenossen und wahren Patrioten, der für das Wohl des Vaterlands und seiner Mitbürger auf das eifrigste wachet, in vollem Licht zeiget, wird unsern Lesern desto angenehmer seyn, da selbige in den Werken des Zwinglii, welche Gualtherus Ao. 1545. in IV Vol. fol. herausgegeben hat, vermisset wird. Wernher Steiner giebt uns in seinem Reformations-Diario von dieser Schrift folgende Nachricht: „Diser

üch schryb, dann es mee vß Demut, weder vß Vfsatz beschicht. Vnnd ob glych zu mir harwidrumb möchte geredt werden, warumb ersparstu denn din Schriben nit, was bedörffend wir deſſ? Zwingt mich besundre Liebe vnd Gunst, die nit ich allein, sunder alle Menschen zu jrem Vatterland habend, daß ich nit lassen mag, ich muß jn üwerer Gefarlicheyt mitt üch reden. Dann ob ich schon yetz jn minem Vatterland nit won, so ist mir doch ein lobliche Eydgnoſſchafft vß minem Hertzen nie kommen, sunder jr Glük mich allweg seer gefröwt, vnd jr Vnfall seer beleydiget hat. Darumm ir, als ich hoff, min schlecht einualtig Schriben, nitt vß Klugheit der Worten oder Wyßheit, sunder vß Trüw mines Gemüts ermessen, vnd für gut annemmen werdend.

Nun weyßt üwer Wyßheit für das erst wol was der fromm Bruder Claus von Vnderwalden ernstlich geredt hat von einer Eydgnoſſchaft wegen: Das die ghein Herr noch Gwalt gewünnen mög denn der eygen Nuz. Der

---

„ Diſer Tagen Ao. 1524. ließ Zwingli ein trüw
„ vnd ernſtliche Vermanung an die Eydgnoſſen in
„ Truk vßgahn, doch nüt unter ſinem Namen,
„ das ſy ſich nach jrer frommen Forderen Bruch vnd
„ Gſtalt leyten weltind, damit ſy die Vntrüw vnd
„ Gferd jrer Fyenden nitt beleydigen möge; dann
„ diewyl vm diſe Zit die Landsgmeinden in Länderen
„ ghalten werdend, hoffte er, es werde guts bringen,
„ vnd das Kriegen ums Gelts willen innen erleiden."
Siehe Hottingers Helv. Kirchengeschichte, III. Theil, Bl. 171.

Der glychen ouch Philippus, des grossen Alexanders Vatter sprach: Es wäre ghein Statt noch Schloß so vest, wenn ein Eesel mitt Gold geladen darin kommen möcht, so wurds gwunnen. Der allmechtig Gott hat vnsern Vordern so vil Gunsts vnd Gnaden geben, das sy sich von dem mutwilligen Adel entschütt hand und demnach so brüderlich mit einandren gelebt, das jnen treffenlich an Eer vnd Gut vffgangen ist: ouch so redlich Gricht und Recht gehalten, das alle so in veeren Landenn wider billichs getrengt, zu jnen ein Zuflucht hattend: wurdend ouch erredt, vnd offt zu dem jrem widrumb gebracht, darab die mutwilligenn Fürsten ein grossen Schreken allweg gehebt: vnd ob sy glych etwan von jnen selbs nitt hettind wellen recht thun, noch halten, hand sy üweren tratzlichen Bystand des Rechten müssen entsizen. Daran man wol vermercken kan, das üwere Fryheit von Gott nit allein üch, sunder ouch den Frömbden zu gutem angesehen ist, das sy vnder üwerem Schirm glych als in einer Fryheit Zuflucht vnd Frist hettind.

Demnach als die Fürsten gsehen, das Gott so stark vff üwer Sitten, daß sy üch nütz hand mögen angwünnen, hand so üch (glych als die Moabiten die Kinder Israels mit jren schönen Frowen reitzend) mit dem Kärder der Gaben gelöcket, das sy üch in den eygnen Nutz brächtind. Hand wol ermessen, das wo einer sinen Fründ oder Nachburen sähe bald vnd vnuersehenlich, on besunderen Gwün vnd Gwerb, rych worden sin, vnd vß Rychtag müssig gon,

schön

schön bekleidt sin, mit Spilen, Praſſen, Mutwillen, er demnach ouch gereyzt wurde sölicher Gestalt nach Rychtag zestellen (denn alle Menschen neygend sich von der Arbeit zu dem Mutwillen) vnd wo jm sölich Rychtag nit begegnen wurde by dem der sinen Nachburen hat rych gemacht, so wurde er sich zu des selben Wyderparthy fügen, daruß wurde denn der Zwytracht erwachßen: also das Vater vnd Sun, Brüder wider Brüder, vnd Gsellen, vnd Nachburen wider einandren verhetzt wurdind: Demnach, als Gott redt, möcht das Rych das in jmm selbs zwyträchtig ist, nit beston, vnd wurde ein Eydgnoſſchafft ouch müſſen zergon.

 Getrüwen lieben Herren sehend jr nit das biser Rathschlag zu eim Teyl für sich gangen ist? Der Eygennuz ist vnder üch gesäyet, vnd der Zwytracht ouch hernach geuolgt. Nun ist es am zergan, es sye dann das jr den Eygennuß mit sampt dem Zwytracht abstellind: denn ist noch gewüsse Hoffnung by Gott. Ich weyß aber wol, das dero vil sind, die do sprechend: Ob mich glych die Herren rych gemacht, hab ich nüt dest minder, on Anrüren mines Eyds vnd Gwüßne alles gethon, das zu gutem vnd Eeren eyner frommen Eydgnoſſchafft dient. Es hat aber diß Vßred nit Krafft: denn ob glych du vnd noch ein andrer so standuest wärind, das jr üch gheine Gaben neygen lieſſind, so sind doch demnach hundert, die vmb Gaben willen all Schanzen gdörend halten, darumb du ouch die Gaben myden solt, das nit die

die gröſſer Menge vß dinem Byſpyl umb Ga‐
ben willen ein Eydgnoſſchafft jn Geuárd füre:
dann du dich ye rümſt alles thun wöllen, das
zu gutem eyner Eydgnoſſchafft diene: darumb
ſölcher Vßzug vil ringer geredt wurt, denn
gehalten. Gott der alle Herzen der Menſhen
erkennt, vnd eygenlich vorhin weyßt, war wir
vns werdend hencken, der bút allen Richteren,
das iſt allen Fürnemmen vnd Gwaltigen, ſy
ſöllend ghein Gaben nemmen: dann die Ga‐
ben verblendind ouch die Ougen der Wyſen,
vnd verkerind die Wort der Frommen. Nun
lugt Gott nit, er jrret ouch nit, ſo muß es
ye ſin, das man die Gaben verhüte, wo man
vffrecht varen wil.

Deßhalb wol zeermeſſen iſt, das die, ſo ſich
ſo vnuerruckt wellen geachtet ſin, dennocht dem
Argwon nit mögend entdrünnen. Denn ſo
man die Sach vnd That an jr ſelbs beſicht,
ſo hat úch der Eygennuz gar vil jn ein ander
Wäſen gefürt, dann uwre Vordren gueǹbt
hand. Die hand I. den mutwilligen Adel vertri‐
ben, vnd II. ſich mit ſurer Arbeit ernert, vnd III.
mit herten Streychen vnd Geuárd vor der
Herrſchafft erredt.

Aber I. vnder úch ſehend jr etlich vfferwachſ‐
ſen die nüz minder mutwillend denn der Adel
gethon hat. Ja mit Spilen, Suffen, Hochfart
vnd Hury ſo vnzimlich varen, das ſölichs vn‐
ſere Fordren nit hettind an andern Lüten mö‐
gen anſehen: vnd zühend widrumb den fräue‐
nen mutwilligen Adel, den unſere Vordren nit
hand mögen erlyden.

## wider die Pensionen.

II. Mitt Arbeyt wil sich niemans mee neren, man laßt die Güter verstuden an vil Orten, vnd müßt ligen, das man nit Arbeyter hat: wie wol man Volcks gnug hette, darzu ein gut Erdrych, das üch rychlig erziehen mag: treyt es nit Zymmet, Ymber, Maluasy, Nägelin, Pomerantzen, Syden, vnd söliche Wyberschleck: so treyt es Ancken, Aſtrentzen, Milch, Pferd, Schaaff, Veh, Landtůch, Wyn vnd Korn überflüssig, das jr darbey schöne starcke Lüt erziehen. Vnd was jr in üweren Landen nit habend, ring mit dem üwerem, deſſ ondre Menschen manglend, ertuschen vnd kouffen mögend. Das jr üch aber des nit haltend, kumpt vß dem eignen Nuz, den hat man vnder üch gebracht, der fürt üch von der Arbeyt zu dem Müssigsitzen. Vnd ist doch die Arbeyt so ein gut götlich Ding, verhüt vor Mutwillen vnd Lastern, gibt gute Frucht, das der Mensch one Sorg sinen Lyb reinklich spysen mag: nit entsitzen muß, das er sich mit dem Blut der Vnschuldigen spyſe vnd vermasge: sy macht ouch den Lychnam frutig vnd starck, vnd verzert die Krankheyten so vß dem Müssiggon erwachsend: vnd das das allerlustigest ist, volget der Hand des Arbeytenden Frücht vnd Gwechs harnach: glych als der Hand GOttes jn Anfang der Gschöpfft alle Ding nach läbendig wurdend: das der Arbeyter in vßwendigen Dingen GOtt glycher ist denn ützid jn der Welt.

III. Für das dritt hat üch der Engennutz dahin gebracht, das all üwer Krefft vnd Stercke,

cke, die man allein zu Schirm des Vatterlands bruchen solt, von frömbden Herren hingefürt vnd verbrucht wirt. Sehend wie vnglych das vnseren Vordren ist, die woltend die frömbden Herren jn vnseren Landen nit loden, vnd yetz geleytend wir sy darin, so veer sy vil Gelts hand: vnd teylend die Sach also, das etlich das Gelt, etlich aber die Streych vfflåsen müssend. Vnd wo ein frommer Man ein redlichen Sun erzogen hat, leytend jmm den die Houptlüt, das er jn die allergrösten Geuård Hungers, Töden, Kranckheyten, Schützen vnd Schlachten gefürt wirdt. Vnd so er sin erübriget Gelt rechnet, hett er daheym mit tröschen alle Tag vmb iiij. Pfennig vnd Spyß, mee fürgeschlagen: gienge es jmm joch so wol, das er vor der Rechnung nit erstochen vnd erschlagen wurd. Vnnd demnach erst sin armer alter Vater, den er mit siner Arbeyt solt erzogen han, ouch in Bettel wirt gericht. Aber denen die das Gelt secklend, denen manglet daby nütz. Ich hoff aber zu GOtt, der erlüchte sy, daß jnen offenbar werde, wie thür sy sölich Gelt ankumme; das sy gar ring schetzend. Sy fürend üch wol jn Vereinungen, aber mit grossem Gelt muß man sy vorhin vermieten. So es nun an die Streych gat, so stellend sy dir dinen, eim andren sinen Sun dar. Vnd ob sy glych Vereinungen machend das man nyeman zwingen sol, so laßt man doch die Vffweybler mitt dem Gelt yedem zu sinem Sun kommen. So ist gut zemercken was ein jung Blut thut. Deßhalb sölch Fürwort

wort nun ein Farw ist, glich als ob einer an
siner verfürten Tochter meinte vnschuldig sin,
drumb das er die Tochter nit hette gheissen vnder den Schwecher ligen, vnd hette aber mit
jmm ein Pundt gmacht das er jn müßte allweg, so offt er wölte, zu jren fry gon lassen,
vnnd werben. Daruß darnach für vnd für
geuolgt ist, das jr üch gantze Rych vnderstan-
den haben in üweren Schirm zu nemmen, vnd
alle Streich aller Völckeren zeüberstarcken.
Das thut alles der Eigennuz, der überredt
zum letsten den Menschen, es werde alles glück-
lich gon, wie er es joch ansehe: vnd so jmm darin regnet, so wütet er denn vnd gibt disem
vnd jhenem die Schuld: glych als wenn einer
siner Stercke zeuil vertruwt, vnd überladet sich
mit einer zeschwären Burde: so jnn die nider-
truckt, spricht er nit, ich hab zeuil vff mich
gnommen, sundern ich bin geschlipfft: oder,
ich hab sy nit recht vff mich genommen: oder,
nit recht zemen gebunden: vnd ist doch die
Schuld niemans dann deß der sich übernom-
men hatt. Es ist ouch jn dem vergelten der
Herren das zu bedenken, das die allergrösten
Gaben empfahend, sölichs nit offnen: vnd so
sy aber sich täglich höher vnd köstlicher ziehend,
so wirt ye der nächst, der nüt minder sin vermeint, angezündt glych so köstlich zeuaren. Vnd
so er sölichs nit wol vermag, so muß er an die
Gnad des Gabe-Nemmers kummen: vnd zu
letzt so besetzt er jmm sin Acker, Wingarten, vnd
Matten. Denn hilfft er jmm vmb ein kleins
Pensiönlin, daruff verzert er viermal als vil.

Vnd

Vnd nach dem er gar nütz mee hat, laufft er denn vmb ein Söldlin oder drü in ein Krieg, Schlacht, vnd Sturm: damit kommend ir vmb üwere redlichen Lüt, vnd verbruchend die in frömbder Herren Dienst vmb das schnöd Gelt: vnd werden wenig rych darby. Aber dieselben werdend ouch so rych darby, das sy üch die übrigen bald werdend mögen vßkouffen. Doch welle Gott das ich vergebne Sorg habe: wo es aber gschicht) werdend ir nit denn ein schwären Adel han, so hab ich vnrecht geredt. Aber thund die Ougen vff, vnd vmsehend üch, das üch das Ubel nit behage. Nemmend war, üwere Knecht sind ietz in Meyland, lydend Hunger, Durst, vnd Kranckheyten, werdend ouch offt vff den Scharmutzen erstochen. Nun hand sy heym gewellen, vnd ists als man sagt, hand üwere Gwaltigen jnen by irem Läben gebotten zeblyben. So sy nun, als vff dem Weg ist, belägeret, vnd mit erhüngeren söltend angefochten werden, wie wöltind ir es verantwurten, das ir sy geheyssen hand blyben, daß die Vereinung nit zwingen mag. Vnd nach dem ir sy nit entschütten möchtind, wurd je der Knechten Schuld vff üch ligen: dann ir sy hand gheissen blyben. Vnd so sy erst überwunden söltind werden, vnnd erschlagen, da GOtt vor sye, was meynend ir das die byderben Lüt darzu reden wurdind, denen jre Sün, Brüder, vnd Verwanten vmbkommen wärind? Vnd so sy üch die Vermieten der Gstalt antaschen wurdind, was möchte anders daruß werden, weder grosse Vffruren vnd

Vntrüw?

Vntrůw? Denn on Zwyffel so gedächte ein
yeder Biderman; schenckt man inen das, so
hebend sy noch ein grössers an. Sehend in sölich
Geuárd fůrt ůch der Eigennutz, der alle Fräuel
gdar vnderston, vnd inen ein gute Gstalt geben.

Es ist ouch das zebedencken das ein jeder
jn der letsten Not im selbs ze Hilff kumpt wie
er mag. So nun die Anfenger sölcher geuar-
lichen Dingen sehen wurdind, das man sy ve-
hen wolt vnd suchen, so wurdend sy, wo sy möchtind, ein nůwen Krieg anheben vmb licht Vr-
sachen, nun das sy der Welt Vngnad anderswo hin verwandtind, vnd iro darmit vergessen wurd. Deß sich etlich schon hand lassen
vermercken, ist es als man sagt, die sygind heym
kummen, habend ir Bälmlin geschossen vnd
hab sy nieman gemögen widrumb hindersich zu
denen Knechten bringen, die sy vormal habend
hinweg gefůrt, sunder sy habind da heimen
angehebt das Predgen recht zelegen, vnd etlich
Ort wider ein ander richten, vmb des Gotts
Wortes willen: vff welches sy sich one Zwyffel wenig verstond. Vnd gienge inen ir Rat-
schlag fůr, so wäre ein Eydgnoschafft schon
zerstört. Denn es iro sicher wurde gon wie
der Muß und dem Fröschen, die kampfftend
mit ein ander so ernstlich, das sy des Wyen
nit gewar wurdend, der fůr zu, roubt vnd
fraß sy beyde. Meynend ir nit ůwere Fyend
wachend? vnd so sy ůch schaden möchtind,
wurdind sy es nit sparen. Darumb lyden ee
alles Uebel mit einander, ee ir ůch wider ein
ander lassind verhetzen: denn das selbig ůwer

grůsse

gwüſſe Verderbnus wurd ſin. Laſſend üwere Pfaffen mit ein andren vmb des Gloubens vnd Sacramenten willen kempffen, wie vaſt ſy wellend, vnd nemmend ir üch der Sach zu gheynem Zwytracht an, ſunder hangend dem alten waren GOtt an, der üweren Vordren allweg Glück vnd Heil ggeben hat, diewyl ſy in ſinem Willen läbtend. Lert etwar Vnrecht, es wirt ſich mit der Zyt wol erfinden: denn iſt die Leer von GOtt, ſo mag ſy nieman hinderen: iſt ſy nit vß Gott, ſo wirdt ſy ſich ſelbs zerbrechen. Es ſind offt Jrrthumm entſtanden, ſy habend aber nit fürgebrochen. Iſt nun die man nennet die nüwen Leer ein Jrrthumm, ſo wirdt ſy wol nidergelegt: iſt ſy aber gerecht (als garnach die Allergelerteſten alle mit einander redend: dann ich im zeſchlecht bin, GOtt erlüchte mich bas!) warumb wolt ſich denn yeman den Bapſt oder Byſchoffe laſſen wider die Warheyt verhetzen? lügend umb üch frummen Eydgnoſſen: hand üch die Bäpſt vnd Byſchöff, vnd Legaten, vnd Cardinal nit Arbeit gnug zu gerüſt? Denckend hinderſich.

Darumb Ecrenueſten, frommen ꝛc. getrüwen lieben Eydgnoſſen, legend ſöliche Bläſt vnd Begirden nider, vorus den Eigennutz, üweren gröſten Fyend: vnd gedenckend, als ouch die Heyden geredt hand, das mit Einhellikeyt kleine Regiment groß vffgewachſen ſind, vnd mit Zwytracht widrumb zergangen. Haltend üch zeſamen, vnd laſſend die frömbden Herren ſich mit einandren rouffen, vnd ſehend ouch ein mal zu, vnd verdingend üch nit das jr jnen

all

## wider die Pensionen.

all ire Streych wellind vfflásen, dann es warlich warlich mit der Zyt üch zesur wurd. Ob aber ettlich so ungewunnen gntig sind, das sy nieman von jrem Fürnemmen bringen mag, also das sy für vnd für mit frömbden Herren machen, das Gelt nemmen, vnd der Frommen Kind die Streich zelösen schiken wöltind: so mögend ir wol dencken, was üch Gott vnd die Noturfft mitt jnen wurde heyssen handlen, deſſ ich mich gegen üch nit annimm oder leer. Aber Gott hatt allweg die ouch gestrafft, die den Sünden nit widerstanden sind. So nun ettlich so bärlich mit sólchen Händlen vmbgand, muſs man je die selbigen abstellen oder warten das Gott sin Schwert über das gantz Volck zuck vnd bruche. Ir söllend ouch wissen, das ich gar nit der Meynung bin, als etlich, die sich üwers Vnfalls fröwend: die meynend, es sye vmb üch geschehen, ein Eydgnoschafft werde kurtzlich zergon: denn die hab sich an den Küng von Franckreich gehenckt, der sye yetz verdorben, vnd sye ein Eydgnoschafft jn ir selbs zwytrachtig. Ja dero Meynung bin ich nit; denn ich wol weyſs, daſs Gott sin Gnad denen die sich beſsrend, nimmer entzücht. So han ich von vnsern Vordren allweg gehört, es sölle sich zwüschend der Eydgnossen Blast nieman legen, oder aber er werde wol als übel klempt, als zwüschend Brüderen. Dannenher ist mir eygentlich vor, Gott habe der Frommen in einer Eydgnoschafft, die mit sölicher Miſshandlung nütz zethun hand, noch nit vergessen, werd sy ouch etlicher Geuärd nit

Gg. 4          lassen

laſſen entgelten. Ich hoff ouch darby, es
werdind ſich die Penſioner vnd Vermieten,
ouch die Kriegsknecht erinneren, was groſſen
Uebels das ſye, das einer Gelt nimpt, vnd
über einen frommen Man zücht, der im Laſter
noch Leyd nie gethon hat, vnd nimpt jm das
ſin, vnd ſchlecht jn erſt by Wyb vnd Kind
zetod, vnd verbrennt jnen demnach jr Herberg,
verderbt jnen jren Boden, das ſy erſt darnach ſchier Hungers ſterben müſſen. O Gott
erlücht die blinden Hertzen. Vnd nach dem
ſy ſich empfindind und recht gethon haben,
werdind ſy zu Gott vmb Gnad werben, vnd
ſölcher Mißhandlung ſich verzihen vnd abſton,
damit ir widrumb in Einträchtigkeyt kummind:
vnd wo die mit Gott unter üch iſt, ſo wil ich
üwer vor der gantzen Welt nit fürchten, ſo rych
ſind jr an manhafften Leuteu. Vnd wo ir
jnner üwren Zylen blybend, ſo müſſend ir ſöl-
che Gſchütz, Schantzen, vnd Vorteyl nit ent-
ſitzen, als jn frömbden Landen. Jr ſehend wol,
man laßt üch nümmen zeſchlahen kommen, ſun-
dern ficht man üch mit Vfſatz, Gſchütz, Schantzen, vnd Vorteyl, vnd Liſten den Hals ab.
Sind witziger, weder das jr vmb des ſchnö-
den Gelts willen üwere Lyb vnd Seelen jn andrer Herren Dienſt verderbind, vnd üwer Vatterland widrumb in Geuar der Tyrannen kummen laſſind. Denn glych wie der ein Dochter
zu Vneren bult, jr allergröſter Fyend iſt, alſo
ſind üwere gröſten Fyend, die üch nur zu jrem
Mutwillen vnd Schirm bruchend: wänend
aber jr, darumb ſy üch Gelt gebind, ſy ſyend
üwer

### wider die Pensionen.

uwer Fründ: vnd ist aber ein schnöder Pfenning der sinen Herren vmbbringt.

Ob aber etwar sprechen wurd, wie söllind wir widrumb in Einträchtigheyt kommen. Sol des Antwurt sin: Mit hinlegen des Eygennutzes: dann wo der nit wär, so wär ein Eydgnoschafft für vnd für mee ein Brüderschafft, weder Bündtnus zu nennen gewesen. Spricht einer widrumb: Eygner Nuz ligt in iedes Hertzen, daruß mögend wir jnn nit bringen: denn Gott mag allein die Hertzen erkennen vnd meystren. Ein andre Antwurt. So thünd jr ernstlich das üch zu stat, wo jr den vßwendig findend fräuenlich übel gethon han, so straffend den, lassen jnn nit wachßen, vnd das er in den Herzen der Mentschen vßgelöscht werd, so verschaffend daß das Göttlich Wort trülich by üch gepredget werde. Denn wo GOtt in des Mentschen Hertz nit ist, da ist nütz denn der Mentsch selbs: wo nütz denn der Mensch selbs ist, da gedencket er nütz anderst denn das zu sinem Nutz vnd Wollust dienet, dannen volgt darnach, das man so vntrülich hindern einandern fürgat. Wo aber Gott des Menschen Hertz besitzt, da bedenckt der Mensch nun was Gott gevalt, sucht Gottes Eer vnd des Nächsten Nutz. Nun mag GOttes Erkanntnus nienen har klärer kommen, weder vß sinem eygnen Wort. Wöllend ir nun Gottes Erkantmus vnder üch haben, damit ir frydlich vnd gottsvorchtlich läbind, so stellend allein darnach, das üch das Gotts Wort eygentlich nach sinem natürlichen Sinn gepredget, one Zwang vnd Gwalt aller menschlichen Wyßheit, klarlich vnd verstentlich an Tag gelegt werde. Denn werdend jr sehen, das die üwren von inen selbs vnguter Stucken abston werdend, als denn by vns offentlich von etlichen Orten geredt wirt, das so frömbdes Kriegens abgestanden sind, allein uß Vnderricht des Gotts Worts.

Lassend üch nit an die Pfaffen, die zu üch weinend kummend, es gang inen an jrem Opffer vnd Pracht ab, vnd schryend: das ist ketzerisch, das ist lutersch, sunder sehend, was man mit dem Wort Gottes fürnämm, ob man allein zu der Eer Gottes, vnd gutem der Conscientzen tringt, oder vff den harkommen Gwalt vnd Pracht der Pfaffen. Vnd so ir das sehend allein zu der Eer Gottes vnd Seelen Heil reychen, so fürbrend es, Gott geb was ihener vnd diser sag: denn das wirt üch fromm gotzuorchtig Lüt ziehen, damit werdend ir üwer Vatterland behalten: vnd obs glych dem Tüfel leyd wer. Denn wo Gottsuorcht ist, da ist die Hilff Gottes: wo die nit ist, da ist die Hell, vnd alles Jamer vnd Vnrechtes. Darumb losend dem Gotzwort, denn das wirt üch allein widrumb zerecht bringen. Vnd nemmend diß min hertzlich vnd früntlich warnen im besten an. Dann vil (als zebesorgen ist) zu üwerem Vnfal wol lachen möchtind, vnd üch den mit vil schmächlichen Geschrifften vßbreyten, denen geben nit Stat vmb Gotz willen: der welle üch in sin Huld nemmen, vnd behüten. Amen. Uff Mentag nach dem Meytag, jm M. D. XXIIII. Jar.

IV.

## IV.
## Martin Buzers
# Historische Nachricht
### von dem Gespräch zu Marburg zwischen Luthern und Zwinglin. *

---

### Innhalt.

**I.**

Ursprung des Streits von dem heil. Abendmal. Die verschiedenen Meinungen davon, worinnen dieselbigen von einander abweichen, und worinnen sie über einkommen, wie die Widerwertigen in dieser Sach zu ertragen seyn. II. Die oberländischen Theologen haben dem Luther Liebe und Brüderschaft anerboten. Er wollte solche nicht annehmen; daraus machen sich einige seiner Anhänger eine Ehre. III. Streit wegen der Taufe. IV. Einige wollen eine vollkommene Kirche haben, und verachten alle diejenigen, die gegenwärtig aufgerichtet worden. V. Diese werden widerlegt mit dem Exempel Christi und der Apostel; VI. mit dem Exempel der ersten Kirchen. VII. Des

---

* Diese Nachricht ist genommen aus Buzers Zuschrift an die öffentlichen Lehrer der hohen Schule zu Marburg, welche vor seiner Erklärung der vier Evangelien stehet. Herr Johann Conrad Fößlin hat selbige aus dem lateinischen übersetzt, und nebst seinem Urtheil darüber uns gütig mitgetheilt.

VII. Des Landgrafen von Heſſen und ſeiner Theologen reine Abſicht den Zweyſpalt wegen der Lehre vom Abendmal zu heben. VIII. Luther und die oberländiſchen Theologen kommen in den Hauptlehren der chriſtlichen Religion mit einander überein. IX. Unterſuchung einiger Artikel. X. Die oberländiſchen Theologen werden wegen ihrer Liebe zur Eintracht von den Lutheraneren verleumdet; der ganze Verlauf der Sache wird erzehlt und das Zeugniß der Marburgiſchen Theologen angerufen.

### §. I.

Man hat ſchon vier ganzer Jahre (1) über das theureſte Liebeszeichen, nemlich das heilige Abendmal, geſtritten, und es iſt auf den heutigen Tag von vielen noch kein Friede zu erhalten. Inzwiſchen lehret man doch auf beyden Seiten, durch den Glauben an Chriſtum werde das ewige Leben erlangt und durch die Liebe das Geſez erfüllt. Was die Worte betrifft, darüber ſo ernſtlich und grauſam geſtritten wird, bekennen beyde Theil, dieſelbigen wären wahr, aber ſie müßten nicht dem Buchſtaben nach verſtanden werden: dann es hat ſich noch niemand unterſtanden zu ſagen, das Brot im Abendmal wäre eben das, was der Leib

---

(1.) Der Streit über das Abendmal erhob ſich eigentlich in dem Jahr 1524. da Carlſtad nach Baſel kam, und heimlich einige Schriften herausgab, darinnen er die leibliche Gegenwart Chriſti im Abendmal verwarf. Von da an ließ man ſich auf allen Seiten über dieſe Sach heraus, und wurde geoffenbaret, was viele im Herzen hatten. Der Streit aber zwiſchen Luthern und den Schweizeriſchen Theologen gieng erſt im Jahre 1526. recht an.

Leib Christi. Thomas Aquinas hat darum das Zeigwort dieses auf das gezogen, was unter den Zeichen begriffen wird. Von den unserigen (ich nenne die unserigen, welche Christum zugleich mit uns verkündigen, sie mögen uns halten, worfür sie wollen,) haben einige gesagt: Christi Leib wär in dem Brot eingeschlossen; andere, das Zeigewort dieses gieng nicht auf das Brot, sondern den Leib Christi, der für uns gelidten hätte. Andere sagten eben dieses, doch daß die Gestalt des Brotes mit eingeschlossen wär, und die Anzeigung auf den Verstand und nicht die Sinnen gieng. Dann der Leib Christi ist ein wahres Brot und eine wahre Speis, aber zum ewigen Leben. Diese alle erkennen, daß eine Figur in den Einsazungs-Worten enthalten sey; die einten erkennen eine Stükrede (synecdochen) andere eine Wechselrede (metonymiam): Beyde bekennen, daß geistliche Essen, das durch den Glauben geschiehet, wäre das fürnehmste, und brächte allein das Heil zuwegen. Darüber wird allein gestritten: Ob Christus gewollt habe, daß sein Leib entweder unter der Gestalt des Brots oder unter dem Brot selbs wahrhaftig und leiblich geessen werde. Dann kein Theil läugnet, daß dieses Essen nicht nothwendig seye zur Seligkeit, daß es vielmehr zur Verdammnuß gereichete, wenn das geistliche Essen nicht darbey wär. Ist das aber eine genugsame und erhebliche Ursach, daß man sich so entsezlich trenne? Obwolen wir unserseits dafür halten, daß dieses leibliche Essen nicht allein

allein ohne Grund der Schrift behaubtet werde, sondern, daß auch daraus folge, Christus wär nicht ein wahrer Mensch worden; seine Auferstehung, darauf sich alle unsere Hoffnung gründet, verschwände; der Grund des neuen Testaments würde gehoben, und die Herrlichkeit Christi, der jezt zur Rechten des Vaters regiert, verringert, und was der Heiland bey Johanne dem VI. Cap. von dem Essen seines Fleisches sagt, umgekehrt: so erwegen wir doch, daß die meisten Freunde dieser Lehre in allem auf Christum sehen, und die Pflichten der Liebe beobachten, obwolen sie in diesem Stük der Lehre Christi nicht sehen, was wir, sondern in der That glauben, daß diese Worte von dem Heiland in dem Verstand genommen worden, wie sie dieselbigen verstehen; derowegen erachten wir unsere Schuldigkeit zu seyn, nicht so vast auf das zu sehen, was aus ihrer Lehre folget, sondern was in ihrem Gewissen vorgehet, und wie wir aus gewissen Kennzeichen, fürnemlich aus der grossen Begierd und dem Verlangen, das sie haben, die Einigkeit der Kirche zu erhalten, überzeuget sind, daß sie den Geist Christi haben, also können wir auch nicht zweifeln, daß sie Christi seyn.

II. Aus dieser Ursach haben wir Luthern und seinen Anhängern, da wir zu Marburg waren, unsere Gemeinschaft angetragen, und auf uns genommen, aus der Schrift darzuthun, daß sie hingegen verpflichtet wären, uns mit dem Bruder-Name zu beehren. Nun schreiben einige, die der Geseze des Christen-
thums

thums wenig berichtet sind: Wir hätten sie gebetten, daß sie uns für Brüder erkennten, sie aber hätten uns dieses herzhaftig abgeschlagen, und machen ihnen eine Ehre daraus. Wir hingegen schämen uns nicht, einen jeden, der nur etwas Christliches an sich hat, zu bitten, daß er uns einen Plaz der Brüderschaft bey ihm einraume, wenn es nur mit Bitten auszurichten ist. Sie antworteten uns: Ihr Gewissen liesse es ihnen nicht zu, uns für Brüder zu erkennen, deßwegen wäre es ja ungereimt gewesen, bey ihnen um etwas weiter anzuhalten, welches sie ohne Verlezung ihres Gewissens nicht hätten thun können. Wir baten darum nicht mehr, daß sie uns für Brüder annähmen, sondern daß sie unsere Beweißthümmer aus der Schrift nur anhörten, darmit wir beweisen wollten, daß wir ihre Brüder wären. In der That, wann ihnen der Herr nur die Gnad gäbe, ihre Affecten, die sie jezt verblenden, ein wenig zu unterdruken, so würden sie sehen, daß sie keine Ursach hätten, uns von sich zu stossen; dann wir bekennen mit ihnen, daß Christus unser Heiland sey; wir befleissen uns, so viel möglich, der Liebe; alles, was die Lehre Christi begreift, nehmen wir mit vestem Glauben an; wir halten uns auch an die Einsazungs-Worte auf das genaueste; da aber dieselbige nicht begreiffen, daß man Christi Leib leiblich esse, und dieses andern klaren Schriftstellen, so viel wir Gnad haben dieselbigen zu verstehen, offenbar zuwider ist, so nehmen wir dieses leibliche Essen,

das

das nach ihrem eigenen Geständnuß das Heil nicht würket, nicht an, weil uns unsere Ehrerbietigkeit gegen Christum das nicht zuläßt. Dessen giebt uns unser Gewissen Zeugnuß. Wir haben uns aber um deswillen von ihnen nicht allein nicht absöndern wollen, sondern auch nichts unterlassen, was wir vermeinten zur Erlangung ihrer Brüderschaft dienlich zu seyn. Dessen wird uns die Nachwelt Kundschaft geben, und die ganze Welt wird die Wahrheit dessen erkennen, wann Christus wird wiederkommen zum Gericht. Wer siehet dann nicht, daß dieses ein verkehrtes Gewissen sey, daß man entweder mit oder ohne Grund vorwendet, und um deswillen man uns, wir mögen seyn, wer wir wollen; wir sind aber durch Gottes Gnade nicht weniger; das Recht der Brüderschaft nicht will geniessen lassen? Dann entweder müssen diese Leute niemand, der in Religions-Sachen nicht einerley Meinung mit ihnen hat, für einen Bruder erkennen, und so würde auch unter ihnen keiner des andern Bruder seyn; oder wann sie jemand für einen Bruder erkennen wollen, so hätten sie auch uns dafür erkennen sollen.

III. Man gebraucht nicht mehrere Sanftmuth in der Lehre von der heiligen Taufe. Wir bekennen zwar alle mit dem heiligen Petrus, daß nicht die Abwaschung des äusserlichen Unflats des Leibes, das ist, die äusserliche Taufe, sondern das Bekanntniß eines guten Gewissens zum Heil gereiche, und daß die Christen in allen äusserlichen Dingen eine völlige

lige Freyheit haben, wenn ſie nur dieſelbige zur Erbauung der Kirche gebrauchen, ſo ſind doch nicht wenige, und zwar ſolche, von denen ein Chriſt nicht glauben kan, daß ſie von Chriſto weit entfernt ſeyn, welche es nicht allein für eine ſchwehre Sünd und einen rechten Greuel halten, die Kinder zu taufen, ſondern auch mit denen, die ſie taufen, keine Chriſtliche Gemeinſchaft haben wollen. Dieſe Meinung hat ſo viel Irrthümer und Spaltungen nach ſich gezogen, (2) daß nichts ſo thörichtes von den alten Kezern gefunden wird, das nicht in den vier lezten Jahren wieder wär aufgewärmt worden, und ſeine Anhänger gefunden hätte, daß dieſes einigen frommen Leuten dieſe Wurzel nothwendig verdächtig machen müſte, aus welcher ſo viele unglükliche Zweige entſproſſen waren.

IV. Es ſind über diß auch ſolche, welche ſich eine ganz vollkomene Kirche einbilden, welches recht wär, wenn ſie es nur darum thäten, ihres Wachsthum in der Gottſeligkeit zu befördern, und nicht Gelegenheit daher nehmen, alle Kirchen, die ſich Chriſtus heutiges Ta-

---

(2) Nicht die Meinung von der Widertaufe hat viele Irrthümer und Spaltungen nach ſich gezogen, ſondern die Liebhaber alter verhaßter Meinungen geſellten ſich entweder ſelbſt zu den Widertaufern, oder ſie wurden von andern zu denſelbigen gezehlet. Dergleichen Meinungen waren, welche die Gottheit unſers Heilands beſtritten, ein ſichtbares Reich Chriſti auf Erden, die Wiederbringung aller Dinge, die Erledigung der Verdammten und andere dergleichen Säze behaupteten.

ges gesammelt hat, zu verdammen: dann es sind nicht wenige, welche, obwolen sie von dem Bild der Frömmigkeit, das sie sich aus den Schriften der Apostel gemachet haben, selbst noch weit entfernt sind, dennoch dasselbige gänzlich hindan sezen, und sich beschäftigen, ihre Brüder auf das hizigste zu verdammen, die sie viel eher durch ihre Vermahnungen verbessern, als aus Grausamkeit übergehen, und aus Hochmuth verwerfen sollten; aber sie wissen nicht, wem sie damit dienen, da sie dasjenige, was jezt offentlich durch das Wort Gottes betrieben wird, nicht so vast verachten, als vielmehr zu verhindern trachten, wordurch sie dem alten Feind der Frömmigkeit das Fenster, ja Thüre und Thor öffnen. Da sie den Gebrauch der Lehre und der Vermahnung aufheben, (3) heben sie zugleich die Gottseligkeit und die Vereinigung der Tugenden auf: Dann so lange Gott eine Kirche auf Erden gehabt, so lange hat er die Leute durch seine Boten unterrichten und vermahnen lassen. Aber wer kan die Eigenliebe genug beschreiben? Von derselbigen kommt es her, daß dieselbigen

---

(3) Die Widertäufer waren dem Predigtamt abhold, wie es in der christlichen Kirche eingeführt und von den Glaubens-Verbessern bestätiget ward, aber sie hoben es nicht gänzlich auf. Sie hatten auch Lehrer und Prediger; aber solche, die ohne Sold dieneten, oder zum wenigsten solche, die sich darmit vergnügten, was ihnen die Gemeinden freywillig zu ihrer Unterhaltnng darreichten. Anben sollten sie nicht Schul-gerechte Leute seyn, sondern die die Salbung von oben herab hatter.

gen ihre eigene Meinungen so sehr lieben, und diejenigen nicht für Brüder erkennen können, die ihnen nicht Beyfall geben, da sie inzwischen an Leuten, denen noch vieles von dem wahren Christenthum mangelt, ein grosses Wolgefallen haben, einig und allein darum, weil sie ihre Sachen bewundern, oder sich stellen, als wenn sie dieselbigen bewunderten. Eben daher kommt es auch, daß sie alle andere Leute so gern tadeln, richten und verdammen: dann indem sie andere verachten, so erhebt sich gleichsam darmit heimlich ihr fleischlicher Sinn. Ach! wie schwer gehet es zu, sich selbsten zu verläugnen!

V. Laßt uns doch endlich einmal das Exempel Christi, unsers Gottes und unsers Heilands, ansehen! Laßt uns betrachten, wie seine Apostel seinen Geist ausgedrükt haben! Laßt uns lernen, was sein Gesaz befihlt! Laßt uns erkennen, daß das Bild Gottes allein durch Gütigkeit und Dienstfertigkeit gegen andere in uns leuchtet, daß die Erlösung Christi dadurch in uns kräftig wird, und daß wir auf diese Weise das Gesaz Gottes erfüllen! Die Art, Kraft und Beschaffenheit desselbigen müssen wir nicht aus unsern Einbildungen, viel weniger aus dem Brauch des grossen Haufens, sondern aus den Lehren und Exempel Christi lernen, der die Menschen so liebreich und freundlich aufgenommen und umarmet, und, welche er also aufgenommen und umarmet, unterwiesen hat, wenn sie nur auch ein wenig Liebe gegen Gott von sich haben bliken lassen, und welcher

seine ganze Lehre in dem einigen Gebott der
Liebe zusamen gefasset hat. Lasset uns vielmehr dem Geist folgen, welcher Paulum angetrieben hat, allen alles, und auch den Schwachen, schwach zu werden, und die bösen, und welche der Wahrheit hartnäkig widerstreben, mit Sanftmuth zu unterweisen und zu vermahnen; als dem Geist, welcher die meisten Bischöffe angereizet hat, die Liebe beyseits zu sezen, und durch eine verkehrte und gottlose Ernsthaftigkeit den Trennungen und Sekten die Thüre zu öffnen und die Kirche umzustürzen. Lasset uns zu Herzen fassen, was der heilige Paulus so nachdruksam und ernstlich vorstellt: Wenn wir mit Engel- und Menschen-Zungen redeten; wenn wir weissagen könnten; wenn wir alle Wissenschaft besässen; wenn wir den Glauben hätten, daß wir die Berge versezen könnten; wenn wir all unser Haab den Armen austheilten; ja wenn wir so standhaft wären, daß wir um der Wahrheit willen uns brennen liessen, so wären wir mit diesem allem nichts, wenn wir die Liebe nicht hätten, und zwar diejenige Liebe, welche er an gleichem Ort beschreibet, und welche langmüthig, gutthätig, ohne Eifersucht, nicht muthwillig, nicht aufgeblasen, nicht ungeberdig, nicht eigennüzig, nicht zornmüthig, nicht mißdeutig, nicht freudig über das böse, sondern vielmehr freudig über das gute, verträglich, gefällig, gedultig ist, und nimmermehr fehlen wird, wenn auch die Weissagungen, die Sprachen und die Erkenntniß werden abgethan werden. Gott

ist

ist die Liebe selbst; wer in der Liebe bleibt, der bleibt in Gott; wer nicht in der Liebe bleibt, der ist nichts, wie kan er dann etwas von Gott haben? Viele sagen, es wäre ein grosser Unterscheid zwischen der Liebe des Fleisches und des Geistes, und man müsse der Liebe so viel nachsehen, daß der Glaube nicht beleidiget würde. Aber ich wünschete, daß diese den Geist und das Fleisch so weit unterscheideten, und des Glaubens eine solche Rechnung trugen, als sie dafür angesehen seyn wollen. Das ist gewiß keine Fleisches-Liebe, welche die Schwachen aufnimmt, damit die Erkenntniß Christi unter Brüdern gemehret, und die Unschuld geäufnet werde, und welche ein zerklektes Rohr nicht völlig zerbricht, sondern aufrichtet und stärket, und einen rauchenden Dachten nicht auslöschet, sondern ihn wieder an das Licht zeucht. Und wie kan die Liebe dem Glauben zuwider seyn, welche die Schwachen im Glauben aus keiner andern Ursach geduldet, erhaltet und versorget, als damit sie den Glauben in ihnen stärke, ernehre und durch gute Werke würksam mache? Rathen wir demselbigen darmit, wenn wir den Schwachen dahin werfen, und der halbverdorrten Pflanze die Wässerung und Nahrung entziehen, oder sie, so viel an uns steht, gar aus der Erden herausreissen? Das thun wir, wenn wir den Schwachen aus der Kirche stossen. Das ist ein verkehrter Eifer und eine unzeitige Strengigkeit; wir werden kaum an einem und dem andern Ort der Schrift vermahnet, die Bösen zu meiden, und zwar solche, die es öffentlich sind, und keine Vermahnung ertragen mögen: hingegen werden wir oft gelehrt, erinneret und angetrieben, daß wir die Irrenden mit vieler Sanftmuth ertragen, und unterweisen, auch solche, die böse sind, und der Wahrheit widerstreben, wenn sie nur nicht den Heiligen Geist lästern. Sollen wir uns dann allein an jenen halten, und sollen uns diese gar nicht rühren, daß es scheine, wir achten dieselbigen gar nicht?

VI. Man bringt Exempel aus der alten Kirche. Warum sollen wir uns aber nicht vielmehr zu solchen Exempeln neigen, die menschlicher und dem Beyspiel Christi und seiner Apostel ähnlicher sind? Alle diejenigen, welche in der Kirchen-Geschichte erfahren sind, wissen, daß die Lateiner niemand haben, der dem heiligen Cyprianus und Augustinus, und die Griechen niemand, der dem Chrysostomus an Gelehrtheit, noch an Geschiklichkeit in Auslegung der Schrift, noch auch an Heiligkeit vorzuziehen wär. Wie weit aber sind diese von der Meinung dieser ernsthaften Sauertöpfe wegen Behandlung der Irrenden entfernet? Der heilige Cyprianus bezeuget selbst, daß er auf der Kirchen-Versammlung zu Carthago in Gegenwart einer grossen Anzahl Bischöffe also geredt habe: ,, Es ist noch übrig,
,, sagt er, daß ein jeder vorbringe, was wir
,, hievon urtheilen, ohne daß wir jemand richten
,, ten oder von der Gemeinschaft, wenn er eine
,, andere Meinung hat, ausschliessen. Denn
,, kei-

„ keiner unter uns macht sich zum Bischoff
„ der Bischöffe, oder zwinget seine Amtsge=
„ nossen durch ein tyrannisches Schreken, daß
„ sie ihm gehorchen müssen: dann ein jeder Bi=
„ schoff hat die Freyheit und Gewalt, seine
„ eigene Meinung zu haben, eben als wenn
„ er von einem andern nicht könnte geurthei=
„ let werden, da er auch einen andern nicht
„ urtheilen kan; sondern lasset uns alle das
„ Urtheil unsers Herrn Jesu Christi erwar=
„ ten, der allein die Macht und Gewalt hat,
„ uns in der Regierung seiner Kirche einen
„ Vorzug zu geben, und von unserer Hand=
„ lung zu urtheilen." Dieses lieset man in
dem Brief an Quintinus, welcher sich an=
hebt: Retulit ad me Frater. Auf eine glei=
che Art hat derselbige an Jubajanus geschrie=
ben, wie zu sehen ist am Ende des Briefes an
ihn. Wie sehr Augustinus eine so unzeitige,
oder vielmehr schädliche Ernsthaftigkeit ver=
abscheue, hat er hin und wieder, fürnemlich
aber in den Büchern wider die Donatisten be=
zeuget. Wie sehr dem heiligen Chrysostomus
vor dieser Pestilenz der Kirche, nemlich der zu=
eilfertigen Verwerfung irrender Brüder ge=
grauet habe, hat er an vielen Orten zu erken=
nen gegeben, fürnemlich aber hat er das ge=
than in der Predigt von dem Bann oder der
Verfluchung. „ Sehet, sagt er, ich habe
„ Männer vor mir, die keine rechte Kennt=
„ niß der heiligen Schrift, ja gar keine Wis=
„ senschaft in derselbigen haben; und damit
„ ich das meiste vorbey gehe, dann ich schäme
„ mich

„ mich, es zu sagen, welche Wüteriche, schwäz-
„ haftige und zanksüchtige Leute sind, welche
„ nicht wissen, was sie sagen, noch von wem
„ sie reden, und in dem Stüke recht verwe-
„ gen sind, daß sie Lehrsäze behaupten, und
„ Flüche aussprechen, die sie beyde nicht ken-
„ nen; daher kömmt es, daß wir denen auf-
„ ser unserer Kirche und den Feinden unsers
„ Glaubens zum Geláchter werden, und daß
„ man uns vor Leute hält, die sich um keine
„ Ehrbarkeit bekümmern, und nicht gelernt
„ haben zu leben. Ach, wie sehr ist mir das
„ zuwider, und wie sehr bedaure ich das! ꝛc."
Nachdem er dann etwas wider die Kühnheit
derjenigen, welche sich unterstanden, einen
Menschen zu verfluchen, geredt, so schreibt er
weiter von denselbigen: „ Was wollen diese
„ Máchtige in der Bosheit darauf antwor-
„ ten? Sie sagen: Er ist ein Kezer worden;
„ er hat einen Teufel; er redt ungerechte Din-
„ ge wider Gott; er führt viele mit sich in die
„ Hölle durch seine angenehme und verführi-
„ sche Beredsamkeit. Sein Lehrmeister ist da-
„ rum auch von den Vätern verworfen wor-
„ den, weil er ein Theil der Kirchen verfüh-
„ ret hat: Damit zielet er auf den Pauli-
„ nus oder Appollinaris." Aber diesen hätte
ein Genügen geschehen sollen durch die Rede,
welche den anwachsenden Irrthum widerlegt.
„ Lehre, sagt er, mit Sanftmuth, und un-
„ terweise die Widerwärtigen, damit, wenn
„ ihnen etwann Gott die Gnade giebet, die
„ Wahrheit zu erkennen, sie aus den Stri-
                                     „ ken

„ ken des Satans erwachen, und unter des
„ Herrn Joch gefangen werden. Spanne
„ das Netz der Liebe aus, damit das hinkende
„ nicht über einen Haufen geworfen, sondern
„ vielmehr geheilet werde; zeige, daß du die
„ Gaab, die du hast, gern gemein machen wol-
„ lest. Steke eine süsse Lokspeis des Mitlei-
„ dens an, versenke dieselbige in die Tiefe,
„ und ziehe aus dem Abgrund des Verder-
„ bens denjenigen, welcher auf die Weis hin-
„ abgefahren war, und weil er das für gut
„ hielt, was er glaubte, aber nicht kannte."
Bis hieher Chrysostomus. In der That ist
dieses der Unterscheid zwischen dem Irrthum
und der Wahrheit, daß jener mit Gewalt und
Grausamkeit, diese aber mit Gründen, welche aus dem Wort GOttes genommen, und
aus der Liebe entsprossen sind, vertheidiget und
beschüzet werden will, wie Chrysostomus in
dem Leben des Blutzeugen Babylas durch zier-
liche Gegensäze erwiesen hat. Mit dem Irrthum in der Lehre hat es eine gleiche Beschaffenheit, wie mit der Heuchelei in den Sitten, dann dieselbige ist sehr streng gegen andere, da die wahre Gerechtigkeit sich auch gegen die Fehlbare, wenn man nur einige Hoffnung ihrer Besserung haben kan, liebreich er-
zeiget: Also nimmt die Wahrheit einen jeden
Irrenden, wenn er nur den Geist GOttes
nicht lästeret, in ihre Unterweisung auf; der
Irrthum hingegen kan niemand vertragen,
wenn man ihm nicht gleich Beyfall giebt,
und er wütet, raset und bewegt Himmel und

Erben, wenn man ihm nur in etwas widerspricht.

VII. Ich habe euch diese Worte des sehr gelehrten und frommen Manns so weitläufig, wiewol es nach Beschaffenheit unserer bösen Zeit an einem Foliant nicht genugsam wär, vorgeleget, weil ich auf dem Gespräch, das der durchleuchtigste und gottseligste Fürst in Hessen, der ein wahres und recht heilsames Licht unserer Zeit ist, die Eintracht der Kirchen herzustellen angeordnet hatte, und bey dem ich auch anwesend war, mit gröster Freude wahrgenommen, daß ihr mehr, als ich sagen kan, wegen der grausamen und schädlichen Mißhelligkeit der Prediger des Evangeliums, welche der Satan wider die Heerde Christi bisher getrieben hatte; und wollte Gott, daß Christus, unser Friede, derselbigen jezt noch ein End machte! recht bekümmert gewesen, die Einträchtigkeit herzlich gewünschet, und euch weit von denen geäussert haben, welche gleich die Christliche Gemeinschaft aufkündigen, wenn man ihren Lehrsäzen nicht beystimmet (4); dann ihr erkanntet, wie es in der That ist, daß, wenn man andern Leuten nicht gestatten wollte, in verschiedenen Dingen von seinen Meinungen abzugehen, in so fern man nur bey dieser Hauptlehre bleibt, daß das Heil und die Gerechtigkeit einzig und allein

---

(4) Die Marburgischen Theologen haben ihre gute Gesinnung gegen die Oberländischen Theologen in viel Wegen zu erkennen gegeben, wie dieses mit authentischen Urkunden darzuthun ist.

lein durch den Glauben an Christum und die
Gnade Gottes durch die Liebe des Nächsten,
welche aus gleichem Glauben entspringt, erlanget werde, kein Friede in der Kirche seyn
könnte, sondern, wie sich's unter uns blinden
Menschen oft zuträgt, geschehen müßte, daß
so viele Meinungen entstuhnden, als Menschen
sind, und nicht die Kirche, sondern die Ver-
wüster der Kirche und eigenmächtige Gesetzge-
ber den Plaz behaupten würden. Darum habet ihr euch nebst euerm gottseligen Fürsten mit
allem Fleiß bestrebt, daß die ungleich gesinn-
ten einandern für Brüder erkennten, obwolen
sie nicht in allem mit einandern übereinkommen. Unsere liebste Brüder und Mitarbeiter
Zwinglin, Oecolampad, Hedio und viele andere mehr liessen sich das nicht nur gern belieben, sondern trugen dieses ihrem Gegentheil auch
freywillig an, nicht darum, daß sie sich nicht
traueten, daß ihre Lehre aus dem Geist Gottes wär, sondern weil sie durch eben diese Gesinnung und Gutmütigkeit an den Tag legen
wollten, daß sie vom Geist Christi gelehrt und
getrieben wurden. Was aber für ein Geist
diejenigen triebe, welche in ihren Briefen, die
sie allenthalben ausstreuen, diese Aufrichtigkeit und Gutmüthigkeit also auslegen, oder
vielmehr verleumden, als wenn diese Männer
der Wahrheit ihrer Lehre nicht versichert gewesen wären, mögen dieselbigen selbst zusehen (s);

dann

---

(s) Luther sagte selbst in Marburg: Es nehm ihn wun-
der, daß ihn die Schweizer für einen Bruder erkennen

dann das ist gar nicht ein Kennzeichen der Wahrheit, wenn man diejenigen gleich dem Satan übergiebt, welche einem widersprechen. Das hat niemand dreister gethan, als die Mahometaner und einige Päbste samt ihren Bischöffen und hohen Schulen, und vor denselbigen, wie *Chrysostomus* in der Lobrede von *Babylas* meldet, die Gözendiener; Christus aber und seine Apostel, auch die Kirchenväter, welche ein wenig berühmt sind, haben das gar nicht gethan, wie alle gestehen: dann der Geist Christi bestrebt sich in denen, in welchen er wohnet, nicht zu verderben, sondern zu heilen.

VIII. Aus eben dieser und keiner andern Ursach haben wir in einige Artikel eingewilliget, welche wir, wann wir sie zuerst hätten abfassen dörfen, in deutlichern Worten würden ausgedrukt haben. Allein man hatte sich in einer besondern Unterredung darüber verglichen, und ich glaube, daß Luther und die seinigen noch heut zu Tage einerley Sinn darinnen haben, wie wir. Dann ich habe Luthers und der seinigen Schriften fleißig gelesen, und habe mit ihm selbst und seinen Anhängern weitläufig darüber gesprochen, aber ich habe niemals etwas anders gefunden, als daß sie, wie wir, und wir wie sie, obwolen man beyderseits drey Personen erkennet, einen einigen Gott nach seiner Natur und Wesen, nemlich den Vater

---

nen wollten, da sie doch seine Lehre für falsch erkannten, sie müssen selbst nicht viel auf ihrer Lehre halten. S. meine Beyträge Th. III. S. 188.

Vater und den Sohn, nach seiner Göttlichen
Natur, und Heiligen Geist glauben und bekennen, wie das beyde Theile in dem ersten Artikel bekannt haben.

IX. Also obwolen beyde glauben, daß
eben derselbige Christus wahrer Gott und wahrer Mensch seye, und wir uns niemals haben
träumen lassen, daß der Mensch, welcher von
dem Wort angenommen worden, von der
Gottheit gesöndert sey oder gesöndert werden
könne: also haben sie ihrerseits in vielen Schriften zu erkennen gegeben, daß sie mit uns die
Gottheit und die Menschheit unterscheiden.
Luther hat in seiner Postill, an welchem Werk
er vor andern aus ein Gefallen hat, bey dem
Abschnitt aus der Epistel an die Hebräer,
welcher in der Messe an der Weyhnachtsfeyer
pflegt gelesen zu werden, fürtreflich hiervon
geredt, und mit ausdrüklichen Worten bezeuget, die Schrift rede oft von Christo, und
er selbst rede von sich, als von einem wahren
Menschen, oft hingegen als von einem wahren
Gott; und nachdem er einige Beyspiele von
beyden angeführet, und insbesondere in Ansehung des lezten, daß er sich, als Mensch, an
dem Kreuz selber nicht hatte helfen können,
so füget er bey: „Die Menschheit Christi hat,
„ wie ein anderer Heiliger, aber natürlicher
„ Mensch, nicht allezeit gedacht, geredt, ge-
„ wollt oder alles beobachtet, wie einige aus
„ ihm einen allmächtigen Menschen machen
„ wollen, welche unvorsichtiger Weise die bey-
„ den Naturen und derselbigen Werke ver-
„ men-

„ mengen: dann wie er nicht allezeit alles
„ gesehen, gehört und empfunden hat, also
„ hat er nicht allezeit alles in seinem Gemüth
„ betrachtet, sondern nachdem ihn Gott ge-
„ führet, und ihm die Sachen vorgestellt hat;
„ daher war er voller Gnad und Weisheit,
„ und konnte alles, was ihm vorkam, be-
„ urtheilen und andere darvon unterweisen,
„ weil die Gottheit persönlich in ihm zugegen
„ war, die allein alles siehet und erkennet;
„ aber was von seiner Erniedrigung und Er-
„ höhung gesagt wird, muß dem Menschen
„ zugeeignet werden, dann die Göttliche Na-
„ tur kan weder erniedriget noch erhöhet wer-
„ den." Dieses saget Luther von Wort zu
Wort also. Wenn wir, die wir mit ihm in
der Lehre von dem heiligen Abendmal nicht
einstimmen, etwas gedacht, ich will nicht sagen, geredt oder geschrieben haben, das diesem
zuwider wär, so soll mir Christus nicht gnädig seyn.

Was die Erbsünde betrift, hat niemals
jemand von uns geläugnet, daß sie eine natürliche Krankheit und Presten, darmit sich
unsere ersten Eltern beladen, und nicht etwas
würkliches wär, als das ist, was wir Sünde nennen; weder Zwinglin noch jemand von
uns hat jemals also geträumet, vielweniger
geschrieben, daß dieser Presten nicht also beschaffen wär, daß jemand selig werden könnte, wenn er nicht durch Christi Blut davon
gereiniget würde; dann wie kan der selig werden, der einen verdammlichen Presten an ihm
hat?

hat? Wer kan vollkommen gerecht werden, dessen Sinnen und Gedanken alle zum bösen gerichtet sind? Daß wir also gesinnet seyn, und dieses lehren, bezeugen unsere ausgegebene Schriften, und fürnemlich Zwinglins Ausarbeitungen; warum hätten wir dann den vierten Artikel nicht gleicher Gestalten annehmen sollen?

Auf gleiche Weise kommen wir vollkommen überein in dem, was wir im fünften, sechsten und siebenden Artikel gemeinschaftlich bekannt haben, ausser daß wir, wenn diese Materie behandelt wird, um deren willen, welche nicht fromm sind, und keine Liebe der Frömmigkeit haben, dennoch aber vermeinen, daß sie durch die Gerechtigkeit Christi selig werden, aus dem heiligen Paulus den Grunde beyzufügen pflegen, warum wir von der Sünd befreyet, und mit der Gerechtigkeit Christi angekleidet werden, nemlich wie der Geist der Kindschaft, der den Auserwehlten geschenkt worden, mache, daß sie sich Christo ergeben, und durch Christum Gott ihren Vater nennen, auch zugleich die sündlichen Begierden in ihnen unterdrüke, und sie täglich nach dem Ebenbild Christi erneuere, also daß ihre Erlösung von Sünden dannzumalen vollkommen wird, wenn sie von Sünden gereiniget, sein Ebenbild ausdrüken: dann unser Heil und Glükseligkeit ist nichts anders, als eine vollkommene Gerechtigkeit. Dieses hat der siebende Artikel angezeiget, welcher sagt: Gott habe uns aus lauter Gnade, die er uns in
Chri-

Christo erwiesen, von der Sünd und der Hölle befreyet, und, nachdem er uns wiederum zu Gnaden angenommen, selig gemachet. Was ist dieses anders, als er mache uns gerecht? nur ist dabey verschwiegen worden, wie er das bewerkstellige.

Der achte Artikel begreift mehrere Dinge, die streitig zu seyn scheinen, wegen der Schriften Luthers, fürnemlich wegen seiner Streit-Schriften, von denen ich glaube, daß er sein Feuer, daß er darinnen erzeigt, selbst nicht allemal gut heissen werde; dann da er vielleicht förchtet, daß wir, davon wir doch weit entfernt sind, das äusserliche Wort und den Gebrauch der Sakramenten aufheben wöllten, oder dieselbige nicht in gebührender Hochachtung hielten, so erhebt er dieselbigen, wie es scheinet, allzu hoch, absonderlich wenn man ihn bey den Worten fassen sollte, da er zum Exempel schreibt: GOtt hätte es also verordnet, daß niemand die innerlichen Gaben, nemlich den Heiligen Geist und den Glauben, ohne jene äusserliche Dinge, nemlich das Wort und die Sakramente, welche nothwendig vor den innerlichen voran gehen müssen, erreichen könnte: Wenn man aber erdauret, was er ausser diesem Streit geschrieben, so erscheint sich genugsam, daß er GOttes Wort keineswegs an unsern Dienst gebunden, und niemals geläugnet habe, daß, wie der heilig Johannes der Täufer in Mutterleib mit dem Heiligen Geist erfüllt worden, ehe er das Wort Gottes gehört oder das Sakrament empfangen,
also

also auch Gott andern Auserwehlten, wenn
es ihm gefällig wär, seinen Geist schenken könnte, wenn gleich keine Menschen wären, die
sie unterrichteten, und ihnen die Sakramente
zudieneten. Er läugnet auch nicht, daß der
Aker des Herzens durch die Gnad des Heil.
Geistes bereitet und geschikt gemacht werden
müsse, damit er den himmlischen Saamen
empfangen könne, wann der Saamen des
Worts GOttes in denselbigen ausgestreuet
wird, weil der natürliche Mensch die Dinge,
die des Geistes GOttes sind, so wenig be-
greifen kan, daß sie ihn vielmehr eine Thor-
heit zu seyn bedunken: Also erkennen wir hingegen unserseits denjenigen für einen Feind
des Heils der Menschen und einen Verstöh-
rer des Werks GOttes, welcher den Dienst
des äusserlichen Worts und die Sakramente
aufheben will. Damit aber dem, was von
den Menschen ist, nicht zugeeignet werde, was
GOtt allein zukommt, so lehren wir mit dem
heiligen Paulus, daß man einen Unterscheid
machen müsse zwischen dem Wachsthum, das
GOtt giebt, und unserem Pflanzen und Wäs-
sern, darbey wir doch bekennen, wie es dieser
Artikel auch ausdrükt, daß GOtt verordnet
und diese Ordnung insgemein beobachte, daß
der Glaube aus dem Wort GOttes komme,
sintemal der Glaube eine gewisse Versicherung
oder Beystimmung ist, die man aus einem
Göttlichen Trieb dem Wort GOttes thut.
Dann wie kan der glauben, zu dem nichts
geredt worden ist? Demnach bleibt der Dienst
des

des äusserlichen Worts heilig, als der von Gott ist, eben sowol als das Wachsthum, das ist die innerliche Lehre, durch welche der Mensch in seinem Herzen überzeuget wird, daß das, was er äusserlich gehöret hat, so wahr seye, daß er nicht anstehet, demselbigen Beyfall zu geben; dem zufolge nehmen wir gern an, daß der Heilig Geist mit und durch das äusserliche Wort wirke und den Glauben herfür bringe, wenn und in welchen er will. Wenn man sagt: Der Heilige Geist wirke den Glauben, wird das Wachsthum GOtt zugeschrieben; und wenn man hinzu thut: durch und mit dem äusserlichen Wort, so wird dadurch der Dienst angepriesen, der nach dem Willen GOttes mit Ehrerbietigkeit gebraucht werden soll. So dörfte Paulus schreiben, er hätte die Corinthier durch das Wort wiedergeboren, da er ihnen doch ausbruklich gesagt hatte, der da pflanze und wässere, wäre nichts; dann da er von seinem Dienst redt, bekennt er, er könne nichts ausrichten; wenn er aber betrachtet, worzu GOtt denselbigen gebraucht hätte, so rühmt er sich dessen mit Recht zum Preis GOttes; weil aber auch GOtt ohne unsern Dienst die seinigen alles lehren kan, so ist zu Anfang des Artikels gesezt worden: Ordentlich zu reden; das ist: wenn wir nach dem gemeinen Gebrauch reden, den Gott erwehlet hat. Ueber dieß ist in dem sechsten Artikel schon vorher gesezt worden: wir könnten durch keine vorhergehende Werke oder Verdienste den Glauben verdienen, oder durch
eigene

eigene Kräfte denselbigen bewerkstelligen. Dieses Bekenntniß zeiget klar genug an, daß man mit dem, das unser Werk ist, den Glauben nicht erlangen könne; solchem nach war nicht zu besorgen, daß jemand vermuthen könnte, wir wären nach dem achten Artikel dieser Meinung zugethan; warum sollten wir dann nicht beyde dazu übereingestimmet haben?

Dabey ist es auch geschehen, daß wir kein Bedenken getragen haben, dem neunten Artikel beyzustimmen; dann nachdem dieses zum voraus gesezet worden, so war nicht zu förchten, daß jemand das, die Taufe wär ein Sakrament, welches GOtt zu dem Glauben verordnet hätte, dahin ausdeutete, als wenn wir glaubten, die äusserliche Wäschung brächte den Glauben, wider die Aussage Petri und alle Aehnlichkeit des Glaubens; dennoch gehört die Taufe zu dem Glauben, wie der heilige Paulus auch sagt, die Beschneidung wär ein Siegel des Glaubens. Bey den Erwachsenen ist sie ein Bekenntniß des Glaubens; dann niemand wird dieselbigen taufen, wenn sie nicht zuvor geglaubt haben; bey den Kindern aber ist dieselbige eine Einweyhung, so viel uns GOtt Gewalt gegeben hat, dieselbige zu verrichten; dann nach dem sechsten Artikel würket er den Glauben selbst, wo und wenn er will. Dann wie viele Gottlose werden getauft, die den Glauben niemals empfangen? Also streitet das folgende: Die Taufe ist nicht ein blosses Zeichen oder Krey, dabey die Christen unterscheiden würden, sondern ein Göttliches Werk und Wahrzeichen, zu welchem unser Glaube erfordert wird, als durch welchen wir wiedergeboren werden, mit demjenigen, was wir aus dem heiligen Petrus und der ganzen Schrift, die sich auf Christum beziehet, angeführet haben, gar nicht. Wir haben die Taufe allezeit vor ein solches Zeichen der Christenheit angesehen, dabey wir uns nicht allein erkennen; dann wie kan einer allezeit erkennen, daß der ander getauft sey? sondern dadurch wir zugleich erinnert werden, daß wir Christo leben und sterben sollen. Dann wie wir dadurch der Gemeine Christi einverleibt werden, also ist sie auch ein Bekenntniß zu einem Leben, das Christo geziemend ist; weil dieses Leben durch die Gnad des Herrn Christi oft in den Kindern, die der himmlische Vater von Mutter-Leib an, wie Paulum absöndert, anfängt, so dienen wir ihnen die Taufe zu; das aber haben wir beständig geläugnet, und Luther hat es auch in dem Beweis der Artikel, die der Pabst Leo verdammt hat, desgleichen in dem Buch, die Babylonische Gefängniß genennt, geläugnet, daß das, was wir handeln und reden, die Gnad GOttes und das Heil jemandem mittheile. Daraus erhellet, daß nicht Christus allezeit mit unserer Taufe mitwürke durch seinen Geist, gleichwie er auch nicht mit Simon, dem Zauberer, mit Judas und vielen andern mitgewürket hat. Warum sollten wir dann nicht bekennen, daß der Glaube erfordert werde, nemlich der Glaube, welcher sich zu seiner Zeit offenbaret, da diejenigen,

welche

welche getauft werden, darauf getauft werden, daß sie Christum anziehen sollen, welches nicht ohne Glauben geschehen kan? Was braucht es aber viel Worte! weil diesem Artikel angehänget ist: Welcher wiedergebihrt zum ewigen Leben, so haben wir beyde genug dadurch zu erkennen gegeben, daß die Wiedergeburt nicht dem Wasser, sondern dem Glauben, und hiermit auch Christo, dem Geber des Glaubens, zuzuschreiben seye. Also da wir in dem eilften Artikel beyde bekannt haben, daß das Evangelium eine wahre Absolution seye, warum sollte uns dann das Wort Absolution oder Beicht geirret haben? Wir haben auch niemals gesagt, daß es unheilsam wäre von tüchtigen Brüdern, die den Sinn Christi kennen, Rath zu begehren, wenn jemand irgend worinn anstehet, oder niedergeschlagen ist, oder seine eigene Sünde nicht genug kennet, So fern seye es, daß eine solche Beicht von uns verlachet werde, wie jemand gar unfreundlich zu diesem Artikel angemerket hat. Auch in den übrigen Artikeln ist nichts enthalten, das jemand abhalten sollte, denselbigen zu unterschreiben, wenn man sie recht erkläret. Wie sehr bestreben wir uns nicht, was den dreyzehenden Artikel betrift, daß niemand seine Freyheit mißbrauche, sondern sich ein jeder befleißige, allen alles zu werden? Ueber dieß, wie die Geseze, welche dem Wort GOttes nicht zuwider sind, mit demselbigen übereinkommen müssen, also bekennen wir, daß dieselbigen nicht menschliche, sondern Göttliche Geseze seyn, sie mögen gemacht worden seyn, von wem sie wollen, dann sie fliessen aus der Liebe des Nächsten her.

Der vierzehende Artikel hat nicht mehrere Schwierigkeit, wenn er mit den vorhergehenden gegen einandern gehalten wird. Denn da wir die Kinder durch die Taufe, so viel an uns steht, in die Kirche Christi aufnehmen, damit sie darinnen den Glauben empfangen, und ein GOtt geziemendes Leben führen, so nehmen wir sie freylich in die Gnade GOttes auf, aber in so weit GOtt selbst uns das Vermögen dazu gegeben hat, weil er allein den Geist der Wiedergeburt schenket, wie in dem vorhergehenden genugsam ist angezeiget worden.

X. Da wir nun vor GOtt bekannt, daß wir in diesen Artikeln mit einandern übereinstimmen, so halten wir dafür, es wäre der christlichen Aufrichtigkeit anständig gewesen, wenn wir uns hätten gefallen lassen einige andere Dinge, die mit kläreren Worten ausgedrüket sind, zu unterschreiben, damit es nicht schiene, daß wir Schwierigkeiten suchten, da keine sind, und um Worte zanketen, da wir in der Sache übereinkämen; jetzt fliegen in ganz Deutschland Briefe verschiedener Leute herum, welche melden: wir hätten alles widerrufen, was wir zuvor gelehrt hätten, den Artikel vom heiligen Abendmal allein ausgenommen, welchen zu widerrufen wir auch bereit gewesen wären, wenn wir uns nicht vor dem gemeinen Volk in unserm Land hätten förchten müssen, und wir hätten sie gebethen, daß

daß sie uns nicht zwingen sollten, diesen Artikel zu widerrufen, damit sie uns nicht der Wuth unsers Pöbels aufopferten. Es hat jemand, dessen wir schon oben gedacht haben, Anmerkungen zu allen Artikeln gemachet, welche nichts weniger, als einen christlichen Geist haben. Ueber den ersten Artikel schreibt er: Wir hätten widerrufen, was wir gottloses von der Heiligen Dreyfaltigkeit gelehrt hätten: davon wir kein Wort geredt, noch geschrieben; über den dritten hauet er erbärmlich zu über Zwinglins Aleosis, und sagt: sie wär widerrufen worden; über den vierten: wir hätten den abscheulichen Irrthum von der Erbsünde abgeläugnet; über den achten und neunten: unsere Pestilenzialische Lehre von dem äusserlichen Wort und den Sakramenten wär verdammt worden, worbey er den Leser auf meine Erklärung des Evangeliums Matthei verweiset; über den dreyzehenden: wir hätten von der Meinung, daß die Altäre und Bilder aus den Kirchen gethan werden müßten: abstehen müssen, da wir doch in diesem Artikel bekannt, es wär nichts zu dulden, als was dem Wort Gottes nicht zu wider wär: dann wie groß die Freyheit immer ist, die uns Christus zuwegen gebracht hat, so streitet es doch mit dem Wort GOttes, daß man etwas in der Kirche mache oder gestatte, das nicht erbauet, oder vielmehr die Gottseligkeit verhindert; daß aber die Bilder, Säulen und Altäre, so zur Verehrung dahin gesezet werden, oder damit sie die Leute an die Gutthaten GOttes erinner-

ten, von dieſer Art ſeyn, haben wir der Weitläufigkeit nach in einem Buch, das wir in deutſcher Sprach herausgegeben, und bald auch in der lateiniſchen erſcheinen ſoll, dargethan. Eben derſelbige verleumdet uns, wir haben in andern Stüken mehr nachgegeben, das doch dem zuwider iſt, das wir gemeldet haben; aber über die angeführte Stüke raſet er am meiſten; Andere haben ſich damit vergnüget, daß ſie ausgeſtreuet, wir hätten in den vier Artikeln, nemlich in dem dritten, vierten, achten und neunten unſere Meinung geändert, und unſere Zuſamenkunft habe zum wenigſten darzu gedienet, daß unſere Unwiſſenheit und Irrthümmer in dieſen Stüken offenbar worden wären, und daß nun jedermann erkannte, daß uns in der Lehre von dem Abendmal auch nicht zutrauen wär. Ihr Herren! ihr kennet die Menſchen; ſaget aber, was ſind Verleumdungen, wenn diſes keine ſind? Ich will glauben, dieſe Leute thuen dem Luther, wenn er die Sache recht überleget, und andern ehrlichen Männern mit dieſen Lügen kein Gefallen. Ihr wiſſet ſelber, daß über alle andere Artikel, auſſer dem lezten, in Gegenwart des durchläuchtigſten Fürſten, und der übrigen anſehnlichen Verſammlung, deren, neben andern frommen, adelichen und klugen Männern, der großmüthige Grav Wilhelm von Fürſtenberg, euere Hofräthe, die Geſandten des durchläuchtigſten Churfürſten von Sachſen und der Städte Straßburg, Zürich und Baſel, ſamt einigen gelehrten und ſcharfſinnigen Männern
aus

aus euch und andern frommen und wakern Kirchendienern, die entweder der durchlauchtigste Fürst darzu berufen, oder die sonst die Liebe zum Kirchen-Frieden dahin geloft hatte, beygewohnt haben, kein Wort geredt worden, ausser was ich nach geendigtem Gespräch davon vorgebracht hatte, um zu zeigen, wie man bey uns darvon lehrte. (6) Dieses aber gehet von dem, was wir in unsern Kirchen lehren, und was wir schon lang in unsern Ausarbeitungen, der Welt zur Beurtheilung vorgetragen haben, im geringsten nicht ab. Obwolen nun Luther nicht darüber urtheilen, noch seine Meinung darüber sagen wollte; ohngeachtet ich ihn inständigst um beydes bate: dann er sagte, weil wir wegen des Abendmals nicht übereingekommen wären, so würden wir von einem andern Geist getrieben; so hat er doch damit, daß er sagte, in unsern Schriften wären andere Dinge enthalten, genugsam zu erkennen gegeben, daß er nichts

---

(6) Zwinglin und Melanchton hatten vor dem öffentlichen Gespräch eine besondere Unterredung von der Gottheit Christi, der Erbsünde, und anderen dergleichen Materien, und waren darinnen übereingekommen, wie Bullinger berichtet, S. den III. Th. der Beyträge, S. 156. So schrieb auch Justus Jonas von Marburg aus an den Herrn von Reiffenstein: „Buzer hat sich weitläufig mit mir insbesondere unterredt von den wichtigen Glaubens-Lehren, als „der H. Dreyeinigkeit, der Erbsünde, und dergleichen. Wir sind endlich in allem übereingekommen, „ausser dem Artikel von dem Abendmal, darinnen „ist man nicht übereingekommen." S. *Seckendorfii* „*Historiam Lutheranismi*, ad An. 1529.

an denselbigen auszusezen wüßte. Allein er war in Ansehung unserer Schriften falsch berichtet worden von denen, die ihm solche Sachen hinterbracht hatten, wie ihr, meine Herren! die ihr bey dieser Unterredung gewesen seyt, bezeugen könnet; dann ihr habt gehört, was ich gesagt habe, und könnet es jezt wieder lesen in meinen Auslegungen über die Evangelia, sowol in denen, welche zuvor herausgegeben worden, als in denen, die jezt wieder neu aufgelegt worden, und welche ich euch zu dem Ende habe zuschreiben wollen, damit ihr sehet, daß ich zuvor, wie jezt, geschrieben, und ein gleiches mündlich vorgetragen habe. Ich wollte dieses gern mit Stillschweigen übergangen haben, damit ich die Wunden nicht erneuerte, aber da die Lügen, davon ich gemeldt habe, und welche in vieler Briefen, darunter Leute von Ansehen sind, über uns ausgestreuet worden, vielen Leuten anstößig gewesen sind, so hat die Ehre Christi und das Heil der Schwachen mich gedrungen, daß ich mir mit diesem Mittel helfe, so gut ich könnte. Ich begehre nicht jemand zu erzörnen, vielmehr bitte ich sie, als die ich für Christi Jünger halte, die Gottlosen mögen ihnen einspinnen, was sie wollen, daß, weil sie uns für Freunde und nicht für Brüder erkannt, wie sie schreiben, sie uns auch für Brüder erkennen, wie wir sie für Brüder halten, und auch wider ihren Willen halten werden, so lange sie dem Herrn Christo dienen, obwolen sie uns verwerfen, und sich von uns,

das

das sonst die Kezer thun, sondern. Der Herr Christus wird sonder Zweifel allen, die sein sind, die Gnad geben, daß sie uns auch für die seinen erkennen, wenn er das vollbringen wird, darum er den Vater gebethen hat, als er von hinnen fuhr, daß wir eins seyn, wie der Vater und er eins sind; wir wollen ohne Unterlaß bethen, daß er das vollende, und zu dem Ende hin alle unsere Sachen mäßigen, wie dieser Brief ein klares Beyspiel giebt, damit wir unserseits dieser Vereinigung nicht hinderlich seyn. Uebrigens bitte ich euch auf das verbindlichste, daß ihr diesen meinen Brief genehmiget; der himmlische Vater ist mein Zeuge, daß ich dieses geschrieben, damit die Freundschaft, welche wir allbereit mit vielen aufgerichtet, desto verbindlicher werde, und ich mir einen Weg zu derselbigen Herzen bahnete, mit denen diese Freundschaft noch nicht hat wieder erneuert werden können. Als ich bey euch war, dunkte es mich, daß ihr dasjenige willigst gut geheissen, was ich von einer christlichen Vereinigung vorgebracht hatte, derowegen kan mir niemand besser Zeugniß geben, als ihr, wie ernstlich wir uns haben angelegen seyn lassen, dieselbige allen zu belieben, und weil ihr am besten wisset, was bey dieser Unterredung gethan und gehandelt worden, so wird es dem, was ich hier von den aufgerichteten Artikeln geschrieben habe, ein Gewicht geben, wenn ihr das, was ich hier schreibe, genehmiget und mir desselbigen Kundschaft gebet, weil ihr bey allen Freunden Christi

sti geehrt und angesehen seyt; so bin ich versichert, das, was ich gethan habe, werde zur Verherrlichung Christi und zur Stärkung vieler Brüder gereichen; ich zweifle auch nicht, ihr werdet daſſelbige nach euerer Geſchiklichkeit und Freundlichkeit und dem groſſen Verlangen, das ihr bezeuget, Chriſti Ehre und Gottes Reich zu erweitern, nicht mißbilligen, und insbeſondere euch gefallen laſſen, daß ich die Erklärung: die ich über die drey erſten Evangeliſten einem wolweiſen Rath unſerer Stadt, und die ich über das Evangelium Johannis herausgegeben, und der Obrigkeit und den Kirchendienern der mächtigen Stadt Bern zugeſchrieben hatte: nun euch, nachdem ich ſie verbeſſert und vermehrt habe, dedicire und zueigne, dann ich habe damit meine Gedanken auf nichts anders gerichtet, als daß ich unſere Lehre euerem heiligen Urtheil unterwerfe, damit ihr und alle andere Chriſten, die unſer auch noch eine Rechnung tragen, ſehen, daß wir begehren in dem Licht zu wandeln, und unſere Lehre von allen Frommen auf das genaueſte unterſuchen zu laſſen, damit wir mit den Liebhabern der Wahrheit, ſo viel es möglich iſt, in Vereinigung leben können. Ich weiß, daß euch die vortreflichen Herrn der Republik Bern und ihre Kirchendiener gern zu der Gemeinſchaft dieſer Zuſchrift zulaſſen werden. Ich bin auch verſichert, daß, obwolen es gelehrtern Leuten beſſer anſtühnde, als mir, euere Verdienſte zu preiſen, ihr dennoch nach euerer Beſcheidenheit, Leutſeligkeit, Gelahrtheit und

Weis-

Weisheit, euch nicht werdet zuwider seyn lassen, mit ihnen in einen gleichen Theil zu tretten; darum will ich euch vielmehr bitten, daß, wenn ihr findet, daß ich irgendworinn geirret habe: wie ich dann gar gern für einen fehlbaren Menschen mich erkenne: ihr mich freymüthig erinneret. Ihr werdet erfahren, daß ich nichts weniger, als eigensinnig seye, und die Erinnerung nicht ertragen möge. Christus, unser Heiland, vermehre in euerer Academie und der ganzen Landschaft euers und unsers Fürsten die Erkenntniß seiner und die damit verknüpfte Glükseligkeit, und lasse uns diesen der Unsterblichkeit würdigen Helden, mit gleicher Gesinnung, die er jezt hat, noch lange leben, und irrdische Glükseligkeit geniessen.

Straßburg, den 19. Christmonat, 1530.

## V.

### Johann Conrad Füßlins
# Urtheil
über Buzers Nachricht von dem Marburgischen Gespräche.

Ein Beweisthum von Buzers redlicher und friedfertiger Gesinnung in der Reformationssache ist diese seine Nachricht von dem Mar-
bur-

burgischen Gespräch. Buzer hat dieselbe einige Monat nach angeregtem Gespräche ausgefertiget. Das Gespräch ist in dem Weinmonat 1529. gehalten worden. Im Anfang des folgenden Jahrs gab Buzer sein Buch heraus, welches die Aufschrift hatte: *Enarrationes perpetuæ in quatuor Sacra Evangelia recognitæ, in fol. etc. Argentorati.* M. D. XXX. Nach dem Titulblatt stehet: *Epistola nuncupatoria ad Academiam Marburgensem de servanda unitate Ecclesiæ, in qua excutiuntur & Articuli Conventus Marburgi Hessorum celebrati.* Der vordere Theil dieser Zuschrift ist nicht weniger merkwürdig, als diese Nachricht. Der von dem Geist des Friedensfürstens belebte Verfasser untersuchet in demselbigen die Ursachen, warum die Theologen seiner Zeit so heftig unter einandern stritten, und entdeket dieselbigen. Er rechnet für die erste und Hauptursache: Weil ein jeder meinte, die Lehrsäze, welche er einmal angenommen hätte, flossen aus einer unmittelbaren Offenbarung, und gründeten sich auf die Aussagen der heiligen Schrift. Dieses, saget er, wär noch einiger Massen zu gedulden, aber mit diesem ist ein grössers Uebel verknüpfet. Diese Leute meinen dann, wer ihre Säze nicht annähme, oder wider dieselbigen redete, der würde von dem bösen Geist, der in allwegen der Wahrheit widerstühnde, getrieben: dann, sagen sie, wer den Heiligen Geist hat, und durch denselbigen redet, kan JEsum nicht einen Fluch nennen. Ich will seine eigene Worte aus der Original-Sprache

che anführen: Furit hoc Seculo, schreibet er, exitialissimus ille Satan, sanctæ Concordiæ vetus disturbator, quodque unice dolendum, multorum alioqui minime malorum Hominum Animos sic occupavit & fascinavit, ut quidquid ipsis semel dogmatum arriserit, id qualecunque sit, nihil addubitent, vel ex diviniore Revelatione se vel infallibili Scripturarum Traditione accepisse. Hinc illico tanquam Christi Spiritu inanes deplorant, quicunque eadem protinus non susceperint, qui vero etiam illa impugnaverint, hos mox pronuntiant a Spiritu Veritatis hoste exagitari, quod nemo loquens in Spiritu Sancto, dicat Anathema Jesu. Nam Christum ipsum & totum proculcari existimant, simul atque vel tantillum damnaveris eorum, quæ ipsi vera credunt. Die Umstände geben klar mit, daß Zwinglins Widersacher in diesen Worten abgemahlet werden. Buzer spricht diesen selbstgemachten Gottsmännern herzlich zu. Er sagt neben andern: Wenn ihr euch gleich bereden wollet, der habe den Geist Christi nicht, der nicht in allem mit euch einstimmet, und wenn ihr gleich den für einen Feind der Wahrheit erklären wollet, der wider das schreibet oder lehret, was er nicht für wahr hält, wen wollet ihr um GOttes Willen einen Bruder nennen? Er handelt hierbey von der Schwachheit der Menschen, die zu dem Irrthum geneigt sind, und die alle sehr irren. Er zeiget, daß wenn man die Sache

che so genau nehmen wollte, nicht drey, ja nicht zween mit einandern in einer Gemeinschaft stehen könnten, weil kaum so viele gefunden werden, die in allem übereinstimmen. Er zeiget demnach weiter, in wie weit schwache oder irrende Brüder zu dulden seyn. Er machet insbesondere Vorschläge, wie die Streitigkeiten der Protestirenden seiner Zeit zu heben wären, und giebt eine Erklärung, wer ein Kezer sey. Da die strenge Theologen ihr schelten und kezern gleich mit dem Spruch Pauli beschönigen wollen: *Einen sektirischen Menschen meide nach der einen und der andern Vermahnung. Tit. III.* hält er sich bey diesem Spruch auf, und leget denselbigen aus. Er leget ihn aber also aus, daß das Laster der Kezerey auf diejenigen selber fällt, die so gern Kezer machen. Er schleußt: Qui scindere in Studia Christianos quærat, hoc est, qui in Ecclesia Christi factiosus sit, Hæreticum hominem appellavit *Paulus Tito* scribens. Er beweiset seine Erklärung fürnemlich aus der 1. Epistel an die Corinther dem XI. Capitel, und füget noch bey: Perfacile itaque intelligere est etiam ex hoc loco, hæreticum hominem a *Paulo* vocari contentiosulum & circa quæstiones supervacaneas cum jactura dilectionis insanientem, sectasque & studia præpostero dogmatum nihil ad pietatem facientium amore excitantem ... Hæresis itaque apud *Paulum* morbus est faciendi sectas & in studia scindendi Ecclesiam Christi. Hæreticus,

cus, qui hoc morbo laborat, etc. Nebſt dieſem zeiget er an, was für ein Unterſcheid ſey zwiſchen einem Irrenden und einem Kezer, und was einer glauben müſſe, wenn man ſagen ſolle, daß er ein Chriſt ſeye. Er ſagt: Ein ächter und wahrer Bekenner der chriſtlichen Lehre muß ſich nach dem Apoſtel befleiſſen ein Gewiſſen zu haben ohne Betrug, und einen Glauben ohne Scheinheiligkeit. Dieſes führet er weitläufiger aus, und kömmt hernach auf die Nachricht von dem Geſpräche zu Marburg. Viele von Luthers Anhängern, Gottesgelerte, in welchen niederträchtige Seelen wohneten, hatten viel unwahrhaftiges zum Nachtheil der Schweizeriſchen Reformatoren in die Welt ausgeſtreut. Ihren Helden zu erheben, hatten ſie andere verkleinert, und ihnen Irrtum und Gebrechen, wie auch unanſtändige Handlungen angedichtet. Dieſes widerlegt hier Buzer, der ſich von Anfange dieſer Streitſache, als ein Mittelmann aufgeführet, und auf allen Seiten zum Frieden geredt hatte. Aber er war bey der einen Partey darmit nicht angekommen. Luther ſagte ihm zu Marburg unter das Angeſicht: Ihr ſeyt ein Läker. Es war Scherz und Ernſt bey einandern in dieſen Worten. Buzer ſollte nicht mittlen, ſondern ſeinen Gegentheil überreden, daß er ſich unterwärf. Juſtus Jonas ſchrieb von Marburg an Wilhelm von Reiffenſtein einen Brief am Montag nach Micheli, 1529. In demſelbigen charakteriſirt er die Oberländiſchen Theologen, und

als

als die Reihe an Buzer kam, meldete er: Derselbige wär listig, wie ein Fuchs, und wendete seinen Verstand und Klugheit auf eine verkehrte Weise an. Worinn bestuhnde dann die List Buzers, und auf was für eine verkehrte Weise hat er seinen Verstand angewendet? Also, daß er gemeint, diejenigen, welche nicht weiter als Zwinglin und Luther in der Lehre von dem heiligen Abendmal von einandern unterscheiden wären, könnten sich wol unter einandern vertragen, und sich Brüder heissen. Buzer bestrebte sich unter der Hand dieses zuwegen zu bringen. Er schreibet selbst hiervon: Hæc sane causa fuit, cum illic essemus, cur *Luthero* & suis societatem in Christo obtulerimus, atque apertis nos scripturis probaturos receperimus, & ex ipsorum officio esse, nos vicissim fratrum apud se loco dignari. Nunc scribunt quidam christiani juris parum Consulti, *nos illos orasse, ut fratres nos agnoscerent, quod strenue negatum sit.* Idque scribunt de illis honoris causa, nos autem nihil pudet, etc. Heisset das den Verstand mißbrauchen, wie Jonas saget? Nun erzehlt Buzer in dieser Nachricht den wahrhaftigen Verlauf dessen, was sich zu Marburg zugetragen, und wie weit beyde Parteyen mit einandern übereingekommen wären. Er beruft sich dießfalls auf alle Gelehrten, die damals zu Marburg in öffentlichem Lehramt gestanden, und meistens Augenzeugen von allem gewesen waren. Er giebt allen das Lob, daß sie nebst ihrem fürtrefflichen Fürsten den Frieden beyder streitenden Parteyen gewünschet, und daran gearbeitet hätten. Unter denselbigen befand sich Franciscus Lambertus, der sich nicht allein vor Zwinglin erkläret, sondern auch seinen Glauben durch eine öffentliche Schrift zu erkennen gegeben hat. Dieselbige führet den Titel: *Confessio de symbolo Fœderis nunquam rumpendi, quam Communionem vocant, in qua spectari potest, quid Marburgensi colloquio effectum sit,* 1530. Buzer meldet zu End dieser Nachricht, daß er seine Erklärung über die Evangelisten schon zuvor einmal in Druk herausgegeben, und daß er vor die Erklärung über die drey ersten eine Zuschrift an den Rath zu Straßburg, und vor der Erklärung über das Evangelium Johannis eine Zuschrift an den Rath und die Kirchendiener zu Bern vorgesezt gehabt. Die erste war im Merzen 1527. geschrieben. Er berichtet in derselbigen etwas weniges von der Reformation zu Straßburg, hernach giebt er Nachricht von seiner Erklärungs-Art, bey welchem Anlaß er sehr übel auf die allegorische Erklärungen zu sprechen ist. Er zeiget das grosse Uebel an, das daher entsprungen, und sagt viele Sachen, die recht erbaulich sind. Die andere war im Merzen 1528. geschrieben, hiemit einige Zeit nach der Disputation zu Bern, deren er beygewohnet hatte. Er war durch ein lügenhaftiges Buch eines ungenannten und unbekannten Widersächers aufgebracht worden, von dieser Disputation zu schreiben. Er meldet deßwegen umständlich, was dazumal vorgegangen wär. Diese Schrift wär werth, daß sie wieder an das Licht gebracht würde: und dieses soll in einem der folgenden Theilen dieser Sammlungen geschehen. Aus diesem allem erscheint sich, daß Buzer einen grossen Eifer für die evangelische Wahrheit und die Reformation der Kirche bescheint habe, daß er aber dabey den Frieden geliebet, und die streitenden Parteyen zu vereinigen beflissen gewesen seye. Ist das nicht zu loben, und soll es nicht von allen, die die Ehre Gottes und die Wolfahrt der Menschen lieben, gebilliget werden? Jedoch ist es von vielen nicht gebilliget worden, wie aus dem zu sehen ist, daß der fürtreffliche Herr von Sekendorf *in Historia Lutheranismi Parte* III. *pag.* 559.. *ad Annum* 1545 bey einem andern Anlaße von seiner Begierde Frieden zu stifften, berichtet: *Bucero*, quantacunque industria pacem illam ecclesiasticam & modestiæ studii laudem quæreret, male successerunt omnia, ita ut semper majus apud adversarios odium, & apud suos versipellis & mobilis animi suspicionem graviorem incurrerit.

## VI.

### Der Costanzer Sturm,
oder

# Wahrhafter Bericht,

wie die Stadt Costanz in Keyser Caroli des Fünften Ungnad kommen, hernach auch von desselben Kriegsvolk, den Hispanniern, angerennt und gestürmt, und endlich sich an König Ferdinandum, den Erzherzogen in Oesterreich und desselben Nachkommen ergeben, im Jahr, als man zehlt nach Christi Geburt 1548.

---

* Ich liefere diese Beschreibung aus der Copie, welche sich in unserer Bürger-Bibliothek befindet, und die der berühmte Burgermeister unsers Standes, Herr Joh. Heinrich Waser hatte verfertigen lassen. Der Verfasser, der sich hin und wieder in der Beschreibung selbs entdeket, Melchior Zündelin, war vor und in dem Sturm des kleinen Raths in Costanz, nach demselben aber, ehe die Stadt an das Haus Oesterreich gekommen, an Herrn Sebastian Geysbergs Stelle Burgermeister. In der kürzern Beschreibung dieses Sturms, welche meine Leser in Fortsezung dieser Sammlungen zu erwarten haben, und die man gemeiniglich Georg Vögelin, dem Verfasser der Reformations-Geschichte der Stadt Costanz zuschreibt, die aber vielmehr Gregorium Mangolt, einen Costanzischen Burger, zum Verfasser hat, wird von diesem Zündelin folgendes gemeldet:

„Melchior Zündelin, Burgermeister, seines
„Handwerks ein Bek, war dem Evangelio Christi
„An

Coſtanz macht ſich theilhaftig des Schwa-
benkriegs, und kommt deswegen in groſſen
Schaden; macht einen Vertrag mit dem Haus
Oeſterreich. Reichstag zu Coſtanz.
Will ſich mit den Eidgnoſſen
einlaſſen.

Als man zehlt, tauſend, vierhundert, neunzig
und neun Jahre, haben die Fürſten von
Oeſterreich und der Schwäbiſch Bund mit
den Eidgnoſſen einen ſchweren Krieg geführt:
da haben ſich die von Coſtanz bereden laſſen,
daß ſie ſich dieſes Kriegs auch theilhaftig gemachet. Als aber der Krieg Jahr und Tag
gewähret, darinnen die von Coſtanz ein Anzahl

---

„ Anfangs mit ſolchem Eifer anhänglg, daß er auch
„ dadurch zum Burgermeiſter erwehlt worden. Als
„ aber die Stadt nach ihrem Ueberfall angetaſtet
„ worden, das Interim anzunehmen, und ſich dem
„ Haus Oeſterreich zu ergeben, hat er ſeiner Schuld
„ und Pflicht vergeſſen, und im geſeſſenen Rath die
„ erſte Stimm gegeben, und aufgehebt, daß man
„ das Interim annehmen ſollte, darzu aus der Reichs-
„ Freyheit in die Dienſtbarkeit des Königs, als ei-
„ nes Herzogen in Oeſterreich, tretten, iſt ihm
„ nochmals ein Pfaffen-Pfrund worden, und hat
„ das damit bezeuget, daß er ſeinen Sohn übergab
„ dem Baal, und zu einem Pfaffen weihen ließ;
„ bald aber hernach iſt er in ſchwere Krankheit ge-
„ fallen, und an beyden Händen erlamet, und iſt
„ eben an dem Glied geſtraft worden, mit dem er
„ ſich an GOtt und gemeiner Burgerſchaft verſündiget,
„ und viel böſes geſucht hat, aber es möchte ihm
„ keins helfen, darbey GOttes Urtheil zu erkennen
„ gegeben, und männiglichem vor Augen geſtellt
„ wird."

## des Costanzer Sturms. 515

zahl Burger verloren, dazu auch um viel Ränten, Rent, Zins und Gült kommen; und zulezt als der Krieg durch den Herzog von Meyland gerichtet und hingeleget worden, ist der Stadt von Costanz ihr Landgericht im Thurgäu in demselben Frieden den Eidgenossen hingegeben worden; sind also die von Costanz dieses Kriegs in grossen Schaden und Abfall kommen: Dann gleich bald nach dem Krieg haben sie etliche schwere Gebäu an den Gräben gethan, auch starke Hut und Wacht haben müssen; daher sie sich mit dem Haus Oesterreich in einen Vertrag eingelassen, und Keyser Maximilian ihnen jährlich eine Summa Gelts gereicht. Demnach als man zehlt 1507. ward ein Reichstag vom Keyser Maximilian gen Costanz gelegt, darinnen sich die Burgerschaft ihres erlittenen Schadens etwas wieder erholet. Was aber sonsten darinnen gehandelt, mag wol anderstwo funden werden: Es ist aber zu glauben, der gemeine Sekel habe dieses Reichstag wenig Nuz gehabt. Als man zehlt 1510. hat sich zu Costanz bey dem Rath etlicher Sachen halber ein Unwillen erhebt, derhalben ein Rath Vorhabens gewesen seyn soll, sich mit den Schweizeren einzulassen, welches Keyser Maximilianus durch sein schnelle Ankunft verhindert und fürkommen hat. Aber es ist ohne allen Zweifel die Stadt Costanz solcher Sachen halber bey dem Keyser in etwas Ungnad und Mißvertrauen kommen; und gleich nach solchem haben sich die von Costanz mit den Häusern Oesterreich und Burgund in

Kk 4         einen

einen Vertrag begeben; der Stadt Costanz ist jährlich eine Summa Gelts vom Haus Oesterreich erlegt worden.

**Luther fängt an zu schreiben; dessen Lehre zu Costanz einwurzelt; man stellt daselbst Prediger auf. Bäurische Aufruhr.**

Bald nach dieser Zeit hat zu Wittenberg in Sachsen Doct. Martin Luther Augustiner-Ordens anheben zu schreiben, welches Schreiben, in einer Summ davon zu reden, ungefehrlich des Innhalts gewesen und noch ist, daß es den ganzen Handel, wie er durch die Päbst und Bischöff viel Jahr her in der Kirchen geordnet, GOtt damit zu dienen, ganz und gar vermeint aufzuheben und abzuthun, und sonderlich die geistlichen Personen, so zu derselben Zeit in Gewalt, Pracht, Ueberfluß und allerley Lastern hoch schwebten, ernstlich und truzenlich in allen Ständen angetastet und gestraft, und darinn weder des Pabsts noch niemandes verschohnet, wie dann seine Lehr menigklichem, so in diesen Zeiten gelebt, kundbar, auch was er für ein Rumor und Wesen in Teutschland erregt habe, in vielen Büchern befunden wird. Als nun solche Lehr weit ausgebrochen, und viel ehe Statt funden, weder niemand vermeint hätte in Ansehung des prächtlichen und ärgerlichen Lebens der Geistlichen, welches den Weltlichen hoch und niedern Standes, sonst jezund gar überlegen war, ist es zu Costanz auch bald eingewurzelt; dann wie

**des Coſtanzer Sturms.**

wie die Geiſtlichen der Zeiten zu Coſtanz gehauſet und gelebt, wiſſen die, ſo damalen gelebt, und es ſelbs geſehen; und hat fürwahr auch etlichen unter ihnen den Geiſtlichen am Anfang die Sach nicht mißfallen, und hat ſich alſo der Handel nach und nach bey Geiſtlichen und Weltlichen, bey dem Adel und Baurſamme, aber ſonderlich bey den Städten vaſt eingeriſſen, unangeſehen, daß die Oberkeiten unter den Geiſtlichen ſich mit allem Ernſt darwider legten, und kein Mittel unverſucht lieſſen; aber es half wenig.* In dieſen Zeiten ungefehr An. 1524. haben die von Coſtanz etliche Prädicanten aufgeſtellt, welche auch auf Lutheriſch und bald hernach auf Zwingliſch geprediget haben, den Biſchoff ſamt allen geiſtlichen Ständen in ihrem Leben und Kirchen-Dienſten ohne alles Scheuhen angetaſtet: So hatte auch der Biſchoff einen Prädicanten, Prediger-Ordens im Münſter, der prediget wider die Lutheriſchen und Zwingliſchen, daher ſich zwiſchen dem Biſchoff und einem Rath Widerwillen erhebt, und derſelbig ſich für und für gemehret hat zwiſchen den Burgern und ganzem Stift. Anno 1525. iſt der bäuriſch Aufruhr angangen, daß kein ſolcher grauſamer Aufruhr in keiner Hiſtorie gefunden wird. Es hat viel Leut

---

* Die erſten Evangeliſchen Prediger in Coſtanz waren: Jakob Windner, von Reutlingen; Bartholomäus Mezler, von Waſſerburg; Johann Wanner, von Kaufbeyern, und Ambroſius Blarer, denen ſich vornemlich Anton Pirata, Predicant in dem Prediger-Kloſter, wiederſezt. S. Füßlins Beyträge zu den Helvet. Reform. Geſch. 4. Th. Bl. 174.

Leut, Gut und Blut gekostet, und wiewol sich die Reichsstädte desselben Kriegs wenig beladen, dann allein, daß sie darzwischen geritten, so sind doch etliche Städte in Argwohn gefallen, sie seyen den Bauren mehr, dann dem Adel geneigt gewesen. In denselbigen Argwohn sind auch die von Costanz kommen; aus Ursach, daß die von Costanz den Adel nicht wollten gerüst in die Stadt lassen.

**Costanz nimmt die Priesterschaft in Gelübd, thut etliche Gräben auf, darum der Bischoff sich aus der Stadt wegthut. Gütlicher Tag zu Ueberlingen. Die Geistlichkeit ziehet aus der Stadt weg.**

Als nun dieser Baurenkrieg sich allenthalben eingerissen, und die Leut ganz sorglich und gefahrlich gewesen, haben die von Costanz alle Priesterschaft und Consistorial Personen (ausgenommen den Bischoff, sein Hofgesind, und Thum-Herren) in Pflicht und Eid genommen, welches einen besondern grossen Unwillen bey dem Bischoff und Capitel erregt hat, also daß sie sich dargegen protestiert haben, und vermeint, es seye wider ihre Freyheit und Verträge. Anno 1526. als der Bauren-Krieg noch an vielen Orten nicht gerichtet war, hat der Rath zu Costanz fürgenommen, etliche versessene Gräben aufzuthun, und hat geordnet, daß jedes Haus, so es der Ordnung nach an ihns käme, einen Mann oder 5. Kreuzer für den Tag geben sollte: und sind die Geistlichen auch in solche Ordnungen gezogen worden,

darab

darab der Bischoff und die Geistlichen ein solche Beschwerd empfangen, daß der Bischoff samt etlichen Thum-Herren sich in der Stille aus der Stadt gethan. Als nun die Sachen sich für und für zu Unwillen gezogen, und sich die Geistlichen an vielen Orten hoch beschwert, und geklagt, und also ein Theil voraussen, der ander Theil in der Stadt waren: ist durch der Keyserlichen Majest. Statthalter ein gütiger Tag gen Ueberlingen angesezt worden, solche Irrthum und Spän hinzulegen, welcher zerschlagen, und alle Geistliche aus der Stadt gezogen, wie solches alles in einem gedrukten Buch eigentlich begriffen. Und in solchem Hinziehen wurden mancherley Reden hin und wieder gesagt: Jez wollt man die Stadt bekriegen, dann wollt man die Burger auf den Strassen niederlegen, und niederwerfen, wie dann solches beschehen, und in einem gedrukten Buch begriffen.

Costanz kommt in das Burgrecht mit Zürich und Bern. Zürich ziehet wider die V. Ort aus. Carolus V. kommt gen Augspurg. Cappeler-Krieg. Zürich muß Costanz die Pundtsbriefe herausgeben.

Anno 1528. haben sich die Städt Costanz, Zürich und Bern in eine zehen jährige Pündtnuß zusammen verpflichtet; hat nicht lange gewähret, sondern nach dem andern Cappeler Krieg Anno 1531. wiederum ein End genommen: dann Zürich und Bern alle Burgrechts-

rechts-Brief den V. Orten müssen herausgeben. Dieses hat der Stadt Costanz bey Keyserlicher Majestät und dem Reich zu grossem Unwillen gereicht. Anno 1529. sind die Eidgnossen der V. Orten, nemlich Lucern, Uri, Schweiz, Unterwalden und Zug, wider die von Zürich, Bern, Basel und Schaffhausen ungefahrlich um St. Johannes Tag im Sommer zu Feld gezogen; aber man ist darzwischen geritten, und hat Frieden gemachet, das niemand nichts geschehen ist; doch sind sie einandern nicht vast hold gewesen: Ist also eine Zeitlang angestanden, wie folget. Anno 1530. ist Carolus der V. erwehlter Römischer Keyser, aus Hispannia, in das Teutschland gen Augspurg, dahin er einen Reichstag beschrieben, kommen: allda hat der Keyser die Stände des Reichs, oder ihre Gesandten des Lutherischen Glaubens halb, so jez in grossem Aufnehmen und bey vielen Ständen vast eingewurzelt war, was angesprochen, davon zu stehen; aber sie sind der mehrere Theil mit sölcher Meinung vor dem Keyser erschienen, daß sie frey dar bekennt, daß sölcher Glaub der wahr, christlich Glaub seye, und können und wissen sie davon nicht abzustehn. Es ist Herzog Philipps Landgraf in Hessen dem Keyser mit sölcher truzigen Antwort begegnet, mehr dann billich, Daher er, der Landgraf, in schwere Sorg gefallen, und gleich unversehenlich von Augspurg hinweggeritten, und bald nach sölchem Anhang gefunden, und ein Pündtnuß aufgericht, dergestalt, wo jemand sie von solchem Glauben zu
stehen

**des Coſtanzer Sturms.** 521

ſtehen und zu bringen unterſtehen wurde, daß
ſie Leib und Blut bey einandern laſſen wollten.
Solche Pündtnuß iſt, wie folgen wird, vaſt
groß worden. Anno 1531. gleich nach St.
Michels-Tag haben die von Zürich und Bern
den obgemeldten fünf Orten ihren Mit-Eid-
gnoſſen das Salz und anders nicht wollen zu-
gehn laſſen. Das haben die fünf Ort nicht
mögen leiden, und haben ſich ſchnell unverſe-
hener Sach zum Krieg geſchikt, und ſind, ehe
die von Zürich der Sach gewahr worden, zu
ihr Landſchaft gezogen. Als nun die von
Zürich ſolches gehört, ſind ſie hiziglich aufge-
weſen, und den V. Orten entgegen gezogen.
Als ſie nun nahe zu ihnen kommen, haben die
von Zürich ihren Vortheil übergeben, und ſind
über einen Graben gezogen; da ſind die V.
Ort in ſie gefallen, und haben ſie in die Flucht
geſchlagen, und ſind alſo deren von Zürich
ob den 200. * umkommen, darunter auch Ulricus Zwinglius war. Gleich alsbald iſt der
Sturm in alle Eidgnoßſchaft gangen, und
haben die von Zürich und Bern in kurzer Zeit
ein vaſt groſſes Volk zuſammen gebracht, daß
man vermeinte, ſie hätten die V. Ort aus dem
Land geſchlagen: Aber, wie es gemeiniglich zu-
geht, wo viel Volks iſt, da iſt wenig Sorg;
haben alſo die fünf Ort in einer Nacht die von
Zürich und ihre Anhänger (von Baſel, Schaffhauſen und St. Gallen) wieder ** angegriffen,
und

---

\* Die Anzahl beloffe ſich auf 512. Mann. S. Hottingers Helvetiſche Kirchengeſchte. 3. Th. Bl. 588
\*\* Auf dem Zugerberg, da, nach Bullingers Be-

und sie abermals in die Flucht geschlagen, da sind aber wol 600. Mann umkommen, daraus grosser Schreken in deren von Zürich und Bern Volk kommen. In diesem Krieg sind die von Costanz still gewesen: auf solches sind die Reichsstädt und andere zugeritten, und haben zwischen den Eidgnossen Fried gemachet. In demselbigen Frieden ist denen von Zürich auferlegt worden, daß sie denen von Costanz ihre Pundts-Briefe hinausgeben, und die Pündtnuß aufsagen sollen, welches bald hernach geschehen.

**Schmalkaldische Pündtnuß, in welche auch Costanz kommt. Der Keyser hat ab dieser ein Mißfallen.**

Anno 1532. hat vorgemeldte Sächsische und Heßische Pündtnuß, die jezund groß worden; darinn etliche Fürsten, viel Grafen und Adels-Personen, wie auch die Sächsischen und See-Städt fast alle waren, auch den Rhein hinauf, in Schwaben und Wirtenberg, sich erstrekt: Also ist Costanz in diesem Jahr auch in diese Pündtnuß aufgenommen worden, welche Pündtnuß hernach zu Schmalkalden gar aufgerichtet und bekräftiget worden: daher sie auch den Namen bekommen, und lautet von Wort zu Wort also: Von GOttes Gnaden wir Johann des H. Römischen Reichs Erzmar-

---

richt, 251. Mann, ohne die, welche hernach an ihren Wunden gestorben; nach der V. Orten Bericht aber 830. Mann erschlagen worden. S. Hottinger l. c. Bl. 593.

marschalck und Churfürst, und Johann Friederich, Vater und Sohn, Herzogen zu Sachsen, Landgrafen in Thüringen, und Marggrafen zu Meyssen; Philipps, Otto, Ernst und Franz, Gebrüder und Vettern, alle Herzogen zu Braunschweig und Lünenburg; Philipps, Landgraf zu Hessen, Graf zu Cazen-Ellenbogen, zu Diez, Ziegenheim und Nydda; Wolfgang, Fürst zu Anhalt, Graf zu Ascanien, Herr zu Bernburg; Gebhart und Allbrecht, Gebrüder, Grafen und Herren zu Mannsfeld, und Burgermeister, Rathman, Zunftmeister, Räth und Gemeinheit der nachbenennten Oberländischen, Sächsischen und Seestädten, als Straßburg, Ulm, Costanz, Reutlingen, Memmingen, Lindau, Biberach, Yßne, Lübegk, Magdeburg und Bremen, bekennen hierinn, und thun kund allermänniglichem: Nachdem sich die Läuf dieser Zeit hin und wieder gleich sorglich, geschwind und vorab dergestalt erzeigen, zutragen und anschiken, als ob man begehre diejenigen, so das helle, klare, rein und unvermaklete Wort Gottes in ihren Fürstenthummen, Städten, Landen und Gebiethen, durch Gnad und Verleihung des Allmächtigen, predigen und verkündigen lassen, dadurch allerley Mißbräuch abgestellt und verändert, mit Gewalt oder der That, von solchem ihrem christlichen Vorhaben zu bringen; und aber je einer jeden christlichen Obrigkeit schuldig Amt ist, nicht allein ihren Unterthanen das heilige Wort GOttes verkündigen zu lassen, sondern auch mit allem

Fleiß

Fleiß, Ernst und Vermögen davor zu seyn, daß sie von dem Wort GOttes nicht gezwungen oder abfällig gemachet werden. So will unser höchste Nothdurft und schuldig Amt der Obrigkeit erfordern, ob sich jez oder künftiglich zutragen oder begeben würde, daß jemand uns und unsere Unterthanen mit Gewalt oder der That von dem Wort Gottes und erkannten Wahrheit zu dringen (welches dann der gütig barmherzig Gott gnädiglich verhüten, und wir uns auch zu niemand versehen wollen) und also wiederum zu den abgethanen und unveränderten Mißbräuchen zu nothigen unterstuhnde: solches alles möglichsten Fleisses zu verhüten; damit dann solcher Gewalt abgewendt, und das Verderben beyde Leibs und der Seelen unser und unserer Unterthanen verhütet werden möge, so haben wir Gott dem Allmächtigen, zu Lob, zu mehrerm Gedeyen und Aufwachsen Göttlicher freyen Lehr, zu Erwekung eines christlichen, einhelligen Wesens und Friedens, dem Heil. Römischen Reich teutscher Nation und aller Ehrbarkeit, darzu gemeinen unseren Fürstenthummen, Städten und Landschaften, zu guter Wolfahrt, Ehr, Nuzen und Frommen, allein zur Gegenwehr und Rettungs-Weise, die einem jeden nicht allein von natürlichen und menschlichen, sondern auch von Göttlichen geschriebenen Rechten zugelassen und vergunt ist, mit und gegen einandern, eines christlichen und freundlichen Verstandes uns vereiniget, entschlossen, denselben auch auf und angenommen, und thun das gegenwärtiglich in und mit Kraft dieses

Briefs

Briefs in Maſſe, Form und Geſtalt, wie nach-
folget: Namlich, daß wir zu allen Theilen, je
einer den andern getreulich und von Herzen
meinen, halten und vor Schaden warnen ſollen und wollen, auch keiner des andern Feind
und Widerwärtigen offentlich oder heimlich
durchſchlaifen, fürſchieben, oder enthalten. Und
demnach dieſer Verſtand allein Gegenwehrs-
und Rettungs-Weiſe, und gar nicht darum
angeſehen worden, daß jemand unter uns ei-
nichen Krieg anfangen ſolle: ob es ſich dann
begebe, daß einicher Theil unter uns, wer auch
der wäre, um das Wort GOttes, evange-
liſche Lehr, und unſers heiligen Glaubens,
oder um Sachen willen, die aus dem Wort
GOttes, evangeliſcher Lehr und heiligem Glauben folgen, und demſelbigen anhängig: oder
ſo ein andere Sach gegen einem aus uns zu
einem Schein fürgewendt würde: da aber wir,
die andern, ſo ſolcher Zeit nicht angegriffen,
ermeſſen möchten, daß es fürnemlich um dieſes
Gottes Worts willen geſchähe, befehdet oder ver-
gwältiget und überzogen wollt werden, oder
befehdet und überzogen wurde, und derſelbig
auf uns andere ſchleunigs endliches Rechten
leiden möchte, daß dann wir alle, die andern,
in dieſem chriſtlichen Verſtand begriffen, und
ein jeder für ſich ſelbſt, ſo bald wir das von
dem Vergwältigten, oder ſonſt durch gläubliche
Erfahrung, verſtändiget, berichtet und innen
wurden, die Sach uns keiner andern Geſtalt
ſollen anligen laſſen, dann als ob unſer jeder
ſelbs angegriffen, befehdet, überzogen, und alſo

sein selbs eigen Sach wäre, darauf auch ohne allen gefährlichen Verzug ein jeder seinem höchsten Vermögen nach, unerwartet der andern, dem Befehdeten und Vergwältigten helfen, retten und entschütten, Luft und Plaz machen soll; wie dann jederzeit nach Gelegenheit des Handels durch uns die übrigen, am füglichsten und nuzlichsten, für gut und dienstlich, angesehen, und unser jeden christliche Liebe und Treu, auch sein eigen Gewissen und Selbs-Wolfahrt dahin weisen wird, und also den Handel einandern getreulich helfen führen, sich auch kein Theil ohne der andern Wissen und Willen in einiche Richtung oder Anstand lassen oder begeben. Es soll auch dieser unser christlicher Verstand Keyserl. Majestät, unserm allergnädigsten Herrn, oder keinem Stand des Heil. Römischen Reichs, oder sonst jemand zuwider, sondern allein zu Erhaltung christlicher Wahrheit und Friedens im H. Reich und teutscher Nation, und zu Entschüttung unbillichen Gewalts, für uns, und unsere Unterthanen und Verwandten, allein in Gegenwehr und Rettungsweise fürgenommen, da unser jeder, wie obberührt, Recht geben und nehmen mag, und nicht anderst gemeint werden: So auch jemand weiters in diesen unsern christlichen Verstand zu kommen begehrte, und vormals nicht darinn begriffen, der das Heilig Evangelium angenommen, der soll mit unser aller Wissen und Willen auf- und angenommen werden, und soll dieser christliche Vertrag auf heut anfangen, und sechs Jahr die nächsten einander nachfolgend, währen, und von uns allen samtlich

lich und einem jeden insonderheit aufrichtig, redlich und ohne alles Gefehrd vollzogen und gehalten werden. Und obs Sach wäre, daß man mit jemand also vonwegen des göttlichen Worts, und Ursachen daraus fliessende, zu Krieg kommen, und der vor Ausgang vermeldter sechs Jahren ganz nicht zu End gebracht würde, so soll nichts destoweniger der von allen Theilen (ohnangesehen, daß die bestimmten Jahr verloffen, und dieser christliche Verstand sein End genommen) getreulich beharret und zu Ende vollführt werden; kein Theil sich davon ausziehen oder absöndern; und mag also dieser christliche Verstand, so es den Partheyen gefällig, wol länger erstrekt werden. Solches alles gereden und versprechen wir vorgenannte Churfürsten, Fürsten, Grafen und Räthe der Städten, bey unsern Ehren, Würden, wahren Worten, und guten Treuen, an Eidesstatt für uns und unsere Erben oder Nachkommen, in und mit Kraft dieses gegenwärtigen Briefs, wahr, stet, vest und unverbrüchlich zu halten, dem gänzlich nachzukommen und zu geleben, darwider nichts zu thun, noch schaffen gethan zu werden, in kein Weis noch Weg: alles ehrbarlich, getreulich und ungefehrlich. Und des allenthalben zu mehrer Urkund, Sicherheit und Bekräftigung, so haben wir obgemeldte Churfürsten, Fürsten, Grafen und Städte unser Insigel, als wir Herzog Johannes Churfürst, für uns und unseren Sohn Herzog Hans Friederichen zu Sachsen, ꝛc. und Herzog Ernst für uns und unsere beyde Brüder Herzog Otten und Franzen zu Braunschweig und Lünenburg an diesen Brief wissentlich thun henken, und geben Montags, nach Sonntag Invocavit, nach Christi, unsers lieben Herrn, Geburt 1532. Jahr.* Als nun diese Pündtnuß vast zugenommen, haben sie eigen Versammlungs-Täg ausgeschrieben, und allweg dahin geratschlaget und beschlossen, daß sie bey dem Lutherischen und Zwinglischen Glauben bleiben, und welchem Stand von des Glaubens wegen Leid sollte widerfahren, daß sich die ganze Pündtnuß seinen mit Leib und Gut annehme, und haben darauf Ober-Hauptleute geordnet, nemlich Herzog Johann Friederichen, den Churfürsten von Sachsen, und den gemeldten Landgrafen aus Hessen, welche beyd Fürsten viel Unter-Hauptleut, und andere Diener zu Roß und Fuß, mit jährlichem Wartgelt bestellt haben, damit man im Fall der Noth gerüst wäre, auch viel Geschütz und Munition zugerüst, welchen Unkosten gemeine Ständ durch Anlagen jährlich und sonst erlegt haben. Es haben sich auch alle Ständ im ganzen Reich, sie seyen gleich in dieser Pündtnuß gewesen oder nicht, mit bauen und sonst zur Gegenwehr gerüstet. Ab solcher Pündtnuß hat der Keyser nicht kleines Mißfallen getragen und empfangen, hat sich derohalben unterstanden auf den Reichstägen, deren er etliche und fürnemlich von dieser Spaltung wegen

---

* Hortleder setzet in den Ursachen des Teutschen Kriegs VIII. B. 8. Cap. das 1531. Jahr an. Add. *Hospiniani Hist. Sacr.* Tom. II. p. m. 123. in fine.

des Costanzer Sturms.  529

gen gehabt, auch grossen Kosten angewendt, solche Glaubenssachen zu verrichten; aber es hat kein Theil dem andern nichts nachgeben wollen, daß also der Keyser aus Nothdurft, dieweil er nicht weiters schaffen mochte, Fürsehung thun mußte, daß niemand dem andern Gewalt thäte: dann grosser Unwillen und Zweytracht zwischen vielen Ständen im Reich war: also haben sich von dem 31 bis auf das 41. Jahr, neun Jahr verloffen, darinn der Keyser etlich Reichstag gehalten, wie oben gehört.

**Türkenzug. Herzog Heinrich von Braunschweig greift die Stadt dieses Namens an. Er ergiebt sich dem Landgrafen.**

Anno 1542. haben die Reichs-Ständ einen gemeinen Pfenning geben müssen, der im Jahr darvor zu Speyr auf dem Reichstag durch die Ständ bewilliget war, welches Gelt zu einem Türken-Zug gewendt, und ist ein groß Volk zusamen kommen, und für Pest in Ungarn gezogen; was sie da geschaffet, ist kundbar; GOtt erbarm es, wenig ist ausgerichtet. In jezgemeldtem 42. Jahr hat Herzog Heinrich von Braunschweig, der Stadt Braunschweig, wie vielleicht vor mehr, Ungemach und Leid zugefügt. Nun war die Stadt in der Schmalkaldischen Pündtnuß, also haben sich die von Braunschweig solcher Beschwernuß bey den Ober-Hauptleuten der Schmalkaldischen Pündtnuß beklagt. Als sich nun befand, daß solch Ungemach ihnen von dem Herzogen

Ll 3                        allein

allein von des Glaubens wegen zustuhnd, ist bey den Pundtsgenossen bald der Schluß ergangen, der Tyranney des Herzogen zu zusehen nicht gut seyn, und haben darauf die Pundts-Verwandten viel Kriegsvolk zu Roß und Fuß angenommen, mit dem sie dem Herzogen in sein Fürstenthum gezogen, die Städt und Land mit Gewalt eingenommen, dann sich der Herzog nicht lange im Land gesäumt; zuletzt haben sie die Veste Wolfenbeutel belagert, und ernstlich mit grossem Geschütz beschossen, ist über etliche Tag aufgegeben worden, daß also das ganze Land in kurzer Zeit gewunnen, und durch die Pundts-Ständ besezt, und in Glaubens- und andern Sachen alle Ding ordinirt worden. Als aber jezt Herzog Heinrich seines Landes vertrieben, hat er sich hin und wieder im Reich dessen beklagt, und sonderlich bey dem Keyser, welcher damals nicht im Teutschland war. Nun stuhnd die Sach also schier zwey Jahr an, das mancherley Sachen und Pratiken vorhanden. Aber Anno 1544. hat Herzog Heinrich samt seinen zwey Söhnen ein stattlichen Haufen Kriegs-Volk zu Roß und Fuß zusammen gebracht, und haben sich unterstanden, das Land Braunschweig wiederum einzunehmen. Als aber die Ober-Hauptleute der Pundtnuß solches gewahr worden, haben sie in der Eil ein Volk zusamen gebracht, und sind dem Herzogen entgegen gezogen. Als sie nun im Feld nahe zusammen kommen, ist Herzog Moriz von Sachsen, so des Landgrafen von Hessen Tochtermann gewesen,

geſen, mit einem KriegsVolk ſeinem Schwä-
her zugezogen; da es nun dahin kam, daß ſie
einandern unter die Augen gezogen, hat ſich ge-
nannter Moriz ernſtlich geübt, daß es nicht
zum Treffen käme; iſt doch der Landgraf mit
ſeinem Volk gar truziglich auf den von Braunſchweig gezogen. In dem hat ſich der von
Braunſchweig auch zur Sach geſchikt, aber der
Landgraf hat im Antreffen ſo viel Vortheils bekommen, daß Herzog Heinrich mit ſeinem
Kriegsvolk in Gefahr kommen, alſo daß er
ſamt ſeinem Sohn Carle Victor auf Herzog
Morizen Anſprechen ſich dem Landgrafen ergeben, welcher ſie gefangen angenommen, und
ihnen ihr Leben gefreyet, auch ſie fürſtlich in
dem Gefängnuß zu halten verſprochen. Gleich
nach ſolchem haben die Ober-Hauptleute mit
Rath der Pundtsgenoſſen die beyden gefangenen
Fürſten verwahret: ab welcher Handlung die
Geiſtlichen einen groſſen Schreken empfangen;
dann ſie gar groſſe Hoffnung gehabt, gemeld-
ter Herzog von Braunſchweig ſollte (wie er
dann ein truziger Fürſt war, und ſich mit allem Ernſt wider den Lutheriſchen Glauben ſez-
te) ihnen, den Geiſtlichen, ihre Sachen wiederum in ihren vorigen Stand bringen: Aber
es überkam in ganz Teutſchland ein ſolches Anſehen, als wollte des Pabſts und der ganz
Pfaffen-Handel zu Grund gehen; dann es
kamen täglich mehr Ständ in die Pündtnuß,
es thaten auch täglich Fürſten und Herren in
ihren Oberkeiten die Meß ab.

Reichstag zu Worms. Der Schmalkaldische Pundt sollte ein End nehmen. Wie die Sachen im Reich beschaffen.

In diesen Zeiten hielt der Keyser einen Reichstag zu Worms, darinn er sich vast mit den Glaubens-Sachen bemühet, und begehrt von den Ständen Bewilligung in ein Concilium; das wollten aber die Ständ nicht anderst bewilligen, dann das es in teutscher Nation gehalten wurd, und ein frey sicher General-Concilium seyn sollte, und könnten sich also der Keyser und die Ständ nicht wol vergleichen. Zulezt begehrte der Keyser an die Ständ, sie wollten ihm wider den König von Frankreich Hilf beweisen, in Ansehung, daß der Franzos sich mit den Türken in einen Verstand eingelassen: Damit nun die Ständ des Keysers Huld möchten behalten, haben sie die Hilf bewilliget, und bald nach solchem erstattet, aber durch solches den König von Frankreich auf sich geladen. Als nun der Krieg mit Frankreich geendet, also daß ein Vertrag zwischen dem Keyser und Franzosen aufgerichtet, hat auch der Römische König mit dem Türken auf etliche Jahr lang einen Anstand des Kriegs gemachet. Nun rukte die Zeit herzu, daß die Schmalkaldische Pündtnuß ihr End sollte erreichen, namlich auf Invocavit Anno 47. da hat die Stadt Augspurg ein Rathsbottschaft zu den fürnehmsten Ständen im Oberland in der Stille und vertrauter Meinung abgefertiget, und sie ernstlich vermahnen lassen, wieder

der in die Pündtnuß zu gehen, mit Erzehlung, was grosser Gefahr und Sorg darauf stehen wurde, so diese grosse treffliche Pündtnuß sollte zerstört und zertrennt werden: gleicher Gestalt soll in Sachsen, Hessen und Seestädten geschehen seyn. Es ist auch zu Frankfurt auf einem Pundtstag berathschlaget, wie ermeldte Pündtnuß, so vormals 16 Jahr lang geschworen war, (sie war erstlich auf sechs Jahr gesezt, aber am Michälis Tag 1536 zu Schmalkalden auf zehen Jahr erneuert,) wieder auf ein neues möchte erstrekt und weiter geschworen werden. Als nun die Bischöff nnd Geistliche solches gehört, haben sie wol ermessen können, was ihnen daraus erfolgen wurd, und haben mit grossem Ernst solicitirt bey dem Keyser, er wolle solcher Erstrekung der Pündtnuß vorkommen: Also hat der Keyser Anno 1545. sich gen Speyr verfügt, und den Landgrafen zu ihm bescheiden. Als nun der Landgraf gen Speyr kommen, ist er etliche Stund allein bey dem Keyser gewesen; was der Keyser mit ihm gehandelt, mag niemand wissen; aber bey vielen ist ein grosser Argwohn, der nachgehende leidig Krieg seye durch den Landgrafen daselbst practicirt worden: mag seyn oder nicht. Aber der Landgraf hat gleich den Ständen zugeschrieben, aus was Ursachen ihn der Keyser erforderet habe, namlich daß der Keyser ihn ernstlich ermahnet, die Pündtnuß nicht weiter zu erstreken, welches er aber nicht habe wollen eingehen. Nun stuhnden im ganzen Reich die Sachen also: Es waren in obbemeldter Pündtnuß viel

Für-

Fürsten, Grafen, Herren, freye Adels-Personen, und vast alle nammhafte Städt im Reich, und waren die Sachen also fürsehen und angericht, daß sich niemand besorget einiches Gewalts, sondern vielmehr hoffte männiglich, es wäre von GOtt also angesehen, daß nunmehr der Pfaffen Uebermut sollte ein Ende haben. Nun waren die von Costanz in der Pündtnuß in hohem Ansehen, und wiewol dennoch der mehrere Theil der Städte ihre Kirchen-Zierden hinder sich behalten, hatten doch die von Costanz solche Ding alle zerbrochen, und ab dem Weg gethan, auch die Pfaffenpfrund-Häuser und Gärten verkauft, und hernach aus solchem Einkommen die Prädicanten, Schulmeister, auch etliche junge Knaben auf den Universitäten erhalten, und sich allweg also in den Handel geschikt, daß man sich auch entschlossen, den Bischoff und das ganze Stift mit aller Pfaffenheit nimmermehr in die Stadt zulassen. Nun war es jezt von dem 27. Jahr bis auf das 45. Jahr angestanden, traf 18. Jahr, derhalben bey niemand kein Zweifel mehr war, daß sie wieder in die Stadt wurden kommen.

*Der Keyser beschreibt einen Reichstag gen Regenspurg. Niemand von dem Schmalkaldischen Pundt erscheint auf demselben, sondern rüsten sich zur Gegenwehr.*

Als nun jez jederman vermeinte, der Keyser wurde mit keinem Gewalt gegen den Schmalkaldikaldischen etwas unterſtehen und fürnehmen, da beſchreibt der Keyſer einen Reichstag gen Regenſpurg Anno 1546. Was der Keyſer auf demſelben Reichstag Vorhabens ſeye geweſen zu machen, weiß ich nicht; doch gedenke ich, das möchte die Urſach ſeyn: Das Keyſerliche Kammer-Gericht zu Speyr hatte gegen etlichen Ständen, ſo in der Pündtnuß waren, gefahrlicher Weis procedirt mit den Rechten: da vereinten ſich die Ständ, daß ſie auf einen beſtimmten Tag durch ihre Geſandte zu Speyr vor dem Kammergericht mit Uebergebung der Schriften das Kammergericht recuſiren, und nicht mehr für Richter erkennen wollten, welches ein groß treffenlich Ding war: dann es möcht niemand im ganzen Reich, in Sachen, ſo für das Kammergericht gehörten, mit den Schmalkaldiſchen zurechte kommen. Als nun der Keyſer gen Regenſpurg kam, und vermeint, es ſollten die Fürſten und Ständ auch kommen, da kamen der Schmalkaldiſchen ſchier gar niemand, davon der Keyſer zur Ungedult bewegt, und von Stund an in teutſchen und welſchen Landen Kriegsvolk zu Roß und Fuß annehmen laſſen, ungefehr 10. Tag vor Joannis Baptiſtæ, im 46. Jahr. Wie nun die Schmalkaldiſchen ſolches gewahr worden, haben ſie ſich gleich (wiewol der Keyſer den Städten zu entbotten, ſie ſollten ſtille ſizen, er wolle ihnen nichts zufügen, ſondern allein zween Fürſten ſtrafen) mit allem Ernſt zum Krieg gerüſt, und gar in wenig Tagen ein groß Volk nicht weit von Ulm zu wegen gebracht, auch

die

die Oberländischen Städt ihre Gesandten gen Ulm geschikt: Allda ist bald berathschlaget worden, daß Herr Sebastian Schertlin mit einem Haufen zu Roß und Fuß in das Algäu gezogen, und das Städtlein Fiessen, und folgends die Claus Erenberg eingenommen, und da sich das Schmalkaldisch Volk täglich stärkte, da kam ein Schreken in die Geistlichen, also daß sich die Bischöff in gute gewahrsame Ort machten. Und wiewol der Schertlin im ganzen Innthal einen Schreken gemacht, also daß die Regierung zu Insprugk sich zur Flucht gerüst hatte, so ist er doch von der Claus wieder hinder sich durch des Bischoffs von Augspurg Land, welches er alles eingenommen, dem Haufen zugezogen. Nun war noch niemand weder aus Sachsen, Hessen oder den See-Städten herauf gekommen; aber die Posten giengen stetigs, daß man täglich wußte, wie sie sich auch vast rüsteten. Mittlerzeit bracht der Keyser ein groß Volk zusammen; was aber alle Tag an einem ieden Ort gehandelt, wird von mir nicht, aber von andern, beschrieben.

### Wie die Sachen damals zu Costanz stuhnden.
#### Historie des Schmalkaldischen Kriegs.

Doch stuhnden die Sachen zu Costanz also: Es ordnet ein Rath etliche Bürger, die nahmen zu Costanz und anderstwo der Pündtnuß Knecht an: so liessen auch die von Costanz des Keysers Kriegsvolk paßiren. Nun hatten die Kammer-Räth zu Ulm etliche Hauptleute aus den

den Eidgnossen bestellt, die nahmen der Pündtnuß zu Costanz die Schweizer an, und führt
man sie in Schiffen gen Lindau, daß also gar
viel Volks hierdurch zog. Mittler Zeit hatte
der Churfürst aus Sachsen, und Landgraf aus
Hessen ein groß Volk zusammen gebracht, und
kamen mit gar grosser Rüstung herauf: da
meint niemand, daß es den Schmalkaldischen
mehr fehlen konnte. Als nun das Volk alles
zusammen kam, da lag der Keyser noch zu Re-
gensburg, und zog ihm auch viel Volks zu:
also nahm der Pundt Donnawerd, Neuwenburg
und den Rhein ein. Als nun die Schmalkaldischen ihr Volk zusammen gebracht, ist der Hauf
geschäzt worden über die hundert tausend zu
Roß und Fuß, auch ein trefflich Geschüz und
Munition; da hat sich der Herzog Wilhelm
aus Bayern neutralisch erzeigt, und keinem
Theil sich anhängig gemacht, wie auch die von
Nürenberg und etliche andere Städt gethan
haben. Nun war Ingolstadt vom Fürsten aus
Bayern besezt, dieselbig Stadt ließ der Landgraf hinder ihm, als er sich mit dem ganzen
Haufen erhebt, und auf Regenspurg zugezogen war, ohne Zweifel dem Keyser da zu begegnen. Wie nun der Landgraf Ingolstadt,
wie gemeldet, nicht eingenommen, als er doch
wol hätte mögen, schikt der Keyser gleich ein
Volk in Ingolstadt, daß es straks besezt ward.
Und als der Landgraf auf der einen Seiten
an der Donau bey Regenspurg hinabrukt, da
zeucht der Keyser schnell unversehens auf der
andern Seiten herauf, und nimmt mit allem
Volk

Volk Ingolstadt ein, und verschanzt sich so gewaltig, daß er sich da laßt finden. Der Landgraf wird gewahr, daß der Keyser die Donau aufgezogen ist, und wendt sich mit allem Volk aufwärts; da hab ich von einem, der dabey gewesen, gehört, daß im Nortgäu des Landgrafen Haufen drey Tag lang dermaßen verirrt, daß er vermeint, ein klein Volk hätte sie geschlagen: da wurde von vielen geachtet, es seye vom Landgrafen nicht ohne Gefahr geschehen. Nun hatte sich der Keyser zu Ingolstadt, in und vor der Stadt wol vergraben. Der Landgraf schluge sein Lager nicht weit von Ingolstadt, und hätte gern samt seinem Volk geschlagen, und die Keyserischen herausgelokt, fieng auch an, in des Keysers Lager zu schießen etlich Tag, also stark, daß es schier nirgends erhört ist: aber es war vergebens; wiewol man sagt: Hätte der Landgraf noch drey Tag laßen schießen, so wäre der Keyser von Ingolstadt gewichen. In solchen Zeiten ist der Herr von Beuren, so von der Königin Maria mit einem großen Zug zu Roß und Fuß dem Keyser zu Hilf geschikt war, an den Rhein kommen, und haben die Schmalkaldischen die Sach übersehen, daß der Herr von Beuren in wenig Tagen mit allem seinem Volk über den Rhein gerukt. Als nun der Landgraf solches gemerkt, ist er von Ingolstadt abgezogen, der Meinung, dem von Beuren den Weg vorzuziehen, daß er zum Keyser nicht mochte kommen: aber es war umsonst; es sind die beyde Haufen zusammen kommen, und dermaßen

**des Coſtanzer Sturms.**

maſſen ſtark worden, daß ſie, die Keyſeriſchen, des Landgrafen Zeug nicht mehr entſeſſen: Nach ſolchem haben ſie einandern hin und wieder getrieben, und hat viel Leut auf den Scharmüzeln gekoſtet; doch ſo iſt kein Angriff zu einem rechten Streit nie beſchehen. Mittlerzeit iſt die Claus Erenberg durch die Tyroliſchen wiederum eingenommen worden, darab die Städt, ſo hieoben im Land, einen Schreken empfangen, alſo daß von Stund an etliche Fändlin-Knecht aus den Städten herauf geordnet worden, zu welchen Coſtanz und Lindau auch ein Fändlin ſchikten, die zogen der Claus zu, der meinung, ſo ein Volk heraus wollte, daß ihm der Paß geſpeert wurde; ſind nicht lang daoben blieben, nemlich von Coſtanzer Kirchweih an bis ungefährlich um Martini. Zwiſchen dieſen Zeiten hat der Keyſer etlichen Fürſten und Ständen ernſtlich mandirt, die Schmalkaldiſchen mit der Acht, darin er ſie gethan, zu perſequiren. Auf ſolches hat Herzog Moriz von Sachſen dem Churfürſten Herzog Hans Friederichen, auch aus Sachſen, ſeinem Oheim, ohnangeſehen aller Freundſchaft, gewaltiglich ſein Land und Leut angegriffen, und deſſelben viel eingenommen. Als nun Herzog Hans Friederich, der dazumal bey dem Landgrafen hieoben in Schwaben ſamt ihm Heerführer war, hat er nicht gleich können aus dem Feld, und ſeinem Lande zuziehen, ſondern hat alſo verharret, unangeſehen, wie es ſeinem Land und Leuten gienge, und iſt mitlerzeit der Winter herzugerukt.

Nun

Nun ist zu wissen, daß sich niemand unterstanden, diesen Krieg zu richten; so hatten die Schmalkaldischen, wie oben gehört, ein trefflich groß Volk beysamen gehabt, darauf ein groß Gelt gegangen. Als nun die Städt anfiengen müde zu werden, und das Gelt nicht mehr so glatt möchten erlegen, zu dem der Winter vorhanden, da haben sich die beyden Fürsten, Sachsen und Hessen, mit den Ständen verglichen, wie viel Kriegsvolk über den Winter sollte erhalten werden, zu Besazung etlicher Städte und sonsten, und sind sie, die Fürsten, vor Giengen mit ihrem Volk abgezogen, da ist ihnen der Keyser nachzogen, und ist der ander Hauf auch zerloffen. Da sollten die von Ulm darzu gethan haben, daß die abgeredte Anzal Volks wäre behalten worden, ist aber nicht beschehen, wiewol sie von denen von Costanz und andern dessen erinneret worden; dann es trugen etliche Städt die Fürsorg, es möchte sich der Keyser bald wenden, und die blossen Städt übereilen. Die von Ulm liessen sich gegen etlichen Städten hören, sie wöllten die Städt fürderlichen beschreiben, und alle Nothdurft berathschlagen und fürsehen helfen: Indem ist eine Red erschallen, als wenn die von Ulm ihre Gesandten bey dem Keyser haben, darauf die von Costanz und andere ihnen zugeschrieben, was von ihnen geredt werde, dessen sie aber nicht gestehen wöllen. Gleich nach solchem hat sich der Keyser gewendet, und ist mit allem Volk auf Schwäbischen Hall gezogen, die auch in der Pündtnuß gewesen, und hat

hat dieselbige Stadt schnell eingenommen, folgends auf Heilbronn gezogen.

**Lindau schikt Gesandte an Costanz. Ulm wird vom Keyser zu Gnaden aufgenommen. Deren von Costanz Berathschlagung hierüber.**

Gleich in diesen Tagen, nemlich in Weyhenachts-Feyertagen, Anno 1546. ungefährlich um Mitternacht, kamen vier die Vornehmsten des Raths zu Lindau in einem Jaxdschiff allhier gen Costanz, und zeigten in einem Rath, so zu Nacht gehalten ward, an, wie daß die von Ulm eine Bottschaft zu ihnen geschikt hätten, wie ohne Zweifel dieselbige Bottschaft Morgen am Tag hierher auch kommen werde; und hätten einem Rath zu Lindau ohngefährlich ein sölche Meinung fürgebracht: Nachdem die beyd Fürsten Sachsen und Hessen aus dem Feld gezogen, und sonsten sich auch die Sachen also angelassen, daß sie, die von Ulm, dieß leidigen Kriegs in grossen Schaden und Nachtheil kommen, ihnen seyen viel guter Dörfer verbrennt, so ruke der Keyser mit grossem Gewalt wieder herzu, derhalben sie sich nichts anders versehen können, dann eines grossen Ueberfalls: derhalben sie verursachet, auf etlicher guten Freunden Unterhandlung, ein Bottschaft zu dem Keyser abzufertigen, und seyen durch die Unterhändler dahin befördert, daß sie von dem Keyser zu Gnaden aufgenommen, und habe der Keyser einen Tag, als nemlich auf den Neuenjahr-Abend, angesehen, in die Stadt Ulm; da verhofften sie, die von Ulm, welche Städt mit ihren Bottschaften auf ermeldten Tag werden erscheinen, mögen auch zu Gnaden kommen: solches thüen sie guter, freundlicher Meinung den Städten kund: doch sollen sie, die Städte, ihre Gesandten in schwarzes bekleiden. Als nun die Herren von Lindau solches in dem Rath anzeigten, waren sie ganz unmuthig, und sagten: Daß ihnen deren von Ulm Handlung gar nicht gefallen; begehrten, ein Rath allhie wollte die Sach erwegen, und wessen sich ein Rath hierinnen verhalten, ihnen dasselbig zu verstehen geben. Gleich wurden die Gesandten in die Herberg bescheiden. Als nun ein Rath von denen Sachen redet, ward es von vielen denen von Ulm nicht in gutem verstanden: aber nach langem Disputieren ward erfunden, es sollte ein Schreiber mit einer Rathsbottschaft gen Ulm auf gemeldten Tag geschikt werden, und der sollte allda vernehmen, wie sich andere Städt halten, und alle Sachen anlassen wollten. Also haben die von Lindau auch gethan; da seyen auf denselben Tag fast alle Städt im Oberland mit ihren Bottschaften kommen, ausgenommen, Straßburg, Augspurg, Costanz und Lindau.

des Coſtanzer Sturms.

Coſtanzer werden vermahnet, ſich mit dem Keyſer zu verſöhnen. Dieſes können ſie nicht thun. Sie ſchiken Botten an den Churfürſten in Sachſen. Dieſer wird gefangen.

Nun ſchikten gen Coſtanz an einen Rath etliche Herren ihre Bottſchaften, mit Erbietung, daß ſie bey dem Keyſer wollten fürderſam ſeyn, damit die Stadt zu Hulden komme; als nemlich: Herr Hans Baumgartner; item: Herr Wilhelm Trukſeß; item: Herr Abt von Weingarten, und andere. Aber ein Rath vermeinte, es wäre unverantwortlich, dieweil Invocavit im 47 Jahr noch nicht vorhanden, darauf, wie gemeldet, die Pündtnuß ausgehen, und ein Rath ſich zuvor deren ſollte begeben: derhalben ward den Herren auf ihr Erbieten aufzügige Antwort gegeben. Ungefährlich auf Lichtmäß Anno 47 wurden auch Straßburg, Augſpurg und Lindau ausgeſöhnt. Die von Coſtanz wurden mit klein und groſſen Räthen, auch ganzer Gemeind deſſen entſchloſſen; ſo viel ſie mit Ausſöhnung könnten in Verzug bringen, das hielten ſie für das beſte, und war aber bey denen, ſo dieſen Weg erfunden, das ihr Grund und Urſach: Es waren die beyd Fürſten Sachſen und Heſſen noch mit ihrem Kriegsvolk im Feld, und that der Churfürſt von Sachſen etliche Treffen, da es ihm gar wol glüket, da hatten die noch Hoffnung, das Spiel möchte ſich wenden. Aber ohngefährlich in der Faſten des gemeldten Jahrs ließ ein

Rath mehr als 25 Artikel stellen, warum die Stadt Costanz die Aussöhnung nicht, wie andere Städt, könnte annehmen, dieselben gaben sie einem der Stadt Söldner oder Ueberreuter, daß er zu dem Churfürsten von Sachsen sollte reiten, und ihm die Artikel samt einem Schreiben vom Rath überantworten. Als nun der Söldner nahe gen Frankfort kommen, haben ihn des Herrn von Beuren Reuter ergriffen, und gen Frankfort geführt, allda er ein Zeit lang gefangen gelegen, und um 100 Thaler ranzionirt, auch alle Schreiben von ihm genommen, und dem Keyser überschikt worden. Nun war das Schreiben, so an Churfürsten stuhnd, ohngefährlich des Inhalts: Es wöllte ein Rath ihn berichten, aus was Ursachen die Stadt Costanz die Aussöhnung nicht könnte annehmen, darüber schike man ihm die Artikel, und begehre ein Rath an ihn, so fern er, der Churfürst, bey dem Keyser wurde ausgesöhnt; er wöllte dieser Stadt auch eingedenk seyn, und ihre Sachen zum besten helfen richten. Nun ist übel zu besorgen, als dieselben Artikel dem Keyser worden, haben sie mehr Ungnad, dann Gnad geschafft, dann etliche darunter etwas scharf. Als nun ein Rath berichtet ward, daß der Söldner gefangen, ward gleich ein anderer zu Fuß mit gleichem Schreiben abgefertiget, der ist nun in des Churfürsten Ldger kommen, und hat das Schreiben überantwortet, und wieder Schreiben von dem Churfürsten an einen Rath empfangen, und Morgens seinen Weg wieder auf
Co-

## des Costanzer Sturms.   545

Costanz nehmen wollen: Also ist Morgens der Angriff von den Keyserischen geschehen, da der Churfürst an St. Jörgen Tag im 47 Jahr übel verwundt und gefangen worden, es sind auch viel guter Leute in diesem Angriff umkommen; es ist auch der Fußbott verwundt mit den Briefen allher kommen.

Neue Vermahnung an die von Costanz, sich bey dem Keyser auszusöhnen. Sie hätten sich endlich gerne aussöhnen lassen. Der Keyser läßt ihre Güter arrestiren. Ausschreiben deßwegen. Costanz will noch nicht daran.

Nach dieser Handlung haben etliche Nachbauren abermals an einen Rath lassen langen, und ihn vermahnet, sich und die Stadt in Aussöhnung einzulassen, in Ansehen des Keysers Macht und Glük: sonderlich aber hatte der Abt von Weingarten zu einer Aussöhnung helfen wollen, daß die Stadt dessen wenig Beschwerd sollte haben. Man wollt aber hie nicht glauben, daß der Churfürst gefangen wäre: da es aber schon kundbar gnug war, wollt dennoch ein Rath zu der Aussöhnung nicht Lust haben. Doch nach langem erkießt ein Rath Doct. Georg Giengen, Landvogt in Schwaben, und Herrn Hs. Jakoben von Landau, Landvogt zu Nellenburg, zu Unterhändlern, als zu denen ein Rath ein sonders Vertrauen hatte, daß sie der Stadt guts gonnten. Nun beschah viel Schreibens hin und wieder, die sie zum Theil an den Keyserischen Hof und die Antworten einem Rath auch zuſchikten. Aber die beyde Herren Unterhändler fiengen an merken, daß ein Rath für und für Aufzug ſuchte, und wurden etwas ungedultig, alſo daß ſie ſich in ihrem Schreiben verſtehen lieſſen, daß man die Münz zu Hof auch kenne. Nach ſolchem hätte ein Rath gerne geſehen, daß der Römiſche König ſich der Ausſöhnung hätte angenommen; es ward auch an ihr Majeſtät gebracht, aber der König hat geſagt: Ihm gebüre nicht dem Keyſer vorzugreifen, ſonſt ſeye er der Stadt Coſtanz wol geneigt. Mit dieſen Schreiben und Sachen iſt der Sommer im 47 Jahr hingegangen. Als nun der Keyſer merkt, daß die von Coſtanz allein Aufzug ſuchten, mandirt er allen Nachbauren, daß ſie mit denen zu Coſtanz nichts zuſchaffen haben wöllen und ſollen, auch ihre Güter in Kraft der Mandaten aufhalten, und hatte der Keyſer dieſe Arreſtation neben andern, ſo unſerer Stadt nahe gelegen, auch Graf Friederichen von Fürſtenberg zugeſchikt, wie hernach zu vernehmen. Wir Carl, der V. von GOttes Gnaden Römiſcher Keyſer, zu allen Zeiten Mehrer des Reichs, in Germania, zu Hiſpania, beyder Sicilien, Jeruſalem, Hungarn, Dalmatien, Croatien, ꝛc. König; Erzherzog zu Oeſterreich; Herzog zu Burgund; Graf zu Habſpurg, Flandern und Tyrol, entbieten dem wolgebornen unſerem und des Reichs lieben, getreuen Friederichen Grafen zu Fürſtenberg, Heilgenberg und Werdenberg, unſerm Rath, unſer Gnad und alles Guts. Wolgeborner,

borner, Lieber, Getreuer: Als Burgermeister und Rath der Stadt Costanz in nächstverloffenem 46 Jahr, der mindern Jahrzahl, unangesehen unserer gnädigen Erinnerung, Vermahnung und Tröstung, die wir ihnen damals neben andern unsern und des Reichs Städten und Ständen gethan, auch unserer Achts-Erklärung gegen Sachsen und Hessen, als damalen unsern Ungehorsamen, allenthalben in Druk ausgangen, sondern dem allem zuwider und entgegen, und in Vergeß der Pflicht und Verwandtnuß, damit sie uns, als Römischen Keysern, ihrer natürlichen, höchsten weltlichen Oberkeit zugethan, sich gegen uns in offne Ungehorsame, Rebellion, Abfall, Empörung und Aufruhr, ohne einige befügte Ursachen, allein aus eigenem frefentlichem Muthwillen eingelassen und begeben; und darzwischen nicht allein andere unsere und des Reichs gehorsame Ständ, Glieder und Verwandten, an ihrem Haab und Gütern, sondern auch unser Selbst-Person und Keyserliche Majestät in mehrerley Weg zum höchsten beschweren, beleidigen und verlezen helfen. Und wiewol ihnen unverborgen, daß der mehrere Theil, und vast alle andere dieser Landsart Ständ und Städt, so dieser Sachen damals verwandt gewesen, sich von solcher unbefügten Handlung abgesöndert, und in unsern, als Römischen Keysers, gebürlichen, schuldigen Gehorsam begeben, auch Gnad und Huld bey uns gesucht und gefunden haben: So sind doch nichts destoweniger sie, die von Costanz, vor andern auf ihrer fürsezlichen, verstokten Rebellion und Ungehorsame beharrlich verblieben, und noch. Und dieweil sie je für sich selbst nichts anders und ferners gegen uns ausrichten konnten, haben sie dennoch zu Erzeigung ihres vergifften Gemüths die Hauptsächer und Rädliführer dieser nächstverschinenen erschroklichen Empörung und Aufruhr ein gute Zeit lang, uns zu höchster Verachtung, bey sich eingenommen, enthalten und durchgeschlaift; welches uns von ihnen nicht unbillich zu höchstem ungnädigen Mißfallen reicht. Und befehlen dir demnach von Römischer Keyserlichen Macht hiemit bey den Pflichten, damit du uns und dem heiligen Reich verwandt bist, und Vermeidung unserer schweren Ungnad und Straf ernstlich mit diesem Brief, und wöllen, daß du gemeldte Burgermeister, Räth, Burger, Einwohner und Gemeinde der Stadt Costanz samtlich und sonderlich, alldieweil sie in der bemeldten ihrer beharrlichen, verdammten Rebellion stehen, und unser und des Reichs Huld nicht erlangt haben, in deine Graffschaften, Herrschaften, Schlössern, Städten, Fleken, Aemtern, Gerichten, Oberkeiten und Gebiethen nicht einlassest, duldest, fürschiebest, durchschlaifest, schüzest, schirmest noch geleitest, auch ihnen samt und sonderlich weder Wein, Korn, Haber, Frücht, noch anders dergleichen, das jemand zu Aufenthalt, Hilf oder gutem kommen möchte, aus oder durch vorberührte deine Graffschaften, Herrschaften, derselben Oberkeit und Gebiethen, nicht zubringen noch zufüh-

### des Coſtanzer Sturms. 549

zuführen laſſeſt, noch ſolches deinen Unterhanen oder jemand anderm zu thun geſtatteſt, weder heimlich, noch offentlich, keineswegs: ſondern derſelben von Coſtanz aller, und ihr jeder Leib, Haab und Güter, wo die zu Waſſer oder Land ankommen und betretten, oder dir und deinen Amtleuten und Unterthanen angezeigt werden, und ſonderlich alle und jede Wein, Frücht, Getraid, Zins, Renten und Gülten, Gefälle und Einkommen, was ſie deſſen in deinen Grafſchaften, Herrſchaften, Gerichten und Gebiethen fallen haben, angreifeſt, aufhalteſt, niederlegeſt, arreſtireſt, verhafteſt, und bis auf unſern fernern Beſcheid innen halteſt und verwahreſt, auch ohne unſer Vorwiſſen und ausdrukliche Verwilligung ihnen, noch den ihren davon nichts folgen noch wiederfahren laſ ſeſt, und ſolches alles alſo thüeſt, und bey deinen Amtsleuten, Hinderſäſſen und Unterthanen zu geſchehen verſchaffeſt und verfügeſt; wie ſich dann wider ſolchen freventlichen, muthwillig-beharrlichen Ungehorſam und Rebellion zu thun gebührt, und in dem allem nicht ungehorſam ſeweſt, noch anderſt thüeſt in keinerley Weg, damit wir nicht verurſachet werden, gegen dir ob berührte Pœn und Straf zu handeln und zu vollführen: Das iſt unſer ernſtlicher Will. Geben in unſer und der Reichs-Stadt Augſpurg, unter unſerm aufgedrukten Inſigel, am 3. Tag November, nach Chriſti unſers lieben Herrn Geburt 1547. unſers Keyſerthums im 27. unſers Reichs im 32 Jahr.

Nun dergleichen Mandat haben die Amtleute der Reichenau zum allererſten zu Vollmatingen, auf den 26 Tag October, im 47 Jahr verkündigen laſſen, ehe daß ſie dem Rath allhie einiche Meldung davon thaten. Gleich nach ſolchem ſchikten vaſt alle Nachbauren ihre Bottſchaften für den Rath hieher, und entſchuldigten ſich, daß es ihnen von Herzen leid, und ſie es nicht gern thäten: doch müßten ſie in dieſem Fall dem Keyſer gehorſam ſeyn; mit ernſtlichem Ermahnen, daß der Rath allhie die Sach bas bedenken wollte, es möchte gemeiner Landsart viel Unraths erfolgen; mit angehenktem Embieten: ſo ſie etwas guts darzu thun könnten, daß die Stadt Coſtanz auch zu der Ausſöhnung komme, daß ſie nichts erwinden laſſen wöllten. Aber es war alles umſonſt; dann eines Raths Meinung im Grund auf dem ſtuhnd: Man meinte, der Keyſer wollte die Religion gar austilken, da wollte ſich ein Rath allhie der Religion halb nichts begeben: Derhalben wir zu Coſtanz alſo denſelbigen Winter in Mandaten ſteketen, daß niemand zu uns, und wir auch zu niemands wandelten, ausgenommen die Eidgenoſſen.

Reichstag zu Augſpurg. Der Keyſer giebt dem Rath zu Coſtanz das Geleit dahin. Inſtruction der Geſandten. Dero Schreiben an den Rath. Wie es inzwiſchen zu Coſtanz zugieng.

Auf den Frühling des 48 Jahrs beſchreibt der Keyſer einen Reichstag gen Augſpurg, und

und da ward durch die Unterhändler dennoch so viel gehandelt, daß der Keyser einem Rath allhie in der Karrwochen des gemeldten 48 Jahrs ein Gleit zugeschikt, daß sie ihre Gesandten gen Augspurg möchten abfertigen. Als nun das Gleit im Rath verlesen, da waren etliche im Rath, die sagten: Es wäre ihnen lieber kein Geleit kommen, wollten lieber also in Mandaten bleiben, dann wie andere Städt ausgesöhnt werden. Ein Rath saß über das Gleit, und disputirt hin und wieder; es wollt nicht jedem genugsam seyn, sondern es meinten etliche, es stekte ein heimlicher Hinderlist und Gefahr dahinter, also, daß wann die Gesandten die Aussöhnung nicht wurden annehmen, wie der Keyser wollte, so möchten sie vielleicht mit Lieb nicht wieder heimkommen. Doch nach langem, als man mehr dann 2 oder 3 Tag darob Rath gehalten, und Herrn Hans Jakoben von Landau dessenthalben zugeschrieben, ward mit mehrerer Hand beschlossen, daß man es wollte wagen, und Gesandte ordnen, damit jederman genug geschehe. Aber ich glaub, daß der Vornehmsten im Rath Meinung im Grund also gestanden, daß sie nicht bedacht, einiche Aussöhnung anzunehmen; dann es hat sich im End also befunden: Es wurden auch solche Gesandte geordnet, zu denen sich ein grosser Theil der Burger gleich anders nichts versahe, dann daß sie die Sach zu keiner Aussöhnung befördern werden. Nun ein Rath redet von der Instruction, die man den Gesandten möchte geben, und ward nach lan-

langem Berathschlagen für das beste angesehen, daß man sich in des Keysers Huld und Gnad wollte ergeben, ohne alle Condition: und so der Keyser uns also aufnehmen, (wie man dann hoffte) und aber uns grosse Strafen und Beschwerden wollte auflegen, so wollte ein Rath Weg suchen, daß solches durch ansehnliche Leut zum Theil oder gar abgebetten wurde: so viel aber die Religion beträfe, wollte und könnte ein Rath nichts zugeben. Also ward jetzgemeldte Meinung in Schrift durch klein und groß Räth gestellt, und darzu die Gesandten auch verordnet; als nemlich: Herr Thomas Blaurer, als des Reichs-Vogt damalen, und Herr Peter Labhart, Zunftmeister im Roßgarten; denen beyden ward zugegeben, Hieronymus Heurus, als der, welcher der Lateinischen und Italiänischen Sprache kundig und wol erfahren; welcher Heurus auch des grossen Raths war; sie waren aber alle drey in der Lutherischen und Zwinglischen Religion ganz hizig, und redten alle drey in dem grossen Rath ernstlich: man sollt ihr nicht achten, und von ihretwegen kein beschwerliche Aussöhnung annehmen. Auf solches wurden alle Zünft beruft, und von klein und grossen Räthen in die Zünft geordnet. Da nun männiglichem des Keysers überschiktes Gleit, auch die Instruction, so ein Rath gestellt, zudem auch die Gesandten, so ein Rath verordnet, fürgehalten, und darauf ein Frag gehalten ward, ließ es die Gemeind, wie es der Rath geordnet, bleiben. Also auf den 23 Tag Aprill des 48 Jahrs
ver-

verritten die Gesandten. Ohngefähr nach drey
oder vier Wochen kamen Brief, daß sie für
die Keyserliche Räthe bescheiden wären, da sie
laut ihrer habenden Instruction gehandelt,
aber die Räth wollten solches nicht annehmen,
besonder wollte man mit ihnen conditionieren.
Auf solches ward ihnen zugeschrieben, sie möchten vernehmen, was des Keysers Meinung
wäre; da stuhnd es aber etliche Wochen an.
Zwischen diesen Sachen gieng es hie also zu:
Gleich nachdem die Gesandten verritten waren,
da ward der Burgermeister, Herr Sebastian
Gaißberg, krank, daß er nicht mehr in die Räth
gieng, und ward zum Statthalter geordnet
Zunftmeister, Baschion Bär; daß also von den
6 geheimen Räthen drey nicht vorhanden, als
der Burgermeister und die zwey Gesandte:
an derselben Stett erwehlte ein Rath zwey andere, und waren das die geheimen Räth: Baschion Bär, obgemeldt; Hans Wellenberg,
alter Burgermeister; Conrad Zwik; die zween,
so erwehlt, waren: Ulrich Hochrütiner, Hans
Kupferschmied, mit samt dem Stadtschreiber
Vögelin. Diese waren schier alle Tag beysamen, und so von den Gesandten Brief kamen,
saßen sie darob. Nun entstuhnd bey etlichen
des Raths und bey vielen in der Gemeinde ein
Argwohn, die geheimen Räth und die Gesandten verzugen mit Fleiß die Sach, vielleicht ohne
eines Raths Wissen; da merkten es die geheimen Räth, und begehrten, man wollte
ihnen mehr Herren zuordnen: also wurden
noch drey geordnet, nemlich Christoph Schult-
heiß,

heiß, Ludwig Kürnstaller, und Melchior Zündelin.

*Angetragene Capitulation des Keysers. Was den Gesandten darüber zugeschrieben worden. Bischoffs von Arraß ernstlicher Verweiß gegen Thomas Blaurer. Des Grafen von Fürstenberg Erinnerung an die Gesandten. Sie werden aufs neue vor die Keyserlichen Räth beschieden.*

Bald nach solchem kam von den Gesandten Schreiben und Capitulation, wie der Keyser die Stadt Costanz zu der Aussöhnung wollte kommen lassen. In dieser Capitulation waren alle Artikel genug beschwerlich, doch diese drey für die andern, nemlich, daß der Keyser bedacht, jezt und ins künftige einen Hauptmann in die Stadt zu sezen, den man jährlich mit 400 Gulden besolden solle; item: daß man den Bischoff mit aller Clerisey wieder in die Stadt, wie sie vor gesessen, sollte kommen lassen; auch was der Keyser mit den Ständen des Reichs in Religions-Sachen wurde verabscheiden, demselbigen zu gehorsamen. Als nun ob der Capitulation bey den Geheimen, auch bey einem Rath lang disputirt, ward den Gesandten zugeschrieben, um Nachlaß und Ringerung zu bitten. Als sie aber gebetten, hat der Bischoff von Arraß, der alle Sachen in des Keysers Namen handelte, ihnen nicht vast mildenBescheid gegeben, und sonderlich zu Herrn
Tho-

Thomas Blaurer gesagt: Namlich er, Blaurer, habe zu Costanz mit seiner Tyranney viel gehandelt, da solle er sehen, daß ers wiederbringe, oder es möchte ihm Leid werden, ꝛc. darauf sich Blaurer verantwortet. Zwischen diesen Zeiten hat sich begeben, daß Graf Friederich von Fürstenberg von Augspurg verreiten wollen, und zuvor die Gesandten von Costanz zu ihm berufen lassen, und ihnen ganz freundlich und ernstlich zugesprochen, und mit langem Erzehlen des Keysers Macht und Glük, daß sich alle Potentaten der ganzen Christenheit, auch bis an den Türken, zu seiner Majestät neigen, sie die Gesandten ermahnet, und darbey vermahnet: er sorge, sie helden und hoffen (die von Costanz meinende) an Ort und End, daß sie hernach gereuen werde: welche Meinung sie die Gesandten einem Rath, doch mit kurzen Worten, zugeschrieben. Nach wenig Tagen sind die Gesandten wieder für die Keyserlichen Räth bescheiden, und ihnen die Capitulation wieder, wie vor, zugestellt worden, mit dem Bescheid, daß die von Costanz in 8 oder 10 Tagen darauf Antwort geben, ob sie dieselbe wollen annehmen oder nicht. Als nun die Gesandten solche Meinung hieher geschikt, ist es erstlich durch die Geheimen berathschlaget, die wurden des zu Rath, welches ein Rath auch bleiben ließ; daß eine Supplication auf diese Meinung, wie bald hernach folget, gestellt wurde. Als nun dem grossen Rath die Supplication auch gefiel, da wurden alle Zünft berüft, und ihnen selbige auch fürgehalten.

Unwil-

## Unwillen unter den Burgern in Coſtanz. Die Prediger mißrathen die Ausſöhuung anzunehmen.

Nun war unter etlichen Burgern viel Unwillens, dann ſie ſpürten den Aufzug, und waren allerley Geſchrey. Man ſagte: man wurde uns gar in die Acht thun oder überzeuhen; dagegen ward geſagt: Der Keyſer dörfe, vermög der Erbeinigung, kein Kriegsvolk ſo nahe zu dem Schweizerland führen; doch vermeinten etliche der Vornehmſten im Rath und andere viel in der Stadt: obſchon der Keyſer etwas thätliches gegen der Stadt fürnehmen wollte, ſo wurden doch die Eidgnoſſen nicht zuſehen, ſonderlich Zürich, Bern, Baſel und Schaffhauſen wurden uns nicht verlaſſen. Nun ward in Zünften mancherley geredt, und lieſſen ſich die Burger hören, man wölle ſie verkürzen; doch geſchweigt man ſie alſo: man werde dieſe Bitt verſuchen, ſo es dann nichts helfe, möge man dann noch früh genug mit dieſem kommen. Es dörfte aber niemand ſich gnugſam regen, dann es hatten ſich etliche auf der Gaſſen etlicher wenigen Worte merken laſſen, die beſchikte man für einen Rath, und warnete ſie. In Summa: Wir waren von den Predigern dahin gewieſen, daß wir ohne ſonderbare Ungnad GOttes des Allmächtigen uns in ſolche Ausſöhnung nicht mochten begeben: derhalben die Vornehmſten allein Aufzug ſuchten, und im Grund nie der Meinung waren, ſich auszuſöhnen. Es ward in Zünften

ten das Mehr, daß die Supplication im Namen des Raths und ganzer Gemeine, wie sie gestellt, an den Keyser sollte gehen, der Hoffnung, die Sach sollte gut werden; und lautet bemeldte Supplication also, wie folgt.

### Supplication der Stadt Costanz an den Keyser.

Allerdurchläuchtigster, großmächtigster Keyser, allergnädigster Herr! Euer Keyserlichen Majestät seyen unser unterthänig, willig und gehorsam Dienst allezeit mit Fleiß voran. Als wir in vergangenem 46 Jahr, neben andern Ständen des Reichs, in Euer Keyserl. Majestät schwere Ungnad gefallen, und derhalben, daß wir wiederum um Gnad und Hülf unterthänigst ansuchen möchten, von Euer Keyserlichen Majestät gen Augspurg allergnädigst vergleitet worden sind, daselbst im Namen Euer Keyserlichen Majestät unsern Gesandten etliche Artikel, auf die wir ausgesöhnt werden sollten, fürgehalten. Dieweil aber dieselben hochbeschwerlich, haben die gemeldten Gesandten um Ringerung deren unterthänigst gebetten: aber demnach uns dem Rath zugeschrieben, daß wir bestimmter Zeit auf vorgeschriebene Artikel endliche Antwort geben sollten; derhalben sind uns, der ganzen Gemeind, berührte Artikel fürgehalten worden. Nun finden wir, nach unserem geringen, einfältigen Verstand, in angeregten Artikeln zwo fürnehme Beschwerlichkeiten. Die erste, daß etliche Artikel dermaßen

sen gestellt, wo die von uns bewilliget werden sollten, daß wir von unserer Religion, die wir hiervor Anno 1530. zu Augspurg bekennt, und nunmehr über 20 Jahr aus Bericht heiliger biblischer Schrift des alten und neuen Testaments gehalten haben, abtretten und fahren lassen müßten. Am andern haben wir in fürgehaltenen Artikeln vermerkt etliche, die gemeiner Stadt im Zeitlichen zum höchsten verderblich seyn wurden. Wiewol wir nun wissen, auch unterthänigst bekennt haben, und noch bekennen, daß E. Keyserl. Majest. und die Römisch-Königliche Majestät unsere von GOtt geordnete Herren und Häupter sind, denen wir allen billichen Gehorsam schuldig; wiewol wir auch solchen Gehorsam mit unterthänigster Gutwilligkeit zu leisten geneigt, und derhalben der Aussöhnung nicht weniger begierig, dann nothdürftig sind: so erfordert doch daneben unser aller Heil und Seelen-Seligkeit fleißig zu bedenken, dieweil wir bald zu einem andern ewigwährenden Leben berüft werden müssen, was wir auch dem allmächtigen GOtt und Schöpfer Himmels und der Erden zu thun und zu leisten schuldig seyn: Dann wir aus GOttes Wort dieser beyden Stüken allwegen auf das getreulichste gelehrt sind worden: nemlich, daß wir uns der Gehorsame GOttes nach seinem Willen, den er uns in seinem heiligen Wort eröffnet, gänzlich ergeben: und demnach dem Gewalt der weltlichen Oberkeit (welcher auch allein von GOtt herkommt) um seiner Ordnung und Befehl willen unterthänig und gewär-

## des Coſtanzer Sturms. 559

wärtig ſeyn ſollen. So wir dann aus Grund
GOttes Worts unſerer jez-habenden Religion und des Glaubens an die Barmherzigkeit
GOttes durch den einigen Verdienſt Chriſti
unſers Seligmachers dermaſſen in unſern Herzen verſichert ſind, daß wir darauf in unſerm
lezten Abſcheid aus dieſer Welt beſtehen mögen, und nichts herzlichers wünſchen, dann
daß uns GOtt dieſen gefaßten Glauben auf
ihn erhalten wölle, und aber etliche Euer Keyſerl.
Majeſtät vorgeſchlagene Mittel, welche die
Religion belangend, unſern armen Gewiſſen
zum höchſten verlezlich, und wir alſo in Annehmung derſelben, der Gehorſame, die wir
dem allmächtigen GOtt ſchuldig ſind, zuwider handeln müßten: ſo hat Euer Keyſerliche
Majeſtät allergnädigſt zu bedenken, mit was
groſſem und hochbeſchwerlichen Laſt wir dieſes
Orts gedrukt, und mit was Angſt und Noth
wir allenthalben von innen und auſſen umgeben und gequälet werden, dieweil wir nach
unſers Gewiſſens Anweiſung entweder GOttes oder Euer Keyſerl. Majeſtät (da die Jr
Anforderung mit der Strenge beharren wollt)
Zorn und Ungnad auf uns laden, und entweder des ewigen oder zeitlichen Sterbens und
Verderbens gewärtig ſeyn müſſen: ſo wir doch
nichts liebers thun, dann GOtt geben, was
GOttes iſt, und Euer Keyſerlichen Majeſtät,
was derſelben zugehört, unterthänig leiſten
wollten. So nun aus obangezeigten Urſachen
uns ganz ſchwer fallen will, Euer Keyſerlichen
Majeſtät Mittel anzunehmen, oder abzuſchla-

gen, so bitten Euer Keyserliche Majestät wir auf das allerunterthänigste und demüthigste, sie wolle um des ewigen GOttes willen, der sie in dieß hoch Amt gesezt, ihr auch groß Ehr, Macht und Glük gegeben, uns Arme gnädigst bedenken, sich unser als ein mildester Keyser erbarmen, und uns verlassene Waysen keineswegs verderben lassen; wir sind je aller menschlichen Rechnung nach in Euer Keyserl. Majestät Hand und Gewalt, und ist ihr Majestät ring und leicht, uns arme Leut zu verhergen und gar auszutilgen: Aber dafür wollen wir Euer Keyserliche Majestät um unsers gemeinen GOttes und Vaters im Himmel Gnad und Barmherzigkeit willen, auf das unterthänigst und drungenlichst gebetten haben. Es wurd je bey vielen andern allerley Gedanken und ohne Zweifel herzliche Kümmernuß verursachen, wann wir also für andere hart gestraft wurden, so wir doch für andere nicht gesündiget, sondern vor andern von des Reichs und loblichen Hauses Oesterreich wegen oftermal mit Darstrekung unserer Leib und Güter unwiederbringlichen Schaden erlitten haben, und uns jezt zu aller schuldiger und möglicher Gehorsame unterthänigst erbieten: aber allein desjenigen beschweren, so unserm Gewissen zuwider, und sonst verderblich ist. Und wiewol wir vor dem Angesicht GOttes grosse Sünder sind, und daß wir in vielweg harte Straf verschuldet haben, wol erkennen; nichts destoweniger, dieweil wir unsere Sünden vor GOtt herzlich beklagen, und mit seiner

### des Costanzer Sturms.

ner Hilf unser Leben nach seinem Willen zu verbessern gedenken: so hoffen wir doch dießfalls auf GOttes versprochene Barmherzigkeit; er habe seinen Zorn gegen uns auch fallen lassen, und werde derohalben Euer Keyserlichen Majestät Herz gegen uns, ihrer Majestät willige Unterthanen, nicht weniger miltern, dann solches vielmalen gegen ihrer Majestät Feinden geschehen ist, darum wir auch den getreuen GOtt zum herzlichsten anrufen. Daneben sind wir unterthänigst geneigt, daß wir als gehorsame Euer Keyserlichen Majestät und des Reichs Unterthanen alles, das wir Leibs und Guts halber schuldig sind, und uns immer möglich ist, mit rechter treuer Gehorsamkeit unterthänigst leisten, und hiemit alles das bewilligen wollen, wes sich unsere Gesandten in einer übergebenen Supplication auf fürgeschlagene Artikel, laut inligender Copie, erbotten haben. Und wiewol wir ein gar arme Stadt und Gmeind sind, und nicht allein keinen Vorrath haben, sondern neben dem geringen Einkommen mit merklichen Zinsen und andern Ausgaben schwerlich beladen, und derhalben eine jede Gelt-Straf entweder durch eine Anlag unter uns selbsten bezahlen, oder um Zins aufnehmen müssen: Nichts destoweniger, damit Euer Keyserliche Majestät auch in dem unsern unterthänigsten Willen spüren möge, wollen wir Euer Keyserlichen Majestät bewilligen, für die Gelt-Straf 8000 Gulden auf ziemliche leidenliche Ziel, samt 4 Stük Büchsen auf Rädern zu überantworten. Dem allem nach bitten wir Euer Keyserliche Majestät abermal mit möglichstem Flehen zum demüthigsten, daß Sie geruhe, unser unterthänigstes Erbieten allergnädigst anzunehmen, und dieß Orts wider unser Gewissen nicht zu beschweren, noch zu andern untraglichen und verderblichen Mitteln und Dingen anzuhalten, sondern uns bey unser habenden Religion bis auf ein gemein, frey, christlich Concilium, das im Heiligen Geist versammlet, und durch das Göttlich Wort geleitet werde, gnädigst bleiben zu lassen. Hierzwischen und sonst allwegen wollen wir E. Keyserlichen Majestät alle möglichste, unterthänigste Dienstbarkeit ungespart unsers Leibs und Guts von Herzen willig und gehorsamlich leisten. Datum den 13. Julii, Anno 1548.

Euer Keyserlichen Majestät unterthänige, willige, gehorsame Burgermeister, klein und groß Räth, auch Gemeind der Stadt Costanz.

## Supplication der Gesandten von Costanz an den Bischoff von Arraß.

Dieweil nun der Supplication unserer Gesandten, die sie dem Bischoff von Arraß übergeben, in dieser übergebnen jezgeschriebenen, gemeiner Stadt=Supplication Meldung geschiehet, hab ich dieselbige auch hieher sezen wollen, damit einstheils die Nachkommenden wissen möchten, was Mittel und Condition von Keyserlicher Majestät uns vorgeschlagen worden: anders=

anderstheils aber darum, daß jetzt-geschriebene der Stadt Supplication ohn diese nicht allerdings recht verstanden werden mag; und lautet dieselbige also: Hochwürdiger Fürst, gnädiger Herr! die Artikel von Euer Fürstl. Gnaden durch der Keyserlichen Majestät Rath, Doctor Selden übergeben, auf welche Costanz wiederum in Gehorsam sollte aufgenommen werden, haben wir der Stadt Gesandten mit gebürlicher Reverenz empfangen, und geben auf solche Artikel und Puncten, deren etlich unbeschwerlich; etlich aber hochbeschwerlich sind, in aller Unterthänigkeit folgende Antwort. Nemlich auf den 1) ersten Artikel, unsere Ergebung belangend, daß er unserm Befehl gemäß ist: Allein ist unser unterthänigste Bitt, die Keyserliche Majestät wolle die Ungnad, für welche wir anzusuchen allergnädigst vergleitet worden, und herkommen sind, fallen lassen, oder daß die auf folgende bewilligte Artikel verstanden solle werden, allergnädigste Anzeigung uns erfolgen lasse. 2) Des andern Artikels, die Pündtnussen belangende: wollen wir zu unterthänigstem der Keyserlichen Majestät Gefallen von gemeiner Stadt wegen uns deren begeben. 3) Den dritten, welcher, einem Bischoff samt dem Capitel und gemeiner Clerisey wieder in die Stadt zukommen, innhalt, können wir aus Mangel unsers Befehls, dieweil sich dessen unsere Obere nicht versehen haben, nicht bewilligen. 4) Aber die Justitien, so ihr Majestät im Reich aufzurichten bedacht, Gehorsam leisten, und unser Gebürnuß zu Unterhaltung derselben erlegen, das halten wir für Göttlich und gebürlich seyn. 5) In dem fünften Artikel, welcher auch einen Theil des dritten in sich haltet, betreffend die Vorbehaltung der Anforderungen, haben wir nicht weiter Befehl, dann daß Costanz ihrer Gebühr nach, von den im Krieg Beschädigten angesucht zu werden, gewertig seyn solle. 6) Den sechsten Artikel mögen wir, wie folget, bewilligen, daß wir Keyserlicher Majestät Feind und Rebellen weder jezt noch hinfüro in der Stadt nicht aufnehmen, unterschlaifen, noch enthalten wollen. 7) In dem siebenden, daß der Stadt Bürger und Unterthanen sich wider die Keyserliche Majestät und Königliche Würde nicht sollen in Dienst begeben, und daß die Uebertretter der Gebühr nach gestraft werden; wollen wir uns nicht weigern. 8) Der achte giebt zu, daß die Keyserliche Majestät entschlossen seye, einen Hauptmann in die Stadt zu verordnen, Innhalt des Artikels, welcher uns unversehenlich fürgelegt, und uns den Gesandten nicht zusteht, denselbigen hinder den Räthen zu bewilligen. 9) Die Auflag der Anzahl Gelts und Geschützes, ohne der Keyserlichen Majestät Kosten, welche im neunten Artikel angeregt, und nicht bestimmt ist, aber von uns die zu bestimmen begehrt und erfordert wird, wollten wir in der Wahrheit gern selbs anbieten: dieweil uns aber hierinnen an Befehl mangelt, wollen wir den von unsern Obern auch fürderlich einbringen. 10) An Zehenden, die der Keyserlichen Majestät theils gewesen sind,

sind, derohalben mit nichtem zu beschweren,
ist gebührlich. Leztlich daß wir sollen allem
dem, so ihr Majestät zu Wolfahrt, Ruh
und Einigkeit der teutschen Nation verordnen
wird, Gehorsam leisten, achten wir, daß solches von unsern Obern, wie auch von uns für
billich und unbeschwerlich angesehen werde:
da aber unsere auf das Göttlich Wort bekannte Religion in dem, oder in den Artikeln begriffen seyn gedeutet sollte werden, müßten
wir uns weiters Befehls erholen. Und langt
hierauf an Euer Fürstl. Gnaden unser unterthänigs und hochgeflissenes Bitten, Sie wölle
für sich selbs und auch durch Mittlung Euer
Fürstl. Gnaden Vetters unsers gnädigen Herren, dieweil sich sein Gnad bis anhero, und
lange Zeit so gnädiglich der Stadt Costanz
angenommen, auch ein ehrbarer Rath sich
auf beyde hochbemeldte Euer Fürstl. Gnaden
so viel Gnad und Guts vertröstet hat, fürderen und verhelfen, daß die Keyserl. Majestät
gegen gemeiner Stadt und uns um so viel begütiget werde: Nemlich, daß ihr Majestät
unserm Flehen und Vertrauen nach die Ungnad
fallen lasse, und wir uns der Gnaden unterthänigst versehen mögen, dann unser aller
Herz und Gemüth unterthänigst und gutwilligst dahin gerichtet ist, um Verzeihung, Gnad
und Huld zu werben, und die zu erlangen;
auch alles zu thun, was zu Ihrer Majestät Ehren und Reputation reicht, und frommen, willigen, Ihrer Keyserlichen Majestät und des
Reichs Unterthanen wol ansteht. Und nachdem

dem des Bischoffs und Capitels, samt anderer Clerisey Austrettung nicht neu, sondern sich ihrer und der Stadt Wesen mittlerweil so gar verändert hat, und weder das Bistum noch die andern Herrn, so viel uns bewußt, in keinerley Weis noch Weg in haltendem Krieg von uns betrübt oder beschädiget sind, dann wir uns gegen ihr Gnaden und ihnen, wie gegen andern Nachbauren, keiner Fehd nicht angenommen haben, auch daß sie von andern nicht beschädiget wurden, höchstes Fleisses und fruchtbarlich verhütet und angewisen: Ist unser getroste Zuversicht, Euer Fürstlich Gnaden werde uns gnädiglich verholfen seyn, daß, wie gegen andern Städten auch geschehen, diese Sach in unser Aussöhnung nicht mit eingezogen, noch dardurch verhindert werde. Gleicher Gestalt wölle Euer Fürstlich Gnaden gnädig verfügen, daß, so viel die Hauptmannschaft belangt, die Stadt nicht für andere alle mit solcher Neuerung jezt und hernach belästiget werde, sondern daß sie, wie bisher, bey ihren Freyheiten, Rechten und Herkommen, wie eine gehorsame Reichsstadt, bleiben möge; dann wie beschwerlich das bey unsern Obern und gemeiner Burgerschaft angesehen wurde, daß sie, nachdem unsere Vorfahren und wir so grossen Schaden und Verlurst an unsern Gütern, Mannschaften, Munition, Gerichten jezt bey 50 Jahren her erlitten haben und noch leiden; alles vonwegen unser beständigen und verharrlichen, gehorsamlichen und gutwilligen Diensten hochloblicher Gedächtnuß Keysern, Königen
und

und dem loblichen Haus Oesterreich bewiesen;
jezt in solchen Abbruch unsers Herkommens
auch sollten gestekt werden, haben Euer Fürstl.
Gnaden gnädiglich zu ermessen. Derohalben
wir Euer Fürstlich Gnaden in Unterthänigkeit
und ernstlich bitten wöllen, durch ihre gnädige
Unterhandlung, daß die Stadt oberzehlter
Beschwerden und in endlicher Auflag des Gelts
und des Geschüzes allergnädigst von der Keyserlichen Majestät bedacht werde, zu erlangen,
unbeschwert seyn, damit unsere Oberen und
Mitburger eines bessern zu gewarten haben.
Zu welchem auch dienstlich seyn wird, daß
unser Unschuld um etlich Sachen und Argwohn
bey ihrer Majestät mit Wahrheit gläublich
gemachet werde: dargegen alles, das wir zuwider ihrer Keyserlichen Majestät in kleinem
und grossem gethan, unterlassen, oder in eini-
chen Weg beschuldet haben, daß uns dasselbe
leid seye, und uns hinfüro unterthänigistes Fleisses also zu halten begehren, daß ihr Majestät
darab ein allergnädigistes Wolgefallen haben
mag und soll.

    Euer Fürstlichen Gnaden unterthänige
       der Stadt Costanz Gesandte.

# VII.

## VII.

Johann Gottlieb Elsners,
Historische Abhandlung
von dem
beneideten glüklichen Fortgange
des
Böhmischreform. Kirchen-Wesens.
in der
Chur-Mark Brandenburg und im
Herzogthum Schlesien.

---

Zweyter Abschnitt.

---

### §. 59.

In diesem zweyten Abschnitte meiner historischen Abhandlung sollen zwey Schreiben, die im CVIII. Theil der *Actorum Hist. Eccles. No.* VII. oder in dem XVIII. Buch derselben, S. 929 u. f. vorkommen, mit Bescheidenheit in Erwegung gezogen, und nach dem Probiersteine einer ungeheuchelten Wahrheits-Liebe ohne alle Bitterkeit geprüfet werden. Das erste an bemeldtem Ort befindliche Schreiben ist eines Ungenannten von Berlin vom 6. Sept. 1754. Das andere ist des Herrn M. Ehwalts von Danzig, vom 22. Novemb. 1754. Das erstere stehet von S. 929-933. Das
andere

andere von S. 933-953. Ich werde also auch diese meine vorhabende Arbeit in zwey Theile theilen, und in jedem derselben ein Schreiben unpaßionirt durchgehen.

§. 60.

A. Was demnach das Berlinische Schreiben eines Ungenannten vom 6. Sept. 1754. betrift, so scheint dasselbe nur Stüks- oder Auszugs-Weise mitgetheilt zu werden. Ich werde demselben also auch Stük vor Stük nachgehen, und dabey das erforderliche anmerken.

1) Berührt der Briefsteller die Begebenheit mit dem geschnizten Engel zu Münsterberg, der auf dem dortigen Rathhause und Hörsaale befindlich ist, und die Taufschüssel zu halten pflegt, und sagt: Hr. Macher hätte zwar die Unschuld eines solchen geschnizten Engels den Böhmen vorgestellt, da er sie aber nicht zum Beyfall bewegen können, hätte er nicht mehr an dieser Stelle getauft. Dieser Vorfall mag wol seine Richtigkeit haben. Ich kan hieben nichts entscheiden. Dieser ganze Umstand gehet mich auch weiter nichts an. Es wird aber dabey (S. 930. unten) eine Note gemacht, und darinn gesagt: Ich hätte in unsere Kirche hieselbst ohne des Herrn M... Einwilligung auf beyden Seiten der Orgel zween Engel, und in der Mitte den wesentlichen Namen GOttes in einem Sonnenglanz schnizen lassen, und das solle für die Böhmen erbaulich seyn. So gering nun dieser ganze Umstand ist, so ist es doch billig, daß

daß er nach seiner wahren Beschaffenheit vorgetragen werde; denn wenn man ihn nach dem in bemeldter Note gethanen Vortrag beurtheilen soll, so müßte ich die Orgel und alle ihre Zierathen eigenwillig angegeben und beordert haben, auch damit eine seltene Art der Erbauung für die Böhmen beauget haben, welches doch alles ohne Grund ist. Die wahre und ganz aufrichtig vorgestellte Beschaffenheit der Sache ist diese: Es wurde An. 1753. zu Anfang bey beyden Gemeinen der hiesigen Böhmischen Colonie vor gut befunden, in unserer Bethlehems-Kirche eine kleine Orgel bauen zu lassen. Ich wurde also ersuchet, mit dem hiesigen Orgelbauer, Herrn Migendt, darüber zu sprechen, und ihn zu bitten, daß er uns einen Riß von einer kleinen Orgel, und den ganzen Anschlag dazu verfertigte, damit man alles recht erwegen und beurtheilen könne. Dieß geschahe, und da beyderley Aeltesten unserer Gemeinen mit beyden zufrieden waren, ohne auf dem Risse gegen die darauf befindliche 2 Engels-Köpfe was einzuwenden; so machte es Herr Migendt alles so, wie es der Riß aufwiese, und niemand hat sich noch bis dato an diesen geschnizten Köpfen gestossen. Also ist denn diese Sache nicht eben von mir angegeben worden. Was aber den wesentlichen Namen GOttes im Sonnenglanz angehet, so ist es nicht nach dem, was sich oben an der Orgel zeiget, nieder geschrieben worden; denn wenn man einen Blik darauf thut, so siehet man in dem Sonnenglanz nur ein Auge. Sollte etwa

# der neuen Refor. Böhm. Colonien. 571

wa noch in dem Auge der Name Jehova gantz fein geschnitzet seyn, das will ich nicht entscheiden. Doch wozu hat man erst solche grosse Kleinigkeiten berühret?

§. 61.

2) Weiterhin (S. 930.) führt der Berl. Brief aus dem Ignatianischen Sendschreiben vom 12. Octob. 1753. allerley Sachen an, die einige Erläuterung verdienen. Er sagt: a) Ignatius habe die Kirche zu Nowawes zur Ungebühr eine Concordien-Kirche genannt, indem sie nur vor Lutherische Böhmen gestiftet worden wäre. Dieß gehet mich zwar eigentlich nichts an, aber doch kan ich nicht einsehen, warum diese Kirche aus Ursachen, die Ignatius angeführt, nicht eine Concordien-Kirche genannt werden könne, ob dieß gleich dem Hrn. M. und andern seines gleichen nicht gefallen haben mag, daß S. Majestät auch denen reformierten Böhmen den Gottesdienst zu halten allergnädigst vergönnet haben. b) Will der Briefsteller wissen, was ich in Gedanken geführt habe, da man solches dem Herzenkündiger überlassen muß. Das hätte aber gar leicht geschehen können, daß allda mit der Zeit eine recht förmliche Concordien-Kirche geworden wäre, wie mans hier in Berlin an unserer Kirche erlebet hat. c) Bejahet er, ich hätte um die oberwehnten (Abschn. I. §. 57.) 50 Thl. bey S. Majestät angehalten, da es doch die dortigen Böhmen gethan haben. d) Sagt der Bernl. Brief: Ich hätte da 10 Böhmische und die Pfälzische Familien zu ver-

versehen gehabt, da doch 12 Böhmische Familien waren, und gar keine Pfälzische, als die sich nach Potsdam hielten. So laufen in unser Gegner Nachrichten von uns immer Unrichtigkeiten mit unter, weil sie, wie es scheint, gar zu eilfertig und erhizt schreiben. Was endlich (S. 931.) von der Verneinung des reformierten Simultanei mit Froloken erwehnt wird, ist oben (S. 57.) zulänglich gemeldet worden.

§. 62.

3) Was hiernächst (S. 933. Lin. 7.) gesagt wird, daß sich bey Köpnik 50 reformirte Böhmische Familien hätten anbauen wollen, wären aber abgewiesen worden, weil sie einen eigenen Prediger begehrt, ist der historischen Wahrheit schnurstraks entgegen; denn a) haben so etwas nicht 50. sondern etliche und 30. reform. Böhmische Familien gesucht, und b) ist es so weit davon entfernt, daß sie wären abgewiesen worden, daß sie vielmehr noch bis dato allda wohnhaft sind. Zur grünen Linde, dichte vor Köpnik, und zu Friedrichshagen, eine halbe Meile hinter Köpnik, sind unsere Glaubensgenossen an die 36. Familien, daher ich auch jährlich zweymal der Communion wegen hinzureisen pflege. Woher mag doch wol also der Verfasser dieses Briefs eine so unrichtige Nachricht eingezogen haben? Warum hat er dieselbe denn nicht erst geprüft, ehe er sie zu Papeir gebracht, und nach Weymar gesandt hat. Der Herr Verfasser der Actorum Hist. Eccles. zu Weymar ist also
schon

schon manichmal von unsern Gegnern angeführt worden. Warum hat er aber nicht auch das ihm in Aufrichtigkeit zugesandte Gegentheil seinen gelehrten Blättern mit einverleibet? So hätte man ein thätiges Zeugniß seiner einen Historicum gar sehr zierenden Unpartheilichkeit gehabt.

§. 63.

4) Was endlich der Berlinische Briefsteller (S. 933. gegen die Mitte) anführet, ist gewiß sehr ungesittet und lieblos, so daß mans nicht ohne Ekel lesen kan. Denn er sagt allda: „Ich schreibe ganz verwegen und „ohne Grund, wenn ich behaupten will, daß „unter unserm Könige die Reformirte auf die „den Lutheranern ertheilte Begnadigungen „ganz gültige Ansprüche machen mögen. Ja „ich behaupte einerley Grundsäze mit dem „päbstlichen Clero, wenn ich die Religionem „Principis als ein genugsames Recht meiner „Religions-Verwandten ansehe, um derent„willen sie sehr viele Begnadigungen der Un„terthanen einer andern Religion in Anspruch „nehmen dörften.” Hiermit werden zwo ganz bodenlose Sachen vor den Tag gebracht, und zwar mit einem sehr grob gewordenen Kiel. a) Bürdet mir dieser ungesittete Briefsteller etwas auf, was mich eigentlich gar nicht angehet; denn ich habe es schon einige mal *

dem

---

* Siehe hierüber die Leipziger gel. Zeitungen von 1755. No. LXII. S. 554=559. und die Hamb. gel. Berichte von 1755. No. LXV. S. 514=17. nach.

Herr

dem Publico kund gethan, daß Ignatius einer meiner vertrauten Freunde sey, der aus meinen ihm in Liebe mitgetheilten Nachrichten schon manches entworfen hat. b) Aber, thut er auch mit diesen seinen gar zu harten Ausdrüken dem Herrn Ignatius das offenbahreste Unrecht, weil derselbe recht das Gegentheil von dem, was hier mit einer unverschamten Stirne bejahet wird, ganz deutlich hingesezet hat; denn so heißt es in seinem Sendschreiben vom 12. Oct. 1753. S. 8. (worauf hier eigentlich laut der unten beygefügten Citation gesehen wird):
„Hier (bey dem Berlinischen Etablissement
„der Böhmen, das von einem reformirten
„Könige herstammet) ist kein auswärtiger
„oder fremder Glaubensverwandter ausge-
„schlossen worden, sondern allerley Böhmen
„ist diese Wohlthat zugestanden worden."
Wer kan nun wol also hieraus so etwas ziehen, das mit der Gesinnung des pābstlichen Cleri quoad Religionem Principis übereinstimmet? Niemand, als der erhizte Berliner Briefsteller, wiewol ohne allen Grund der Wahrscheinlichkeit. Eben so deutlich redet auch hievon

---

Herr M. Ehwalt will es im IX. Band der Kraft. theol. Biblioth. S. 649, 650. damit beweisen, daß ich der Ignatius selbst sey, weil des Ignatii Sachen mit meiner Hand und meinem Siegel begleitet worden sind. Ich erwiedere aber hierauf, daß solches deswegen geschehen sey, weil mir Herr Ignatius seine Sachen von hier weiter zu befördern nicht selten aufgetragen hat, wobey ich denn meine Feder und Siegel gebraucht, ohne mich solcher arglistigen Consequenzien zu versehen.

von Herr Ignatius in seinem Sendschreiben vom 6. Mey 1754. S. 14. über die Mitte; denn da sagt er ausdrüklich: „Unter dem jez-regierenden Könige von Preussen hilft und hindert die Religion nichts in der Versorgung, wer sich sonst nur redlich und tugendhaft aufführet, wird nie ohne Hülfe gelassen." Was könnte wol vernehmlichers gesagt werden? Wer muß sich nun also bey so gestalten Sachen nicht höchlich darüber verwundern, daß der Berliner Brief dem ohngeachtet doch dem Herrn Ignatius solche widerstrebende Dinge aufbürdet, und dieß noch darzu in so hart lautende Redensarten eingekleidet hat? Man kan daraus auf seinen moralischen Character einen sichern Schluß machen.

§. 64.

B. Was das zweyte obbemeldte Danziger Schreiben vom 22. Nov. 1754. welches den Herrn M. Joh. Gottfried Ehwalt zum Verfasser hat, und darinnen besonders der entstandene Streit wegen der Eintheilung des Decalogi unter den Böhm. Brüdern berührt wird, angehet, so werde ich dasselbe nur ganz kurz durchgehen und beleuchten dörfen, weil diese Stoffe bereits anderswo in ein ziemlich helles Licht gesezt worden ist. *

§. 65.

---

* Siehe hierüber die *Acta Hist. Eccles.* im CIX. Th. No. VIII. nach, da hievon zimlich umständlich gehandelt wird. Mein geprüfter Joh. Gyrk kan dieß auch erörtern, und zeigen, daß man hierinnen dem Gyrk nicht recht trauen könne.

§. 65.

Ich merke demnach nur 1) an, daß Hr. M. Ehwalt sich zwar zu Anfang in seinem Schreiben (S. 934. Act. H. E.) zu entschuldigen, und eben damit zu zeigen suche, wie er zu erwehnter Controvers wegen des eingetheilten Decalogi der B. Brüder gar keinen Anlaß gegeben, sintemal er die zehen Gebote der Brüd. in seiner Recension * nur so schlechthin und historisch angegeben habe, wie er sie in des Joh. Gyrks B. Br. Catechismus und in einem Gesangbuch der Br. von 1561. vorgefunden, ohne dabey etwas weiter zu erinnern. Doch ich halte dafür, daß wenn Hr. M. Ehwalt bey seiner berührten Anzeige des eingetheilten Decalogi der Br. ganz unparteyisch und gleichgültig hätte seyn wollen, so hätte er nicht nur des Joh. Gyrks Decalogum in seiner erwehnten Recension beybringen, sondern auch zugleich anzeigen sollen, daß die Br. ihren Decalogum zu verschiedenen Zeiten auch ganz verschieden eingetheilt gehabt hätten (wie er es nun in diesem seinem Schreiben thut) so hätte über diese Stoffe gar keine Controvers erreget werden können. Da er aber dieses nicht gethan, es seye, daß er es damahls nicht gewußt, oder nicht anzeigen wollen, so konnte man aus seiner Recensions-Note

---

* Diese stehet in des Herrn D. Krafts theol. Bibliothek B. VIII. S. 270. unten, u. f. das recensirte Buch und der Herr Recensent hatten beyde recht, ob sie gleich einander entgegen zu seyn scheinen. Distingue modo Tempora.

Note nicht wol anders urtheilen, als er halte den Gyrkischen Decalogum der Br. vor den richtigsten und einzigsten, der unter den Brüdern beständig obgewaltet habe. Doch auch diese durch des Herrn M. Ehwalts unbestimmt gelassene Recensions-Note veranlassete historische Controvers hat ihren Nuzen gehabt. Mancher Liebhaber der B. Br. Kirchen-Geschichte hat bey dieser Gelegenheit auch von dieser Stoffe näheres Licht bekommen, welches ohne diese Streitigkeit nicht geschehen wäre.

§. 66.

2) Was Herr Ehwalt hierauf (S. 935.) von dem Unterscheid zwischen dem Joh. Gyrk in Preussen und dem Joh. Gyrk in Lissa anführet, hat seine Richtigkeit. Herr Ignatius hat solches auch bereits selbst in den *Actis Hist. Eccles. Parte CIX.* gegens Ende in einem Schreiben an seinen Freund eingesehen, und sich dadurch verbessert. Ohne Noth und Ursache also hat diesen seinen historischen Fehltritt Hr. M. Ehwalt erst in seiner alten und neuen Lehre der B. Br. S. 21. der Vorrede *Not. k.* wiederholet, und sich damit lustig gemacht.

§. 67.

3) Im Verfolg seines Schreibens (S. 936, 937.) will Herr Ehwalt die Richtigkeit des übersezten Joh. Gyrkischen B. Br. Catechismi behaupten, und führt davor zwey Gründe an. a) Hätte er sich mit einer verfälschten Uebersezung desselben die Ungnade des Herzogs zugezogen, und b) hätte er auch gar leicht von seiner etwanigen Verfälschung kön-

nen überführt werden, weil das Böhm. Original damals in aller Hånden war; woraus er diesen Schluß ziehet: Joh. Gyrks deutsche Ueberſezung sey also richtig, und stimme mit ihrem Original überein. Hingegen aber wende ein: a) Daß der Herzog, anstatt sich über eine solche Abänderung verschiedener Ausdrüke ungnädig zu bezeigen, solches vielmehr gerne gesehen haben wird, weil dazumal aller ihr Wunsch dahin gieng, daß die Brüder sich verschiedener Redensarten enthalten möchten, die den Lehrern der A. C. verdächtig vorkåmen; und dieß eben hat Joh. Gyrk gethan. b) Daß es nicht ſo leicht angehet, das Böhmische zu verstehen und zu beurtheilen, wenn man auch polnisch kan, * (wie ich solches aus eigener Erfahrung weiß) daher auch wenige das Böhmische Original haben prüfen und mit dem Deutschen vergleichen können. Doch dieses zeiget nur so viel an, daß Joh. Gyrk den alten B. Br. Catechismus bey seiner Ueberſezung desselben ins Deutsche habe verfälschen oder hin und her verändern können. Von der Möglichkeit aber kan noch gar kein Schluß auf die Wirklichkeit einer Sache gemacht werden; dahero nun wird es lediglich

darauf

---

* Die deutsche Ueberſezung eines Böhmischen Catechismusbüchleins, welche in M. Ehwalts A. und N. Lehre der B. Br. S. 607. u. f. stehet, ist davon ein Zeuge: denn es ist an sehr vielen Stellen höchst schlecht und ganz unverständlich von einem Pohlen überſezt worden. Ich habe solches durch eine angeſtellte Prüfung derselben ohnlängst gezeiget.

darauf ankommen, daß man aus ältern Lehr-
büchern der B. Br. (weil das Original des
übersezten deutschen Gyrkischen Catechismi im
Böhmischen nicht vorhanden ist) zeige, ob und
worinnen Joh. Gyrks Uebersezung von der damaligen wahren Lehre der B. Br. abgehe.
Dieses habe ich in meinem geprüften Joh.
Gyrk ganz vernemlich angezeiget, daher ich es
hier nicht erst beybringen will. Der Decalogus war bey den Brüdern Ao. 1523. und eher
schon anders und vollkommener, als er bey
dem Joh. Gyrk Ao. 1554. stehet. Der Par-
ticularismus befindet sich in allen Lehrschriften
der Brüder, (wie auch schon Ao. 1742. Hr.
D. Carpzov zu Lübek in seiner Religions-Un-
tersuchung der B. Br. deutlich gewiesen hat,)
und also auch in ihrer Conf. von 1535. und
Joh. Gyrks Uebersezung lehret doch das Gegentheil. Von dem nach seiner Himmelfahrt
leiblich nicht mehr gegenwärtigen Heilande
reden die Lehrschriften der Br. allenthalben
ganz bestimmt und recht eifrig; Joh. Gyrk
aber lasset seine Uebersezung davon ganz unbestimmt und mangelhaft reden, 2c. Sollte dieses ihn nicht bey Wahrheitliebenden Forschern
der B. Br. Lehre verdächtig machen können?
Er mag hiezu wol seine politische Ursachen gehabt haben, die auch nach den damaligen
Zeits-Umständen gültig genug gewesen seyn
mögen; doch aber muß man solches aus Liebe zur historischen Wahrheit nicht unange-
merkt lassen.

Do 4. §. 68.

§. 68.

4) Was Hr. M. Ehwalt bald darauf (S. 937.) zur Bestätigung seiner Gesinnung von dem M. Benedict Morgenstern beybringet, ist mehr wider ihn, als vor ihn; denn daraus erhellet, daß M. Morgenstern, der zu eben der Zeit in Preussen lebte, die B. Br. in ihrer Lehre vor reformirt-gesinnt gehalten, und auch in seinen Disputen mit ihnen als solche befunden habe, wie kan sie dann also Herr M. Ehwalt * in Preussen vor A. C. Verwandte halten, die auch selbst die A. C. unterschrieben hätten. Wäre dieser von Herrn Ehwalt angegebene historische Umstand wahr, so hätte sich Morgenstern, als ein höchsteifriger Vertheidiger der A. C. nicht gehasset noch hin und her verdächtig gemacht, wie er doch bey jeder Gelegenheit gethan hat. Daß er aber an den Brüdern des Decalogi wegen nichts ausgesezt, ist deswegen geschehen, weil er keinen andern zu Gesichte bekommen noch verstanden haben mag, als des Johann Gyrks deutsche Uebersezung; und weil dieselbe den Decalogum der Br. (per Accommodationem) so vortrug, wie er damals in der Lutherischen Kirche in Preussen vorgetragen zu werden pflegte, so hatte Morgenstern dagegen nichts einzuwenden. Ob die B. Br. die Origenische Eintheilung des Decalogi vor 1598.

da

---

* Dieß behauptet er oder will es behaupten in seiner A. und N. Lehre der B. Br. § 15, 16. der Vorrede, wiewol ohne sattsamen Grund. Meine Prüfung dieser Vorrede zeiget es.

da Morgenſtern ſeinen Tractatum de Eccleſia herausgab, ſchon in ihren Catechiſmis gehabt, kan ich aus Mangel der Urkunden nicht beſtimmen; ſo viel aber iſt untrüglich, daß ſie ſelbige ſchon 1579. in ihrer ſechstheil. Bibel gehabt, wie aus den daſelbſt befindlichen Randgloſſen und verſchiedenen Unterſcheidungs-Zeichen im Text ſelbſt erhellet; woraus ich denn nicht ohne allen Grund der Wahrſcheinlichkeit vermuthe, daß ſie dieſelbe auch ihrer angehenden Jugend durch kurzgefaßte Lehrbüchlein in den Schulen ſchon damals werden beygebracht haben. Wie ich denn auch auf dieſe Gedanken gerathe, daß der ins lateiniſche Ao. 1616 überſezte B. Br. Catechismus eben zu der Zeit, da die ſechstheil. B. Br. Bibel ans Licht trat, im Böhmiſchen in dieſe Form gebracht worden ſey, in der er ſich nu lateiniſch befindet, ſintemal ſeine Geſinnung mit dem Sinn der erwehnten Bibel Auslegung vollkommen übereinſtimmet. Im übrigen aber iſt aus Gegeneinanderhaltung deſſelben mit dem Johann Gyrkiſchen Catechismus leicht abzunehmen, daß er ſchon vor 1554. in den weſentlichſten Stüken da geweſen ſey, doch auch nach 1523. erſt entworfen worden ſeyn müſſe, weil der B. Br. Catechismus von 1523. ganz anders eingerichtet iſt, als der Gyrkiſche und erwehnte lateiniſche. Vielleicht iſt zu dieſem hernach beſtändig beybehaltenen Catechismo der Br. gegen Ao. 1532. oder 1538. der Haupt-Entwurf gemacht worden, weil man dazumal mit der gänzlichen Reinigung der B. Br. Lehre sehr sorgfältig umgieng. Selbst der kleine Catechismus der Br. von 1523. (den uns Hr. M. Ehwalt in seiner bemeldten Sammlung oder A. und N. Lehre der Br. S. 353. u. f. deutsch vorleget, * konnte den Herrn M. Ehwalt überführen, daß Johann Gyrk nicht richtig genug übersezt habe, weil allda der Decalogus ganz anders stehet, als beym Joh. Gyrk. Uebrigens lasse ich mich nach Hrn. Ehwalts Wunsch ganz willig finden, den dreytheiligen B. Br. Catechismus von 1523. aus dem Böhmischen zu übersezen, wenn nur erst ein guter Verleger dieser Arbeit gefunden werden möchte. **

§. 69.

5) Nachdem Herr M. Ehwalt hierauf seinen Gyrkischen Catechismus kürzlich (S. 938, 939.) beschrieben, so meint er, wenn ich dieses alles 1753. gewußt hätte, was er hier beygebracht, so hätte ich meinen Ignatius gegen die Richtigkeit des Gyrkischen Catechismi und die Lutherische Eintheilung der zehen Gebote nicht schreiben lassen. Hier beharret also Herr Ehwalt in seinem irrigen Wahn, daß ich Ignatius sey, und meinet, er habe die Richtigkeit des Gyrkischen Catechismi

---

\* Dieser kleine Catechismus ist es, der Luthero 1523. von den Brüdern zugesandt worden, und nicht der grosse 3theilige, dessen Ignatius Erwehnung gethan, wie Herr Ehwalt (S. 938.) muthmasset.

\** Aus diesem grossen Catechismus siehet man, daß die Br. Ao. 1523. noch manche päbstliche Brokke in ihrem Lehrgebäude gehabt haben.

chismi bewiesen, da doch oberwehnter (§.67.) Maſſen von deſſen Richtigkeit noch gar viele Zweifel übrig bleiben, ja daß die Lutheriſche Eintheilung des Decalogi (die Gyrk in Preuſſen adoptirt hat) von der Auguſtiniſchen der damaligen Brüder gar ſehr unterſchieden ſey, ſintemal die Auguſtiniſche Eintheilung das Verbot der Bilder nicht wegläßt, welches aber die Lutheriſche thut.

§. 70.

6) Das Verſprechen, welches darauf Herr Ehwalt (S. 940.) thut, als ob ſein Johann Gyrk Ao. 1755. auf die Oſtermeſſe zu Danzig in der Knochiſchen Buchhandlung ans Licht tretten werde, iſt nicht erfüllt worden, ſintemal dieß bemeldte Buch erſt in der Leipziger-Michaelis-Meſſe bey Johann Chriſtian Schuſtern zu Danzig 1755. bekannt gemacht worden iſt.

§. 71.

7) Was Herr Ehwalt weiterhin (S. 940-942.) von der Auguſtiniſchen Eintheilung der zehen Gebote unter den Brüdern meldet, will ich gar gerne gelten laſſen, wenn nur etliche ſchon berührte (§. 67, 68.) Sachen ausgenommen werden, die M. Ehwalt hier unbeſtimmt läßt, und die doch mit Unterſchied vorgetragen werden müſſen: Nemlich, daß Joh. Huß, die Huſſiten, Taboriten und anfängliche B. Br. den Decalogum nach der in der Römiſchen Kirche üblichen Weiſe, das iſt, ohne das Verbot der Bilder, beybehalten haben;

haben; nach der Zeit aber haben sie von 1508. oder 1518. (wie ich davon deutliche Spuren habe, und anderswo * gewiesen worden ist) bis 1579. die wahre Augustinische Zertheilung der zehn Gebote, das ist, mit dem Verbot der Bilder Gottes, der Römischen Vertheilungsweise des Decalogi vorgezogen, bis sie denn zulezt von 1579. an der Origenischen Eintheilung des moralischen Gesezes nach der Billigkeit Gehör gegeben. Herr M. Ehwalt aber macht, wie ich sehe, zwischen der Römisch-Catholischen und wahren Augustinischen Vertheilung der zehn Gebote keinen Unterschied, welches doch der Deutlichkeit halber nöthig ist; er weißt auch von der Origenischen vor 1608. nichts, weil er die sechstheil. B. Br. Bibel nicht hat noch verstehet.

### §. 72.

Bis hieher war des Herrn M. Ehwalts Schreiben noch ohne grosse Heftigkeit geblieben, aber weiterhin scheint er in seinem Religions-Eifer hizig geworden zu seyn. Siehe S. 943. und w. Ich werde mich hiebey aller Hize oder Heftigkeit gänzlich enthalten, und nur noch einige wenige Anmerkungen machen.

### §. 73.

8) Es beschwert sich (S. 943.) Herr Ehwalt, daß wir hier nu aus der Origenischen Ein-

---

* Siehe schon bemeldten CIX. Theil der Act. Hist. Eccles. No. VIII. die zweyte, (nicht gute, wie da ohne Sinn stehet) Reflexion. Dieß zeige auch in meinem geprüften Joh. Gyrk.

Eintheilung des Decalogi so gar viel machten, und eben dadurch die Lutherische Eintheilung als eine päbstliche verunglimpften, welches doch Comenius und Jablonski nicht gethan hätten. Was hierinn Comenius und Jablonski in ihrem Leben gethan haben, weiß ich nicht; das weiß ich aber aus des seligen Comenii Schriften, z. Ex. Manualnjk, daß er von der Origenischen Eintheilung des Gesezes GOttes sehr viel gehalten, und sie dahero auch in bemeldten Manualnjk oder Handbüchlein und Kern der heiligen Schrift seinen Landsleuten und Glaubensgenossen mit hinzugefügten Ziffern zu einem beständigen Andenken angewiesen hat. Dieß hat er auch in seiner ins Böhmische übersezten Praxis Pietatis hin und her gethan. Woher es auch kommt, daß die Böhmischen Emigranten, so seine Bücher von jeher sehr hochgeachtet und gerne gelesen haben, durchgehends die Origenische Eintheilung des Decalogi liebgewonnen haben, auch selbst diejenigen, so Evangelisch-Lutherisch sind. Dem Comenio ist es also mehr zuzuschreiben, als mir, daß die Böhmen hierinnen so Origenisch gesinnt; und dieß kan ihnen gewiß auch niemand übel nehmen: denn in der That ist es nicht gut noch billig, daß man das so merkwürdige und rührende Verbot der Bilder GOttes aus dem Decalogo wegläßt, da es doch von GOtt unmittelbar seinen Ursprung herleitet. Eine andächtige Lesung der Bibel beschämet ein jedes solches Lehrbüchlein, darinnen das Verbot der Bilder GOt-

GOttes ausgelassen worden ist; man mag sich auch noch so viel Mühe geben, um diese Auslassung zu entschuldigen oder zu bemänteln. Daher es auch nicht anständig genug ist, von denen Böhmen, so sich über das ganze des Decalogi mit Grunde freuen, zu sagen: Sie machten gleich unerfahrnen Kindern ein heftiges Geschrey, wenn sie von ungefehr ein Olim non erat sic. (wie S. 944. stehet) vernehmen: Denn wenn sie sich über dieses und andere aus dem alten Lehrgebäude der B. Br. wieder hergestellte und von ihnen längst gewünschte Stüke ergözen, so thun sie solches nicht gleich Unerfahrnen, sondern gleich Erfahrnen, die sich nicht eine jede Anordnung der Menschen oder unnöthige Veränderung des Worts GOttes einnehmen lassen, sondern an dem lebendigmachenden Worte GOttes hangen bleiben, und demselben die gerechteste Ehre anthun; wie es dann auch aus dem obbesagten erhellet, daß die Böhm. Br. nur anfangs (da sie noch manche Unlauterkeiten in ihrem Lehrgebäude hegeten) das Gebot Gottes wider die Bilder GOttes wegliessen, darauf aber von 1518. 1523. 2c. auch diese Unlauterkeit aus ihren Lehrschriften merzeten, und den Decalogum weiter zu verstümmeln, sich ein Gewissen machten. Und also hatten die in vielem noch irrende Brüder den Decalogum ohne das Verbot der Bilder, die sich aber immer mehr läuternde B. Br. nahmen dieses Verbot aus Gottes untrüglichem Worte an, und in ihre Lehrbücher auf, bis endlich die

die richtigste Eintheilung dieses unverstümmelten oder ganz hingesezten Decalogi auch Ao. 1579. mit gutem Bedacht beliebet wurde.

§. 74.

9) Diese zu verschiedenen Zeiten verschiedentlich von den B. Brüdern gemachte Eintheilung des Decalogi wird uns auch dieß beleuchten helfen, was Herr M. Ehwalt S. 944. u. weit. beybringet, wenn er vorgiebet, meine unerwartete Heftigkeit bewege ihn, seine Gesinnnng von dem Decalogo der Br. durch Beyspiele aus einem lateinischen Catechismo und aus verschiedenen Gesängen, so 1541. und 1554. abgedruft worden wären, zu bestätigen. Von der mir hier abermahls zur Ungebühr aufgebürdeten Heftigkeit will ich nun nicht einmal mehr Erwehnung thun, denn dieß ist oben (§. 63. *) schon mit widerlegt worden, sondern nur so viel noch hersezen, daß alle diese beygebrachte Beyspiele das schon gemeldte bestätigen, und den Zustand der B. Brüder-Kirche anzeigen, da sie noch nicht von allen Schlaffen einer ungeläuterten Lehre befreyet war. Ich finde dergleichen Gesänge auch noch in einem Böhmischen Gesangbuch von 1598. die doch gewiß damals nicht erst sind verfertiget worden, sondern theils vor 1518. theils nach 1518. und 1523. von ihren Verfassern sind entworfen, und denn nur in den spätern Zeiten aus Liebe zu der Vorfahren ihrer Arbeit unverändert beybehalten worden. Dieß möchte nun wol zur Erläuterung

der über den B. Brüd. Decalogus angestellten Controvers, deucht mich, genug seyn.

## Dritter Abschnitt.

#### §. 75.

Nun bleiben noch einige andere in verschiedenen Monat= und Wochenschriften vorkommende rauhe und unstatthafte Ausdrüke und Gedanken zu beleuchten übrig, die ich noch ganz kurz und bescheiden in Erwägung zu ziehen gedenke. Es sind aber die hier zu erwägende Schriften nachstehende:

   α. Das LXXXIII. Stük der Kraftischen neuen theol. Bibliothek No. VII. VIII. und etwas aus dem XC. Stük derselben.

   β. Das XXVI. Stük der Hamb gel. Berichte von 1755. und

   γ Das XXXI. Stük der Hamburg. freyen Urtheile.

#### §. 76.

α. Das LXXXIII. Stük der Kraftischen neuen theologischen Bibliothek N. VII. VIII. stehet im IX. Bande bemeldter Monatschrift S. 218-243 und enthält eine zweyfache Recension des Herrn M. Ehwalts in sich. Die erstere dieser Recensionen hat die oben im ersten Abschnitt weitläuftig geprüfte lieblose Erläuterung meiner Fußtapfen zum Gegenstande

S. 218-230. und die andere prüfet meinen kleinen Catechetischen Böhmischen Aufsaz von der Taufe und vom heiligen Abendmal S. 231. bis 243. Beyde diese Recensionen sind von ihrem Verfasser nicht ohne Vorurtheile entworfen worden, worinn sich auch eine merkliche Tadelsucht geflochten zu haben scheinet. Ich würde in Erwegung dieser zwey Recensionen sehr weitläuftig seyn müssen, wenn ich von dem einen nicht schon oben im ersten Abschnitt sehr vieles gesagt hätte, und wenn mein werthester Freund, Herr Ignatius, in einem seiner gedrukten Sendschreiben vom 6. Mey Ao. 1754. nicht schon beyde diese Arbeiten geprüft hätte. Demnach nun werde ich vor dießmal hieben alles ganz kurz fassen können; ich werde nur einige Hauptvergehungen Herrn M. Ehwalts berühren, und im übrigen meinen Leser theils auf meinen ersten Abschnitt, theils auf das erwehnte Ignatianische Sendschreiben verweisen.

§. 77.

1) Befremdet michs, wie Hr. M. Ehwalt (S. 222.) dem bodenlosen Vorgeben des Hrn. Pastor Machers und seiner Erläuterung habe Beyfall geben können, als ob ich die Lutherische Kirche einer Wüste verglichen hätte, da er doch im 73. Stük der Kraftischen Bibliothek meine Fußtapfen der Göttlichen Vorsehung 2c. recensirt hatte, und davon nicht ein Wort meldete. Herr Ehwalt hätte bey dieser Stelle der s. g. Erläuterung des Hrn. Machers

chers nach den Regeln der Billigkeit, der Wahrheit und gekränkten Unschuld das Wort reden, und in einer Note zeigen sollen, daß mir hierinnen Herr M... zuviel gethan, oder wenigstens meine Meinung nicht recht eingesehen habe: Wie ich denn auch in der That obbemeldter (§. 18.) Maſſen durch die Wüſte der Böhmiſchen Emigranten in meiner figürlichen Redensart nichts anders beauget habe, als ihre manigfaltige Verlegenheit, der ſie eine geraume Zeit unterworfen geweſen ſind.

§. 78.

2) So iſt auch dieſes gar nicht löblich, daß mir Herr Ehwalt (S. 226.) laut dem bodenloſen Bericht des Herrn Machers aufbürdet: ich ſchreibe der Kirche A. C. in der Lehre vom heiligen Abendmal die Transſubſtantiation zu, da er doch aus meinem Böhm. Catechiſmo (den er bald darauf recenſirte und alſo vor ſich hatte) S. 27. Fr. 35. ganz deutlich ſehen konnte, (wie er es auch im Verfolg ſeiner Recenſion S. 237. Zeile 5. ſelbſt anführet) daß ich denen Catholiken die Transſubſtantiation, denen Evangeliſch-Lutheriſchen aber die ſogenañte Conſubſtantiation, in, cum & ſub, zueigne. Wäre nun alſo Herr Ehwalt in ſeiner Recenſions-Arbeit nur einiger Maſſen billig und aufrichtig geweſen, ſo hätte er darinnen den unbilligen und mir Gewalt thuenden Herrn M... zu rechte weiſen, und des Gegentheils mit meinen eigenen deutlich hingeſezten Worten überführen ſollen: So aber

aber giebt er ihm nicht nur auf eine unverantwortliche Weise Beyfall, sondern sezt auch noch von dem seinigen ganz lieblos hinzu: Was kan man wol von des Elsners Liebe zur Wahrheit und Verträglichkeit vermuthen, da er so etwas vorgiebet? Heißt das wol redlich und gewissenhaft gehandelt? Konnte sichs denn Hr. Ehw. nicht zum voraus vorstellen, daß ich durch seine hartlautende Redensart würde gedrungen werden, dem Publico das Gegentheil anzuzeigen, wodurch er zweifelsohne nebst dem lieblosen Hrn. M... würde beschämet werden. Urtheile nun hier das Publicum, was bey so gestalten Sachen von der Billigkeit und Wahrheit-Liebe des Herrn M. Ehwalts zu halten sey? Er will zwar im LXXXIX. Stük bemeldter Monatschrift (S. 830. gegen das Ende) die Schuld auf den Hrn. Macher schieben; doch wer die Sache recht verstehet, kan leicht einsehen, daß er sich bey der Recension der Macherischen Schrift (darinnen die Unrichtigkeiten recht tastbar sind) ganz anders hätte verhalten sollen, wenn er nu ohne Schuld seyn wollte.

§. 79.

3) Von gleichem Werth ist auch, was Herr Ehwalt (S. 236.) meldet, als ob ich sagte: Man müsse nur reformirte Gevatern erwehlen, da er doch diese Unwahrheit mit keinem einzigen tüchtigen Grunde erweisen kan. Herr Ehwalt verstehet entweder das Böhmische nicht, oder er hat das Böhmische Büchlein nicht recht gelesen. Verstehet ers nicht, so hätte er ein Böhmisch Büchlein zu recensi-

ren nicht über sich nehmen sollen. Hat ers aber selbst nicht gelesen, so kan er davon mit Gewißheit nicht urtheilen. Sollte er aber das Böhmische Tractätlein verstanden und gelesen haben, so sollte er so etwas unrichtiges seiner Feder nicht anvertraut haben, weil ihm hieraus keine Ehre erwächßt. Mein Freund Ignatius hat hievon auch gehandelt, daher ich den geneigten Leser auf sein oberwehntes Sendschreiben S. 27, 28. verweise, als woselbst er auch diese Unrichtigkeit des Herrn Recensenten Ehwalts bemerket, die S. 236. Lin. 23. stehet, und die in unserm Catechismo nirgends zu finden ist, als wenn ich nemlich gesagt hätte: Gevatern zu bitten sey erlaubt, weil die reformirte Kirche diese Gewohnheit, als etwas nuzliches, beybehalten. Wozu mag doch wol Herr Ehwalt diesen Zusaz von dem seinigen gemacht haben?

§. 80.

4) So bin ich auch ganz erstaunet, als ich ibidem Lin. 3-5. gelesen habe, daß mir Herr M. Ehwalt auch dieß zur Last leget: Ich hielte dafür, man müsse eigentlich nur des Abends, und zwar nur am grünen Donnerstag, communiciren, da mir doch so etwas in meinem ganzen Leben nie in den Sinn gekommen, geschweige, daß ich es hätte sollen der Feder anvertrauen, und dem Publico vorlegen. Wollte sich der Herr Magister hier etwa wieder auf den Herrn Pastor M... als seinen gefährlichen Wegweiser, berufen,
so

so wird er es mir nicht übel nehmen, wenn ich ihm antworte, daß diese seine Entschuldigung nicht gelte, weil er mich nicht nach meines Antagonisten Vorgeben, sondern nach meinen eigenen Worten (die er eben vor sich gehabt hat) hätte beurtheilen sollen. Diese aber stehen in meiner Erläuterung der Einsetzungs-Worte JEsu S. 21, 22. Fr. 9-13. und zeigen ganz deutlich an, daß ich recht das Gegentheil von diesem eiteln Vorgeben behaupte, und Fr. 10-12. mit 4. Gründen beweise, daß man sich ja an keine absonderliche Zeit binden solle, sondern man könne das heilige Abendmal zu der Land-üblichen Zeit ganz freudig geniessen, wenn es nur mit recht bußfertigen und gläubigen Herzen geschehe. Endlich zeige ich, Fr. 12. einigen irrenden Böhmen, (so hier der Meinung sind, man müsse das heilige Abendmal nur des Abends halten, weil es ein Abendmal genennt werde) daß, wenn ja irgends eine Gemeine aus den Anfangs-Worten der Einsetzung des heiligen Abendmals: Der HErr JEsus in der Nacht, da er verrathen ward, diese ungegründete Schlußfolge machen wollte, man dörfe nur des Abends zur Communion gehen, so könne sie solches nicht eigenmächtig thun, sondern müsse erst ihre geistliche Obrigkeit darum geziemend belangen, und denn, wenn sie ja Erlaubniß dazu erhielte, so würde sie auch mit diesem Inconvenienti vorlieb nehmen müssen, daß sie erst nach Sonnen-Untergang, wie JEsus gethan, und auch nur den grünen Donnerstag (an welchem unser HErr verrathen worden) zum Gebrauch des heiligen Abendmals gehen müßte; welches denen zur Ueberzeugung und Zurechtweisung dienen sollte, die um 3. Uhr des Nachmittags * zur Communion gehen, und doch glauben, sie thäten solches dem Beyspiel JEsu gemäß, und richteten sich nach den Worten der Einsezung des heiligen Abendmals. Hieraus nun siehet der geneigte Leser ganz klar und deutlich, daß mir Herr Ehwalt das offenbareste Unrecht thue, wenn er vorgiebt, ich sey der Meinung, man müsse das Abendmal eigentlich nur des Abends halten, und das des Jahrs nur einmal, nemlich am grünen Donnerstage. **

§. 81.

---

\* Der allergröste Theil der hiesigen Evangelischen Lutherischen Böhmen, so im Gebrauch des heil. Abendmals das wahre gebrochene Brot empfängt, gehet gemeiniglich nach der Vesper-Predigt zur Communion, und schüzet diese Ursache vor, dieses Liebes-Mahl seye des Abends eingesezet worden, und also müsse man es auch nicht Vormittags geniessen. Diese guten Leute aber bedenken nicht, daß ihre Communions-Zeit mit der Zeit, in welcher der Heiland das heilige Abendmal genossen und eingesezet hat, gar nicht übereinstimme, weil dieses würklich des Abends, nach Sonnen-Untergang und nicht zur Vesperzeit geschehen ist. So kan sich ein Mensch in seiner Schwachheit auch aus Mitteldingen ein Gewissen machen, wie solches auch etwa 10. bis 12. Seelen aus meiner Gemeine gethan haben, und noch thun. Unsere gewöhnliche Communion aber ist bald nach der Vormittags-Predigt, wie hier zu Lande üblich ist. Von den Herrnhutern allhier wird gesagt, daß sie des Abends zur Communion gehen.

\*\* Es ist wahrscheinlich, daß Herr M. Ehwalt durch seinen grossen Mangel der Böhmischen Sprachkunde

zu

§. 81.

5) Die Feindseligkeit gegen die Evang. Lutherische Kirche, die mir Herr M. Ehwalt hin und her in seiner Arbeit, und auch hinten im Register zum IX. Bande beyleget, ist ebenfalls eine Auswirkung seines verbitterten Gemüths und ganz grundlos; denn ich liebe in der Wahrheit auch alle A. C. Verwandten recht aufrichtig, wünschte aber doch dabey (ohne alle Bitterkeit und Feindseligkeit,) daß man auch in der Evangelisch-Lutherischen Kirche die noch übriggebliebene alte Ceremonien und Kirchen-Gebräuche, so noch aus der Römischen Kirche

zu solchen grossen Fehltritten veranlasset worden sey; denn in denen hiebey angeführten Catechismus-Fragen kommt eine Redensart vor, die dem Herrn Ehwalt oder seinem Dollmetscher unbekannt gewesen seyn mag. Da stehet: Wollten die Freunde und Vertheidiger der Abend-Communion ihre Sache, wie sichs gehört oder recht (nach ihrem Vorurtheil) behandeln, so müssen sie am würklichen Abend, und nicht vor Abends communiciren, ꝛc. Hier mag nun ein unerfahrner Dollmetscher an dem Worte, wie sichs gebühret, hangen geblieben seyn, und hat, ohne allem recht nachzudenken, daheraus etwas ganz falsches erzwungen. Ich liefere in meinem Entwurf dieser geprüften Uebersezung von solchen und noch weit gröbern Vergehungen ein ganzes Register aus, und bitte daher den Herrn Ehwalt, sich bey der bevorstehenden Herausgebung seiner Böhmischen Gesänge doch ja um einen glüklichern Dollmetscher zu bemühen, damit man nicht wieder gedrungen werde, die Zeit mit Prüfungen seiner übelgerathenen Uebersezungen nuzloser Weise zuzubringen. Wer einer Sache nicht gewachsen ist, der muß sich nach meinem Urtheil derselben nicht unterziehen, sondern sie lieber andern überlassen.

Kirche herstammen, und gar füglich wegbleiben könnten, abschaffe, und alles ganz einfältig und nach dem Beyspiel der ersten christlichen Kirche beym GOttesdienst verwalten möchte.\* Hiemit sage ich meine Gedanken ganz offenherzig, und bleibe doch von aller sündlichen Lieblosigkeit frey.

§. 82.

6) Wenn endlich hinten im Register des IX. B. der Kraftischen Theol. Bibliothek unter

---

\* Die Böhmischen Brüder im XVI. und XVII. Jahrhundert waren gar keine Feinde der Evangelisch-Lutherischen Kirche, und doch haben sie sich dieß bey den Evangel. Lutherischen in Groß-Pohlen verschiedene mal ausgebeten, ja ausbedungen, sie möchten doch dergleichen Gebräuche und gottesdienstliche Handlungen, die nicht apostolisch genug sind, verbannen. Siehe z. Ex. bey dem sel. Herrn D. Jablonski in seiner *Historia Consensus Sendomir.* S. 198. allwo der XVIII. Artikel des zu Posen 1570. den 20. Mey getroffenen Verglichs zwischen den B. Brüdern, Lutherischen und Reformirten, also lautet: " Ceremonias & ritus " Papisticos sensim auferendos & omnino rejicien- " dos esse consemus, ut *Exorcismum,* imagines ido- " lolatricas, sanctorum reliquias, *usum supersti-* " *tiosum candelarum . . . cruces aureas & argenteas,* " ac his similia; ne per illa verbum Dei profane- " tur, & ne Antichristo patrocinari videamur. " Schlage auch ibidem S. 125. nach, da Herr Jablonski anzeiget, daß, als man Ao. 1633. zu Lissa, in Groß-Pohlen, die aus Schlesien und andern Orten allda angekommene Lutherische Flüchtlinge ganz willig auf- und angenommen, so habe man von ihnen unter anderm gefordert, sie sollten die Bilder, den Exorcismus und die Chor-Röcke bey den Begräbnissen weglassen. Diese billige Forderungen waren der Liebe gegen die damaligen Lutherischen gar nicht entgegen.

ter dem Buchstaben E. und bey meinem Namen liebloser Weise und ohne allen Grund der Wahrheit gesagt wird: Elsner richtet unter den Böhmen zu Berlin Unruhe an, so citirt man die 228. Seite bemeldten IX. Bandes der Kraft. Bibliothek. Wenn nun ein Wahrheitliebender Leser diese Seite ganz durchlesen wird, so wird er über diesen höchstanstößigen Ausdruk des Registers erstaunen müssen; denn er wird finden, daß ich obbesagter Massen an allen denen Begebenheiten, so daselbst vorkommen, nicht den geringsten Antheil gehabt habe, wenn sie auch alle (wie es doch nicht ist) wahr wären, weil ich bey dem Gesuch aller daselbst berührten Sachen noch in meinem Vaterlande saß, und weder Herrn Machern, noch einen einzigen Böhmen kannte, noch auch was vom Böhmischen Pfarr- und Schul-Hause wußte; und doch sezt man dieses alles unter meinen Namen und auf meine Rechnung, als wenn ich dieses alles angegeben und veranstaltet hätte; welches gewiß eine vorsezliche Bosheit u. unverantwortliche Feindseligkeit gegen mich verräth, weil man mich dadurch bey Unwissenden (denen die wahre Umstände nicht bekannt sind) recht sehr anschwärzen will. Denkt nun jemand noch überdieß demjenigen nach, was ich oben im ersten Abschnitt gezeiget habe, daß Hr. Macher beynahe alle daselbst berührte Umstände fälschlich angegeben habe, so wird er über die Verwegenheit des Registers erschreken müssen. So weit kan die leidige Verbitterung einen Menschen verleiten, daß er alle Billigkeit und Wahrheitliebe hindansezen, und sich auch der tastbaresten Vergehungen schuldig machen kan.*

### §. 83.

7) Nebst denen bishero beygebrachten und erwiesenen grössern und kleinern Unrichtigkeiten des Herrn M. Ehwalts äussern sich in seiner obbemeldten Recension auch verschiedene übelangebrachte Zweifel und Erläuterungen desselben, die von seiner Uebereilung zeugen können. Diese aber hat das oberwehnte Ignatianische Sendschreiben vom 6. Mey, 1754. S. 25. u. w. bereits gehoben und auseinander ge-

---

* Alle hier beygebrachte und dergleichen Vergehungen eines Mitarbeiters an der Kraftischen Theol. Bibliothek, des Herrn Ehwalts, habe zu seiner Zeit dem Hrn. D. Kraft geziemend angezeiget, und ergebenst gebeten, die beygefügte bescheidene Widerlegung seiner Theol. Bibliothek gütigst mit einzuverleiben, damit der Leser derselben die wahre Beschaffenheit der Sachen erkenne, und die gekränkte Unschuld gerettet würde. Es ist aber solches nicht geschehen, obgleich Herr D. Kraft in seiner Vorrede zu dem VIII. B. bemeldter seiner Bibliothek gegen das Ende dazu Hoffnung gemacht hatte. Denn da heißt es: „Es ist „uns um nichts mehr zu thun, als ... vorsezlich „niemand zu beleidigen, ... und den Verbesse„rungen oder Zusazen derer, die uns die eingeschli„chene Unrichtigkeiten in den Recensionen ihrer oder „fremder Schriften anmerken oder zusenden wol„len, gerne einen Plaz einzuräumen, und „noch dafür zu danken, ꝛc." Wie nun aber Hr. M. Ehwalt das erstere gar nicht beobachtet hat, indem er mich verschiedene mal recht vorsezlich beleidiget, so hat auch der Hr. D. Kraft die gemachte Hoffnung nicht erfüllet, ohnerachtet ich ihn um diese dem Publico schuldige Gefälligkeit zweymal ersucht.

gewikelt, so daß ich den geneigten Leser nur darauf verweisen kan. Und wer das, was da vorkommt, recht erweget, wird sich über gar manche Stelle der Recension recht sehr verwundern müssen. *

§. 84.

---

* Ich will davon hier nur eins und das andere beybringen, weil vielleicht erwehntes Ignat. Schreiben nicht allen meinen Lesern zu Handen kommen möchte. Herr Ehwalt scheint S. 235. Lin. 10. damit nicht zufrieden zu seyn, daß man den Exorcismum misbilliget; es wird ihm aber aus Lasitii bekannten Buche de Fratribus Bohemis, c. XXXII. §. 33, 34. gezeiget, daß derselbe den Böhmischen Brüdern allezeit sehr zu wider gewesen. Denn da heißts: „In „ Baptismatis quoque administratione eadem est „ puritas, absque cereis, unctionibus, sale, *exor-* „ *cismis*, & similibus, quæ humana excogitavit „ seu *superstitio* seu *curiositas*, *simplici divino instituto* „ *haud consensa*; quæ licet pro antiquis in Eccle- „ sia Ceremoniis venditentur, talia tamen Apo- „ stolis tribuere, religio est fratribus, haud ig- „ naris, nihil eos istius modi in baptizandis gen- „ tibus adhibuisse, &c." Bald darauf Lin. 11. und unten in der Note will Herr Ehwalt zeigen, daß das Handauflegen bey den B. Brüdern sehr üblich gewesen sey. Er führet zu dem Ende die Böhmische Kirchenordnung, so Ao. 1633. zu Lissa gedrukt worden, und des Lasitii bemeldtes Buch c. XII. §. 5. an. Es wird ihm aber angezeiget, daß er den Sinn des Verfassers nicht getroffen habe, weil in den recensirten Catechetischen Fragen die Rede keinesweges vom Handauflegen des Lehrers, sondern der Gevatern sey, und dieses leztere habe gar keinen Grund weder in der Schrift, noch in der apostolischen Kirche: Ja es wird noch überdieß aus des Lasitli von dem Herrn Ehwalt beygebrachten eigenen Worten gewiesen, daß da auch nicht einmal vom Handauflegen des Lehrers bey der Taufe geredet werde,
sondern

## §. 84.

β. Die nun in obbemeldter Ordnung folgende und jetzt kürzlich zu beleuchtende Paſſage des gelehrten Wochenblats, welches Hamburgiſche

---

ſondern vielmehr von dem Handauflegen des Lehrers im 12ten Jahre der Kinder, oder bey der Reception erwachſener Leute, die erſt in den Schoos der Kirche aufgenommen worden, weil da ausdrüklich ſtehet: „Fra-
„trum *Miniſtri* ſolent iis, *quos in Eccleſiæ membra reci-*
„*piunt*, manus imponere, tam puerorum *Baptizatorum*
„*capitibus, poſtquam ii duodecimum ætatis annum attige-*
„*runt; quam illis, &c.*" Wir nennen das heute die Einſegnung der Kinder zum Gebrauch des h. Abendmals. Von den Oblaten im Gebrauch des h. Abendmals war geſagt worden, daß ſie die meiſten Böhm. Emigranten, auch die von der Evangeliſch-Lutheriſchen Kirche, in unſern Landen mißbilligten. Dagegen nun hatte Herr M. Ehwalt in ſeiner Recenſion (S. 236. Not. *) eine Stelle aus dem *Laſitius* l. c. Cap. 32. §. 9. beygebracht, um zu zeigen, daß die B. Brüder im heiligen Abendmal Oblaten gebraucht hätten, weil da ſtehe: „Panis eſt illis *orbiculatus*, triticeus
„& infermentatus, *qualis nunc Latinis & Luthe-*
„*ranis*, olim & Græcis fuit." Es wird aber in bemeldtem Sendſchreiben S. 30. erwiederet, dieſe beygebrachte Worte des Laſiti müßten mit dem darauf folgenden 11 §. verglichen werden, (welchen Hr. Ehwalt verſchwiegen hätte, weil er ihm nicht dienlich war.); denn da ſtühnde: „Talis eſt hodie Ruſſis,
„niſi quod multo denſior, è cujus medulla futura
„Eychariſtia exſcinditur, ac vino injecta cochleari
„è calice hauritur, ſed *fratribus eſt craſſior ſoli-*
„*diorque*, nam Chriſtus *bucceas fractas* ſuis dabat."
Woraus erhelle, daß das Communions-Brodt der B. Brüder merklich dikke müſſe geweſen ſeyn, und mit den heutigen Oblaten der Lutheriſchen Kirche gar keine Aehnlichkeit (auſſer die runde Form etwa) gehabt habe. Endlich wird auch die Nothwendigkeit des Brotbrechens (S. 30-32.) erhärtet, und als etwas bey den B. Brüdern gewöhnliches angezeiget.

der neuen Refor. Böhm. Colonien. 601

gische Berichte von gelehrten Sachen genannt wird, stehet daselbst No. XXVI. auf das Jahr 1755. unter dem Artikel Hannover, und meldet eines Anonymi T. J. Tractätlein: Zuverläßige Nachricht von verschiedenen kleinen Schriften J. G. Elsners, ꝛc. * davon lediglich die Vorrede ganz hingesezet worden. Lieblosigkeit und Religions-Partheylichkeit sind die fürnehmsten Stüzen und Grundsäulen derselben, welche noch dazu mit allerley Unwahrheiten und Verleumdungen ausgeschmüket sind. Ich werde solches hier, ohne das Jus Talionis zu gebrauchen, nur ganz kurz und bescheiden anzeigen.

§. 85.

1) Wiederhole meine oberwehnte Aussage, daß sich nemlich Anonymus gar sehr irre, wenn er mich, nach des Herrn Ehwalts ihm in die Hand gegebenen Leitfaden, vor den Ignatius hält, und mir alles auf meine Rechnung sezet, was er gegen denselben so gar unbeschieden ** beygebracht hat. Ich finde zwar

in

---

\* Diese wahre Paßquille wurde hier als eine solche so gleich zu verkaufen verboten, und ich habe sie auf hohen Befehl in den Hamburgischen gel. Berichten vom Jahr 1755. No. LXV. S. 514-517. mit wenigem abgefertiget.

\*\* Die gar sehr grosse Unbescheidenheit des Anonymi leuchtet bald auf dem Titelblat hervor, da er seinem und der Lutherischen Kirche vermeinten Gegner mit seiner gewiß unhöflichen latein. Devise den Namen eines Ignoranten nicht undeutlich beyleget. Ich halte dafür, daß wenn man sich und seine Kirche mit solchen fleischlichen Wafen und mit einem so übelgesitteten

in den Ignatianischen Schriften nicht das sträf-
liche, was ihnen dieser lieblose und das Licht
scheuende Anonymus ungebührlich * zur Last
leget;

---

sitteten Ungestüm vertheidigen will, man sich und seiner Kirche wenig Ehre und Vortheil bringe. So
würde sich eine jede Religions-Parthey die Oberhand
anmassen können, wenn man den erhizten Leidenschaf-
ten den Zügel schiessen, und einem übertriebenen Religions-Eifer die Ehre der Wahrheit und Gründlichkeit einräumen wollte. Doch dieß gehet so nicht vor
dem gesitteten und uneingenommenen Publico. Bescheidenheit und Gründlichkeit sind eines Schriftstel-
lers fürnehmste Zierde, die ihm auch Ehre bringet.

* Hiebey kan ich nicht unangezeigt lassen, daß der un-
bescheidene T. J. in seiner Vorrede dem Hrn. Ignatius zweymal zunahe trette. a) Wenn er ihn beschuldiget, daß er sich auf des Hrn. D. **Krafts Theol.
Bibliothek** ohne alles Recht beziehe, da nur desselben Mitarbeiter, Hr. Ehwalt, hiebey beschäftiget
gewesen. b) Wenn er vorgiebt, daß Hr. Ign. aus
des Hrn. Ehw. Recension nur hin und her ein Stük
herausgerissen habe. Denn quoad a) so zeiget ja das
Sendschreiben vom 6. May 1754. S. 4. ganz
deutlich an, daß Hr. D. Kraft viel moderater zu seyn
pflege, als Herr Ehwalt; und also unterscheidet es
alles ganz wolbedächtlich, und bittet, Hr. D. Kraft
wolle doch auf den Hrn. Ehwalt Achtung geben, damit er behutsamer gebe. Ja es beziehet sich dasselbe
blos deswegen auf bemeldte Bibliothek, weil Hr. E.
seine lieblose Recension darinnen vor den Tag gebracht
hat. Sonst hat diese gar beliebte Bibliothek hieran
weiter keinen Theil, es wird ihr also auch nicht zunahe
getretten. Quoad b) so hat J. seine Anmerkungen
zu des Herrn Ehwalts Recension gewöhnlicher Massen
abgefasset, ohne was zu verstümmeln. Er citirt
die Seite und Zeile der Recension, und also muß ein
verständiger Leser seiner Anmerkungen die Recension
selbst vor die Hand nehmen, (wie bey Anmerkungen zu geschehen pflegt) so wird alles hell und klar seyn.

Denn

leget; doch sehe ich auch nicht ab, warum ich alles, was dagegen gesagt wird, auf meinen Namen solle sezen lassen.

§. 86.

2) Befremdet es mich nicht wenig, daß Anonymus (der mich doch vermuthlich gar nicht kennet, wie auch ich ihn nicht kenne) von mir bezeuget: Ich fürchte mich, meine Gemeine möchte mich wieder verlassen, da ich doch bey mir selbst von einer solchen Furcht gar nichts weiß, ja das Gegentheil davon empfinde, und von der guten Gesinnung meiner Gemeine gegen mich vollkommen überzeuget bin.

§. 87.

3) Hiernächst redet Anonymus auch aus Unwissenheit, blos nach Vermuthung, ohne allen Grund, daß ich des Calvini Lehre aus dem Heidelbergischen Catechismo und der Dordrechtischen Synode erlernet, da ich doch den Heidelbergischen Catechismum niemalen in meinem Leben gelernet, noch auch jemalen mir mit den Dordrechtischen Synodal-Schlüssen was zu thun gemacht habe. Hier schreibt der Vorredner eine vollkommene Unwahrheit, die er wol hätte weglassen können, damit er ohne Beschämung geblieben wäre. Doch damit er nu erfahre, nach welchem Catechismo ich nächst GOttes Wort unterwiesen worden sey,

---

Demnach nun müssen die sehr ungeübte Leser gelehrter Schriften gewesen seyn, von denen die Vorrede sagt, daß sie nicht gewußt hätten, was die Jgnat. Schriften haben wollten.

sey, so seze ich ihm so viel her, daß ich im Lißnischen Gymnasio (da aus gewissen Ursachen der Heidelbergische Catechismus gar nicht üblich ist) nach einem kurzgefaßten Catechismo der B. Br. Kirche unterrichtet worden sey, den ich auch bisdato liebe und beybehalte. * Nach der Zeit aber habe ich es in Berlin, Frankfurt an der Oder und Leyden in Holland einsehen lernen, daß die Lehrsäze der B. Br. dem Lehrgebäude der reformirten Kirche am nächsten kommen, und daß man sich als ein Glied der B. Brüder-Kirche zu den Reformirten am sichersten halten könne. **

§. 88.
4) Eben so ungegründet ist auch das Vorgeben des Anonymi, welches ich gegen das Ende

---

* Als ich Ao. 1747. im Septemb. zu Anfang bey meiner B. Br. Gemeine anlangte, und mich mit ihr über den Gebrauch eines Catechismi besprach, so bat mich dieselbe, ich möchte doch den Unitäts-Catechismum beybehalten, und sie und ihre Kinder darnach unterweisen, welches denn auch geschehen, und noch geschiehet.

** Daß die Lehre der B. Br. von jeher reformirt-gesinnt gewesen im XV. XVI. und XVII. Seculo, haben bereits vor Ignatio drey Evang. Lutherische Gottesgelehrten gezeiget, D.D. Hederich, Carpzov und Köcher, wie solches bekannt ist. Was ist denn also billicher, als daß sich wahre Liebhaber des Lehrgebäudes der B. Br. zu den Reformirten halten. Man hat dieß auch an den Böhm. Emigranten von jeher bemerket, daß sie immer in Sachsen und hier nach solchen Sachen gefraget, die mehr reformirt als lutherisch genannt werden können. Man hat ihnen aber dieses immer auszureden gesucht; und von den Reformirten hat man ihnen fürchterliche Begriffe beygebracht; welches sie nu oft erziehlen.

Ende seiner lieblosen Vorrede bemerke, als hätte ich es mir blutsauer werden lassen, aller Orten Allmosen-Steuer vor meine Gemeine zu sammeln, um die Leute immer mehr und mehr auf meine Seite zu ziehen. GOtt und redliche Freunde der Wahrheit hieselbst wissens, daß ich dieß nie im Sinn gehabt habe, jemanden auf meine Seite zu ziehen, und dieß noch dazu durch Allmosen. Davon bin ich von jeher ein grosser Feind gewesen, und habe es unsern Böhm. Nachbarn jederzeit vor übel genommen, daß sie gar manchen neuankommenden Böhmen durch Geschenke und übele Nachreden von uns, an sich zu bringen bemühet gewesen sind. Ja auch von denen, GOtt Lob! schönen Liebes-Gaben, die ich ohne blutsaure Bemühung unter GOttes herzlenkendem Seegen durch etliche ehrerbietige Bittschriften erlanget habe, ist keinem einzigen Böhmen, auch von meiner eigenen Gemeine nicht, ein Heller gegeben worden, sondern man hat alles nach der Wolthäter Absicht lediglich auf den Druk guter Bücher verwandt, und den Aufwand davon berechnet.* Hierbey habe ich völlige

Gewis-

---

* Diese Berechnung der uns zugesandten Liebes-Gaben ist nicht nur hieselbst Ao. 1754. denen Hochehrw. Hrn. Predigern, Herrn Gronau und Herrn Jablonski, als dazu von uns ehrerbietigst erbetenen Zeugen der grossen Mildthätigkeit unserer hohen Gönner und unserer Aufrichtigkeit, geziemend vorgeleget, sondern auch an verschiedene vornehme Gönner und Beförderer unsers Wohls in Ergebenheit gesandt worden, so daß hier gar kein Vorwurf mehr statt findet, auch

sattsam

Gewissens-Freudigkeit, und die lieblose Ausdrüke des Licht scheuenden Anonymi und seiner Mitgesellen stöhren mir dieselbe gar nicht. Vielleicht gönnet uns dieser ungenannte Mann diesen Segen nicht, den wir aus der Hand GOttes durch verschiedene theils bekannte, theils unbekannte wolthätige Herzen freudenvoll empfangen haben; wir aber preisen GOttes Güte darüber recht herzlich. Unsere Böhmische Nachbarn hatten auch bald nach uns im Druk der oben geprüften Macherischen Erläuterung, und darauf durch einen zu dem Ende ausgesandten Mann mündlich ihre Glaubens-Brüder um Hülfe ansprechen lassen; sie sind aber nicht eben glüklich gewesen. So hanget alles von GOttes herzlenkender Gnade und Erbarmung ab.

§. 89.

7. Hier nun hätte ich meine, ohnedem nicht gar zu angenehme, Arbeit endigen können, wenn ich nicht noch ein anders gelehrtes Wochenblat vor mir ligen sähe, welches die schon bemeldte Schmähschrift des Anonymi T. J. ebenfalls im Jahr 1755. recensirt, und dabey manche bodenlose Anmerkungen vor den Tag gebracht hatte. Es ist solches das XXXI. Stük der Hamburg. freyen Urtheile, woselbst unter dem Artikel von Danzig S. 248. diese erwehnte

---

sattsam daraus erhellet, daß alle diese Liebes-Gaben lediglich auf oberwehnte erbauliche Bücher verwandt worden sind.

## der neuen Refor. Böhm. Colonien. 607

erwehnte Recenſion geſchiehet *, wobey ich denn (auſſer dem oben ſchon erwehnten) noch dieſe grobe hiſtoriſche Fehltritte des Herrn Recenſenten bemerke.

1) Daß man vorgiebet, ich ſey 1751. anhero berufen worden, da es doch bekannt genug iſt, daß ich bereits Ao. 1747. anhero berufen worden, und auch im September gekommen bin. Woher mag doch wol dieſer grobe Fehler kommen?

2) Daß man ſaget, es wären hier erſt nur einige Böhmen reformirt geweſen, als ich hergekommen, da ich doch hieſelbſt 500. Böhmiſch reformirte Seelen vorgefunden habe, darunter bald Anfangs 320. Communicanten waren.

Qq 2                             3) Daß

---

* Auch die Herrn Verfaſſer der Göttingiſchen gel. Anzeigen und der Jenaiſchen gel. Zeitungen haben dieſe höchſt anzügliche Schrift im Julius 1755. recenſirt, und ſich dabey verſchiedener ſehr unbeſcheidener Ausdrüke gegen mich bedienet. Es ligt hierinnen eine groſſe Religions Parteylichkeit und übertriebene Eiferſucht zum Grunde, und verräth aller dieſer Hrn. Recenſenten groſſe Leichtglänbigkeit. Es ſcheint, der ſchmähſüchtige und von aller Höflichkeit ganz entfernte Verfaſſer dieſer Schrift habe nichts reales und gründliches vor den Tag zu bringen gewußt, und alſo hat er ſeine Bogen mit bloſſen Schmähungen und unanſtändigen Verſpottungen angefüllet, damit doch das Publicum was von ihm zu leſen bekomme; aber gewiß ohne allen Nuzen. Die Hrn. Recenſenten hätten demnach viel beſſer gethan, wenn ſie eine ſolche liebloſe Schrift von der Hand gewieſen, und damit ihre zu viel edlern Sachen beſtimmte Blätter nicht erſt unnüzer Weiſe angefüllt hätten.

3) Daß man mit Unwahrheit fortfähret, und vorgiebet, ich suchte die Böhmen durch allerhand Kunstgriffe zur Calvinischen Religion zu bringen, da mir doch solches nie beygekommen, theils weil ich mit meiner Gemeine schon ohnedem genug zu thun habe, theils auch, weil ich an solchen Kunstgriffen schon bemeldter Massen ein besonders Mißfallen habe.

4) Erhellet es nun auch von selbst, daß da ich das eben berührte Proselyten machen unterlassen, mir auch Herr Pastor Macher dasselbe nicht habe vorwerfen (wie hier vergeblich gesagt wird) noch auch dadurch einen Streit erregen können. Es ist gewiß ganz unbegreiflich, wie man dergleichen ganz falsche und blos erdichtete Dinge habe seiner Feder anvertrauen und in die Welt hineinschreiben können.

## Beschluß.

Wer siehet nun nicht aus diesem allem, daß alle bishero mit möglichster Bescheidenheit beleuchtete und auseinander gesezte Sachen nichts anders sind, als ein Gewebe von lauter Unrichtigkeiten, Lieblosigkeiten und schmähsüchtigen Verleumdungen, welches theils Neid und Mißgunst, theils aber auch einen übertriebenen Religions-Eifer zu seinem Verfertiger hat.

Es ist ganz wahrscheinlich, daß man hiedurch das Böhmisch-Reformirte Kirchenwesen bey

bey der ganzen Welt recht nachdrüklich hat
anschwärzen und verhaßt machen wollen, weil
durch daſſelbe aus dem Schoos der Evang.
Lutheriſchen Kirche an die 2000. und mehrere
Seelen getretten, und in den Schoos der
Evangeliſch-Reformirten Kirche gegangen ſind;
denn wer kennet nicht des leidigen Neides groſſe Kraft, die er über unwachſame Seelen hat.

 Vielleicht hat man uns auch eben dadurch
alle Quellen der Menſchenliebe und Mildthätigkeit bey hohen Gönnern verſtopfen, und
uns des fernern Guten unfähig machen wollen. Doch es iſt ihnen auch dieſes ihr un-
chriſtliches Vorhaben bey niemanden, als bey
leichtgläubigen * und mit niederträchtigen Vor-
urtheilen eingenommenen Gemüthern gelungen.
Geſezte und alles erſt wol prüfende Gemüther
haben ſich die Schmähſucht nicht verblenden,
noch zu einem übereilten Urtheil verleiten laſſen.

 Dieſe meine wenige Bogen werden hof-
fentlich das Glük haben, noch manche nicht
recht belehrte Herzen ſattſam zu überzeugen,

---

\* So hat ſich vor etlichen Jahren ein gewiſſer von
Adel im Meklenburgiſchen gegen einen Preußiſchen
Officier, deſſen Freund und Landsmann zu ſeyn ich
die Ehre habe, überaus entrüſtet herausgelaſſen, und
verſchiedene unanſtändige Redensarten gebrauchet,
weil er der Meinung geweſen, obbemeldte Verleumdungen hätten ihren ſichern Grund. Da nun aber
das Gegentheil von dieſen ſchändlichen Verleumdungen wahr iſt, ſo wird dadurch auch bemeldter Herr
von Adel von ſeiner Leichtgläubigkeit überzeuget werden. So kan ein ſchnöder Verleumder für ſich und
für andere viel Unheil ſtiften.

daß uns unsere bittere Feinde und Widersacher, so gegen uns ohne Noth aufgebracht sind, in der That gar oft und in gar vielem zu nahe getretten sind, und daß es also billig wäre, daß sie nicht nur endlich einmal uns zu betrüben, und unser unschuldiges Religions-Wesen durchzuziehen aufhörten, sondern uns auch, ihrer Pflicht gemäß, vor der ganzen gelehrten Welt wieder rechtfertigten. Da wir uns aber von ihnen und ihrer Herzenshärtigkeit so etwas kaum versprechen können; so bitten wir GOtt um Christi willen, er wolle nach dem grossen Reichtum seiner Gnade unsern gewiß unbilligen Verfolgern ihre sehr erhebliche Vergehungen nicht nur im Gewissen zu erkennen und zu fühlen geben, sondern sie ihnen auch gnädiglich verzeihen: Uns aber wolle der HErr ein reiches Maß der anhaltenden Geduld schenken, und seine Gnaden-Hand auch fernerhin über unserm ganzen Religions-Wesen halten, damit dasselbe nach seiner theuren Verheissung auch die Pforten der Höllen nicht übergwältigen mögen. Amen! ja Amen!

Attestat,

# Attestat,

welches die Reform. Böhmische Gemeine
in Berlin
### Herrn Wenceslaus Blaniski
gegen die Angriffe
### Herrn Andreas Machers
ertheilet hat
zu dem 38. §. Bl. 280. dieses Bandes.

---

Nicht ohne schmerzliche Rührung unsers Herzens haben wir ohnlängst erfahren müssen, daß die im Jahr 1751. den 30. April hieselbst ans Licht getrettene, bald darauf aber ihrer Bitterkeit wegen dem Publico Obrigkeitlich entzogene, und denn in dem Anhang zu dem XVII. Bande der *Actorum Histor. Eccles.* wolbedächtlich und a.  leicht zu errathenden Ursachen dem Publico wieder vorgelegte historische Schmähschrift des damaligen Lutherisch-Böhmischen Predigers hieselbst, Hrn. Andreas Machers, hin und her grossen Schaden angerichtet, vielen leichtgläubigen Lesern von unserer Gemeine sehr üble Meinungen beygebracht, und besonders dem um verschiedene Böhmische Colonien bestmeritirten Herrn Prediger Wenceslaus Blaniski, des §. 12. wegen

(Der

(der voll bitterer Ausdrüke und ungegründeter Auflagen stekel) bey seinen Gönnern und Freunden überaus grossen Nachtheil verursachet habe.

Wie wir nun unserseits eine hiegegen entworfene bescheidene Apologie bereits Ao. 1751. im August hieselbst einem hochpreislichen Evang. Reform. Kirchen-Directorio unterthänigst eingereichet, und zu Anfang des 1756. Jahrs nach Weimar an den hochgelehrten Hrn. Bibliothecarius Bartholomäi, als Verfasser der erwehnten Actorum Histor Eccles. gesandt haben, (ob sie gleich bis dato zu unserer Verwunderung in den bemeldten Actis Hist. Eccles. noch nicht vorgekommen ist) so finden wir es auch vor nöthig, die ohne alle dazu gegebene Gelegenheit und mit der grösten Herzens-Bitterkeit gekränkte Unschuld des Hrn. Predigers Blaniski nach unserm besten Wissen und Gewissen ohne alle Parteylichkeit zu retten, weil es gewiß ganz unerlaubt ist, daß man dergleichen bodenlose und ehrenrührige Verleumdungen so ganz ungescheuet in die Welt hinein schreibet, um nur Unwissenden oder Leichtgläubigen und Uebelgesinnten Lesern von einem Manne, der so etwas doch gar nicht verdienet hat, einen üblen Begriff beyzubringen.

Bemeldter §. 12. obberührter Schrift enthält verschiedene grobe Unwahrheiten, und einen mit Vorsaz unausgeführt gelassenen historischen Umstand in sich. Wir wollen hiemit lediglich der reinen und ungeheuchelten Wahrheit das Wort reden, und alle uns zuververläßig bekannt gewordene Umstände (ohne jemandem als vor GOtt etwas zu liebe oder zu leide zu sagen) blos historisch anzeigen.

Die ganze Sache lauft auf sechs verschiedene Fragen hinaus, die wir kürzlich und mit Grund der Wahrheit beantworten wollen.

Die erste Frage ist: Ob der Herr Prediger Blaniski ein catholischer Mönch gewesen sey?

Antwort: Wir können dieses weder bejahen, noch auch zuverläßig verneinen, weilen wir davon keinen zulänglichen Grund anführen können. So viel aber wissen wir mit Grund, daß er Ao. 1740. im Herbst als ein junger Mensch von etwa 20. Jahren hieher gekommen, und darauf als ein catholischer Proselyt in den Schoos unserer Kirche auf- und angenommen worden sey.

Die zweyte Frage bestehet darinnen: Ob der Herr Prediger Blaniski sich hieselbst jemals zur Lutherisch-Böhmischen Kirche bekannt habe?

Antw. Dieß wird ohne allen Grund der Wahrheit vorgegeben. Der Herr Prediger Blaniski wurde nicht lange nach seiner Anherokunft dem wohlseligen Herrn Oberhof-Prediger Jablonski vorgestellt, bald darauf von dem zeitigen Herrn Hof-Prediger Ramm in den Lehrsäzen unserer Religion unterwiesen, und endlich bey der damaligen Gemeine des Herrn Ramms in der hiesigen Werder-Kirche (ohne ſich vorher zu irgends einiger Proteſtantiſchen Kirche geſchlagen zu haben) zum Gebrauch des heiligen Abendmals admittirt, woraus denn von ſelbſt erhellet, daß er ſich zur hieſigen Lutheriſch-Böhmiſchen Gemeine nie bekannt habe.

Dieß leuchtet ſelbſt den hieſigen bittern Gegnern des Herrn Blaniski ein, daher ſie uns auch ihren in bemeldtem §. 12. hievon gebrauchten Ausdruk alſo erklären, daß Herr Blaniski mit ihnen zwar niemals zur Communion gegangen ſey, doch aber oftmals ihrem Lutheriſch-Böhmiſchen Gottesdienſt beygewohnet habe, welches auch wol gewiß iſt. Doch heißt dieſes nicht (wie §. 12. ſtehet) ſich zur Lutheriſch-Böhmiſchen Gemeine bekennen, ſondern nur ſich einige Zeit bey dem Lutheriſch-Böhmiſchen Gottesdienſte einfinden, welches von dem erſtern ohne Grund gebrauchten Ausdruk gar ſehr unterſchieden iſt.

Die dritte Frage iſt: Ob Herr Blaniski hieſelbſt öffentliche Uebelthaten begangen habe?

Antw. Dieſer höchſtbittere Ausdruk iſt gewiß unverantwortlich, weil man dadurch den Hrn. Blaniski bey Freunden und bey Feinden in einen höchſtnachtheiligen Verdacht ſezt. Wir können von ihm mit Grund der Wahrheit ſo etwas nicht ſagrn, ob er ſich gleich von Ao. 1740-1742. hieſelbſt gröſtentheils bey Leuten von unſerer Gemeine aufgehalten hat, und wir ihn bereits eine geraume Zeit zu kennen ften die Ehre haben. Ja es ist auch so etwas von ihm kaum zu vermuthen, weil er hieselbst Ao. 1740=1742. in dem Hause des wohlseligen Herrn D. Jablonski starken Verkehr gehabt hat; auch darauf durch Vermittlung des Herrn Past. Gronau nach Bremen an den Hrn. D. Nonnen, und nach Gröningen an den Herrn Professor Gerdes recommandirt worden ist, welches alles gewiß nicht geschehen wäre, wenn er hieselbst einige Uebelthaten ausgeübet hätte, geschweige wenn er sich öffentlicher Uebelthaten schuldig gemacht hätte.

Die hiesigen Lutherisch-Böhmischen Gegner des Herrn Prediger Blaniski (so am Ende der obbemeldten lieblosen Schrift unterzeichnet stehen, und zum Theil noch leben) wissen auch nichts anders anzuführen, als daß der Herr Blaniski sich Ao. 1741. von zwey Böhmischen Colonisten, Schwarzenberger und Kaudelka genannt, habe bereden lassen, ihnen eine vorhin schon gebrauchte Bittschrift des sel. Böhm. Predigers Herrn Joh. Liberda (die er einem gewissen Böhmischen Manne, Namens Woditschka, mit nach Holland gegeben hatte) mit seiner Hand abzuschreiben, und mit Beybehaltung des unterschriebenen Namens Liberda und Beydrukung eines Privat-Pettschafts nach Holland mitzugeben, damit sie bey den damaligen schweren Zeiten vor sich und die ihrigen etwas colligiren möchten, welches denn wol an sich selbst seine Richtigkeit hat, und ein Versehen genannt werden mag, doch aber nicht verdienet, daß mans

(noch

(noch dazu in der mehrern Zahl) mit dem Namen öffentlicher Uebelthaten belege, weil mit dieser Benamung weit grössere und schändlichere Verbrechen angedeutet zu werden pflegen. Es wäre viel besser gewesen, anstatt eines solchen bittern und verhaßt machenden unbestimmten Ausdruks die nu beygebrachte Sache selbst historisch und nach der Wahrheit beyzubringen, als sich durch einen so unbestimmten und hartlautenden Ausdruk an seinem Nebenmenschen so schreklich zu versündigen.

Die vierte Frage ist: Ob der zeitige Hr. Prediger Blaniski dieserhalb hier keinen Aufenthalt gefunden hab?

Antw. Aus unserer vorhergehenden Antwort erhellet die Unwahrheit dieses lieblosen Vorgebens sattsam; denn die obberührte Abschrift des Liberdischen Bittschreibens ist Ao. 1741. im Mey geschehen, und Herr Blaniski ist hieselbst von Ao 1740=42. in einem Strich fortgeblieben, und demnach hat ihn obbemeldte Abschrift gar nicht von hinnen getrieben, sondern er ist das Jahr darauf mit gutem Bedacht, wie oben erzehlet worden, nach Bremen und Gröningen recommandirt worden. Und also ist auch diese Auflage falsch.

Die fünfte Frage ist: Ob Herr Blaniski darauf von hier nach Holland gegangen sey?

Antw. Aus dem, was schon angeführt worden, siehet man zuverläßig, daß sich der Herr Concipient obberührter Schmähschrift abermals geirret habe. Als wir die hiesige

Böh-

Böhmische Gegner des Herrn Blaniski hierüber befraget, und ihnen das Gegentheil gewiesen hatten, so entschuldigten sie sich blos damit, es wäre ihnen Ao. 1742. nach des Hrn. Blaniski Abreise so gesagt worden, er wäre nach Holland gegangen. Doch sie bedenken dabey nicht, daß obgleich dieser historische Umstand von geringem Belang ist, man ihn doch dem Publico öffentlich nicht hätte vorlegen sollen, ohne sich vorhero darnach erst recht erkundiget zu haben. Den gemeinen Leuten, so sich auf diese Schrift unterschrieben haben, kan man diesen und auch alle andere vorhergegangene historische Fehltritte und lieblose Auflagen nicht so sehr übel nehmen, als ihrem Herrn Concipienten, der als ein Gelehrter mehr Vorsichtigkeit, und als ein Theolog mehr Sanftmuth und Wahrheitliebe besitzen sollte.

Die sechste Frage ist endlich: Ob sich Herr Blaniski bey der Böhmischen Gemeine zu Münsterberg in Schlesien eingedrungen habe?

Antw. Wer diese Frage mit Ja beantworten will, muß solches entweder aus Unwissenheit oder aus vorsezlicher Bitterkeit thun. Wem die noch bis dato vorhandene Schlesisch-Böhmische Acten und Protocolle von 1744.46. nicht ganz unbekannt sind, der wird es zuverläßig wissen, daß die Münsterberger-Böhmen (einige wenige Familien ausgenommen) beständig und ganz freywillig um den Herrn Blaniski gebeten, und ihn auch, alles Widerstands ohngeachtet, von Sr. Majestät würk-

würklich zu ihrem Seelſorger bekommen haben. Man hats zwar dem Herrn Blaniski und ſeinem häufigen Anhange der Böhmiſchen Emigranten 2. Jahr lang ſehr ſchwer zu machen geſucht, (wie man ſolches in den Acten nicht ohne Erſtaunen leſen kan); aber endlich hat er doch mit den Seinigen unter GOttes Beyſtand das Feld behalten, zugeſchweigen, daß es in unſern und den Schleſiſchen Landen nicht einmal thunlich ſey, daß ſich jemand bey irgends einiger Gemeine eindringen ſollte; es würde einem ſolchen gewiß übel bekommen.

Dieß iſt der kürzliche Verlauf der in Quæſtione ſeyenden Sachen. Wir bezeugen ſolches als vor GOtt mit Grund der Wahrheit, und beſtätigen ſolches unſer unparteyiſches Zeugniß mit unſerer eigenhändigen Unterſchrift und mit unſerm Gemein-Siegel.

Berlin, den 24. Merz 1757.

(L. S.)

**Joh. Theoph. Elsner,**
V. D. M. & Paſtor Eccleſiæ
Fratrum Bohem.
**Matthias Buzik,**
**Wenceslaus Roſenberg,**
Aelteſten der Böhm. Brüder-Gemeine zu Berlin.

VIII.

# VIII.

Johann Gottlieb Elsners

# Anekdoten

zu den

## Lebens-Umständen

dreyer

ansehnlicher und berühmter

## Gottesgelehrten

zu Berlin,

D. Jakob Elsners,

Johann Liberda

und

Augustin Schulzes.

---

Sprüche Sal. X. 7.

Das Gedächtniß der Gerechten bleibet im Segen.

Dem
Hochwürdigen und Hochgelehrten
Theologo,
HERRN,
Herrn Johann Alexander
Caßius,
Hochverdienten Seniori Dirigenti der Löbl. Böhm. Brüder-Unität in Groß-Pohlen und Pohlnisch-Preußen, treufleißigen Pastori der Pohlnisch-Reformirten Gemeine Christi zu Lissa, und bestmeritirten Rectori des illustern Lißnischen Gymnasii.

Meinem hochgeneigten u. höchstverdienten Herrn und Gönner
schreibet
nachstehende Bogen
unter den feurigsten Segens-Wünschen
mit der schuldigsten
Hochachtung und Ergebenheit
zu

der Verfasser.

### Hochwürdiger, Hochgelehrter Herr Senior!

### Mein insonders hochgeneigter und höchstzuverehrender Gönner!

Wenn ich mich bey meiner zeitigen überhäuften Arbeit und schweren Amts-Sorge zu erholen Gelegenheit habe, und dabey meinen abgematteten Geist recht erquiken will, so überdenke ich nur in der Stille das grosse Vergnügen, das ich vor jenen fünfzehen bis sechszehen Jahren in Ew. Hochw. liebreichem Umgange und nüzlichen Gesellschaft zu geniessen die Ehre gehabt habe.

Dieses unschuldige und wahre Vergnügen munterte meinen Geist damals gar sehr auf, und ich schäzte mich jederzeit gluklich, wenn ich durch den beliebten Umgang mit Denenselben bey mir einen immer grössern Anwachs in den Wissenschaften und in vielem andern guten verspürete.

Ew. Hochw. gar besondere Leutseligkeit und ungemeine Herablassung war mir allezeit ein liebreicher Vorwurf der Bewunderung. Selbe sassen damals schon am Kirchen-Ruder der löblichen Böhm. Brüder-Unität, und bekleideten also die ansehnlichsten Ehren-Stellen in geistlichen Bedienungen. Ich war einer von den jüngsten Brüdern und lezten Dienern des Göttlichen Worts in der Unität: Und doch würdigten Dieselben mich Dero ganz besondern Gewogenheit, und eines recht ver-

trau

traulichen Umgangs, so daß ich Dero zarte Liebe und ganz besondern Gemüths-Character in der Einsamkeit nicht selten bewundern mußte.

Ew. Hochw. haben dero reizende Zärtlichkeit und Gunst gegen mich geringen auch nach der Hand fortzusezen die Güte gehabt, als ich von Ihnen und dem so erquiklichen Umgange mit Ihnen entfernt zu leben befehliget worden war. Ein angenehmer Briefwechsel ersezte das, was mir der Entfernung wegen am Vergnügen abgieng. Dieser versüsset mir auch nu noch meine manigfaltige Arbeiten und viele Amts-Sorgen. Wenn ich von meinen Beschäftigungen am meisten ermüdet bin, werde ich durch wiederholte Lesung und schuldige Beantwortung derer mir von Denenselben gütigst zugesandten Handschreiben gar sehr gestärkt und heiter gemacht.

Dem allen Zufolge nun bin ich schon längst darauf bedacht gewesen, Ew. Hochw. meine wahre Ergebenheit und ehrerbietige Liebe öffentlich an den Tag zu legen, und Selbe eben dadurch zu überzeugen, wie groß der Werth von Deroselben Gunst und Wolgewogenheit in meinem dankbegierigen Herzen sey. Es hat sich solches bishero noch nicht recht fügen wollen: Nun aber beut sich mir hiezu eine bequeme Gelegenheit dar, dahero ich mir denn hiemit die Freyheit nehme, Denenselben nachstehende wenige Bogen und historische Abhandlungen zu einem wahren Beweis meiner schuldigen Hochachtung und Ergebenheit freudenvoll zuzuschreiben, und mich Dero anhaltenden

tenden Liebe und schäzbaren Gewogenheit eiferigst zu empfehlen.

Ew. Hochw. haben sich in meiner Gegenwart des wolsel. Herrn D. Elsners, als Ihres ehmaligen theuresten Gamaliels zu Berlin, gar oft mit ausnehmendem Vergnügen erinnert, und mir mit gerührtem Herzen angezeiget, was Selbe aus seinen lehrreichen Unterweisungen jederzeit vor grossen Nuzen geschöpft hätten. Da ich nun Ew. Hochw. hiemit einige zuverläßige Anekdoten zu desselben rühmlichen Leben ergebenst vorzulegen Gelegenheit habe, so zweifle gar nicht daran, daß Selben dieses historische Stük angenehm seyn werde. Bewundern Sie mit mir auch den Reichtum der Güte GOttes, der sich in der gar seltenen Führung des scharfsinnigen Hrn. Liberda und des gottseligen Hrn. Schulzes, meines wahren Freundes, deutlich ver-offenbaret hat.

GOtt, der da reich ist von Gnade und Barmherzigkeit, erhöre mein tägliches unwürdiges Seufzen für Deroselben wahres und recht dauerhaftes Wol, so wird es Denenselben gewiß nie an einigem guten mangeln. Der Erzhirte JEsus rüste Sie fernerhin aus mit Kraft aus der Höhe, und erhalte Sie zu seinem Preis, bey Ihren unterweilen zustossenden bedenklichen Leibes-Schwachheiten, in seiner Gnade vergnügt, damit Sie dem Polnisch-Evangelischen Zion GOttes noch eine lange Reihe von Jahren rühmlichst vorstehen, und dasselbe mit dem Ihnen ganz eigenen Ernst und Eifer nachdrüklich unterstüzen können. Am Ende Ihrer Tage aber, die auf das späteste hinausgesezet werden möchten, führe Sie der oberste Befehlhaber seiner Kirche, Christus, zu seiner wahren und ewig daurenden Ruhe ein, und lasse Sie daselbst den so herrlichen Gnadenlohn aller seiner treuen Knechte und Verehrer frolokend einernden und geniessen. Da wir uns denn, nach unserer zeitigen Zerstreuung und manigfaltigen Mühseligkeit, vor dem Thron des ewigen Erbarmers wiedersehen und den HErrn ungetrennt und ungestört miteinander freudigst loben werden.

Ich versichere übrigens Ew. Hochw. mit aufrichtigem Herzen, daß ich, Dero Huld und Liebe eingedenk, mir jederzeit ein wahres Vergnügen daraus machen werde, wenn ich im Stande seyn werde, Dero theuren Person und liebsten Angehörigen einige angenehme Dienste zu erweisen, der ich mit aller Hochachtung und ehrerbietigen Liebe bin

**Ew. Hochw. meines höchstzuverehrenden Hrn. Seniors und theuresten Gönners**

Berlin, den 18. April,
im Jahr 1760.

gehorsamster Diener,
**J. G. Elsner.**

Zuver

# Zuverläßige Anekdoten*
## zu des
### wolsel. Herrn Doctor und Kirchenrath
## Jakob Elsners
### zu Berlin
### Lebens-Umständen.

Der in der gelehrten Welt seit 40. Jahren her sattsam bekannte, und um die Kirche GOttes recht wolverdiente grosse Theologus, Hr. Jakob Elsner, erblikte im Jahr 1692. zu Saalfeld in Preussen das Licht der Welt.

*Sein*

---

* Diese Anekdoten schreiben sich von einem der nächsten Blutsfreunde des wolseligen Herrn Kirchenrath Elsners her, der sie mir ohnlängst mündlich erzehlet, und bezeiget hat, daß er sie zuverläßig wisse, weil er sie theils von einer nahen Anverwandtin zu Saalfeld, theils auch von dem sel. Herrn Kirchenrath selbst gehört und wol behalten habe. Sie werden dem Publico um so viel angenehmer seyn, weil man davon bißdato sehr wenig oder nichts hat in Erfahrung bringen können. Als der beständige Secretair der Berlinischen Akademie der Wissenschaften Herr Professor Formey, An. 1751. damit beschäftiget war, um die fürnehmsten Lebensumstände des sel. Herrn D. Elsners zu sammeln, war niemand, der ihm die erstern Lebensumstände des sel. Elsners beygebracht hätte; daher es denn geschehen, daß er dieselbe in der Französischen Histoire der Berlinischen Akademie der Wissenschaften auf das Jahr 1751.

Sein seliger Vater war allda Herr George Elsner, ein ansehnlicher Bürger und Kürschner, wie auch Rathsverwandter, welcher zu Lissa, in Groß-Pohlen, geboren und erzogen worden, als woselbst ** das Elsnerische Geschlecht

---

1751. nur mit wenigem berührt hat. Ich finde darinnen auch eines und das andere, das verbessert werden muß. a) Heißt allda unser Herr Kirchenrath ein *Mitglied des Consistorii* (du Consistoire,) da er doch nie ein Mitglied des Consistorii, wol aber des Evangelisch-Reformirten Kirchen-Directorii gewesen ist. b) Heißt die Parochial-Kirche zu Berlin, daran Herr D. Elsner als Prediger gestanden hat, l'Eglise Paroissiale du Cloitre, da doch dieser Beyname du Cloitre der Reformirten Parochial-Kirche nie gegeben wird. Die nicht weit von der Evangelisch-Reformirten Parochial-Kirche stehende Lutherische Kirche heisset die Kloster-Kirche, und stehet mit der Parochial-Kirche in gar keiner Verbindung, sondern wird von den Evangelisch-Lutherischen Predigern von der Nicolai-Kirche bedienet. c) Wird von den Elsnern zu Lissa bezeuget, daß sie einige Ländereyen besässen, so ihnen die Gräflich Leschtschinskysche Familie vor ihre gute Dienste geschenket hätte, da doch dieses gar keinen Grund hat, und vermutblich daher geleitet worden ist, weil ein Elsner (wie bald gesaget werden wird) von einem gewissen Grafen von Leschtschinsky ehedem das Dorf Lissa in Pacht gehabt hatte.

** Dieses Geschlecht ist wahrscheinlich schon im XVI. Jahrhundert aus Böhmen nach Pohlnisch-Lissa gekommen, weil dieser Ort eine gewöhnliche Freystadt vieler Flüchtlinge war. Als Lissa im XVII. Jahrhundert zu Anfang noch ein Dorf war, hatte es ein gewisser Elsner von dem damaligen Erbherrn und Grafen Leschtschinsky gepachtet, und wurde von dieser seiner gnädigen Erbherrschaft lieb und werth gehalten. Nach der

ſchlecht noch bis auf den heutigen Tag recht gut bekannt iſt, und ſich merklich fortpflanzet. Nachdem er in dieſer ſeiner Vater-Stadt die Kürſchner-Profeßion erlernt hatte, begab er ſich,

der Hand hat ſich dieſes Geſchlecht in fünf Aerme oder Stämme zertheilet, davon der eine ſehr herunter gekommen iſt, vier aber ſich noch bisdato erhalten und fortpflanzen. Der erſte meiſt eingegangene Stamm dieſes Geſchlechts, aus welchem unſer wolſelige Herr D. Elsner in gerader Linie herſtammen ſoll, kan der Brauerſtamm heiſſen, weil der lezte in Liſſa bekannte Hausvater deſſelben ein Brauer geweſen iſt. Der andere Stamm dieſes Geſchlechts kan der Pächter-Stamm genannt werden, weil es in demſelben von jeher Pächter gegeben hat. Der alte Herr Johann Elsner von denſelben lebet noch, und iſt ein Pächter auf Pohlniſch-Adelichen Gütern. Vier Söhne kommen von ihm her; Johann, der als erſter reformirter Prediger zu Alt-Brandenburg ohne Kinder verſtorben iſt; Benjamin, der in Liſſa Rathsherr iſt, und Kinder hat; Samuel, der die Schölzerey zu Grune bey Liſſa beſizet, und Leibeserben hat; Martin, ſo ein Ictus und in Ober-Schleſien in einem Städchen Burgermeiſter iſt, auch ſich fortpflanzet. Der dritte Stamm dieſes Geſchlechts kan der Kürſchner-Stamm heiſſen, weil Chriſtian Elsner aus demſelben zu Liſſa ein Kürſchner geweſen iſt; deſſen Sohn Chriſtian als ein Kaufmann zu Wengrow, 10. Meilen hinter Warſchan, auch 4. Söhne nachgelaſſen hat, nemlich Johann Gottlieb, Prediger zu Berlin: Daniel, Chirurgus zu Berlin; Stephanus, ein Zeugmacher zu Berlin; Andreas, irgendswo in der Frembe, ohne vor jezt beſtimmen zu können, wo er ſich aufhalte. Der 4te Stamm dieſes Geſchlechts kan der Müller-Stam heiſſen, weil der noch jezt lebende Samuel Elsner aus demſelben zu Liſſa ein Müller iſt, wie auch ſein Vater geweſen war, und ſich ebenfalls fortpflanzet.

Von

ſich, der unter den Profeßions-Verwandten üblichen Gewohnheit zufolge, auf die Wanderſchaft, und kam auf derſelben unter andern Oertern auch nach Saalfeld in Preuſſen, wo er ſich denn nicht ohne ſonderbare Fügung des Höchſten ſeßhaft niederzulaſſen und zu heurathen vor gut befand. Er hat in ſeiner Ehe 3. Söhne gezeuget, davon der älteſte * als ein Juris-

---

Vom fünften Stamm dieſes Geſchlechts iſt einer ein Schloſſer, und der ander ein Kupferſchmied zu Liſſa geweſen. Der erſtere ſtarb ohne männliche Erben; der letzte hinterließ einen Sohn, ſo ein Seifenſieder zu Liſſa iſt, und ſich vermehret. Eine Linie von dieſem weitläuftigen Geſchlechte iſt im verfloſſenen Seculo aus Liſſa nach dem Cleviſchen verleget worden. Ein aus Liſſa reiſender und ſeine Studia zu Franeker, in Friesland, fortſezender Elsner blieb im Cleviſchen, und hatte als ein dortiger Prediger 2. Söhne, davon ich einen als Prediger zu Xanten hinter Weſel und wolbetagt noch am Leben gefunden, und 1740. geſprochen habe. Der ander aber, ſein Bruder, war bereits verſtorben. Doch beyde haben im Cleviſchen ihr Geſchlecht merklich fortgepflanzet, ſo daß von dieſen Gebrüdern im Cleviſchen und Utrechtiſchen eine groſſe Anzahl weiblichen und männlichen Geſchlechts entſproſſen ſind, darunter der Profeſſor Theol. zu Utrecht Herr Gisbertus Matthäus Elsnerus der anſehnlichſte iſt. Der obbemeldte und hochbetagte Elsnerus (denn ſo nennen ſie ſich in den dortigen Gegenden) zu Xanten bezeugete mir, daß er von ſeinem Vater aus den Teſtimoniis Academicis ſo viel zuverläßig wiſſe und ſagen könne, er ſey Liſſa-Polonus geweſen; wie er aber mit den andern Elsneris in Liſſa zuſamenhänge, könne er nicht erfahren, ich habe es auch nicht ausfindig machen können.

* Dieſer älteſte Sohn des Saalfeldiſchen George Elsners ſtudirte anfänglich zu Königsberg in Preuſſen

Jurisconsultus und Stadtrichter zu Saalfeld
Todes verblichen, und zwey noch heute lebende
Söhne * hinterlassen hat; der jüngste in seiner
angehenden Jugend zu Saalfeld in der Pest
nebst seinen Eltern verstorben ist; der mittleste
aber, unser Herr Jakob Elsner, der Kirche
GOttes aufbehalten, und wunderbarlich versorget worden ist.

sen Theologie. Als er aber daselbst bey einem ange-
sehenen Mann in Condition stund, und durch eine
bodenlose schäudliche Verleumdung seiner Frau in
Noth gerathen, und um seine Gesundheit gekommen
war, so verließ er das Studium Theologicum, und
studirte Jura. Da nun kurz darauf Ao. 1709. in der
Pest zu Saalfeld sein Vater mit Tode abgegangen
war, und der Magistrat von Saalfeld an ihn schrieb,
ob er seines verstorbenen Vaters Haus annehmen oder
verkauft wissen wollte? so erwehlte er das erste, verließ Königsberg, und begab sich nach Saalfeld in seine
Vaterstadt, heurathete aus Preußisch-Holland eine
gewisse Jungfer Keßlerin, und wurde anfänglich
bey den Saalfeldischen Stadtgerichten Actuarius,
nachher aber Stadtrichter.

* Diese zwey Söhne des sel. Herrn Stadtrichter Elsners zu Saalfeld sind Herr David Elsner, der nun-
mehro seit 1753. als Prediger zu Wilhelmsberg in
Preußen stehet, und Herr Præceptor Elsner in dem
Mädchen-Waysenhause zu Potsdam. Der erstere ist
verheurathet, und pflanzet sein Geschlechte in Preussen fort; der leztere aber ist bisdato noch unverheura-
thet. Der leztere ist der älteste, und der erstere der
jüngste von diesem Preußischen Stamme. Herr David Elsner hat Ao. 1758. ein Schreiben an den
Königsberg. Herrn Rector Weber von dem gerechten und gnädigen Urtheile Davids gegen
den Mephiboseth, einen Beleidiger seiner Majestät, in 4to auf 4. Bogen herausgegeben, so hierüber eine neue Meinung vorträget, und den Mephiboseth eines Hochverraths beschuldiget.

Sein erwehnter seliger Vater war der Meinung, daß, da ein Handwerk, wie man zu reden pfleget, einen goldenen Boden habe, er nicht besser thun könne, als seine ihm von GOtt geschenkte Söhne dazu anzuhalten, daß auch sie eine Profeßion erlernen, und mit der Zeit sich davon nähren möchten. Weil aber seine Ehegattin anders gesinnet war, und ihren beyden ältesten Söhnen, nicht ohne einen geheimen Trieb des Höchsten, eine besondere Neigung zum studiren einflössete, so ließ er es, wiewol nicht ohne Mißvergnügen, zu, daß der älteste Sohn nach Elbing und von da nach Königsberg in Preussen gieng, und beym studiren blieb; den mittelsten aber, Namens Jakob, wollte er durchaus bey seiner Profeßion behalten, nahm ihn daher auch schon mit sich als ein zartes Kind auf die Jahrmärkte, und führete ihn zu allem an, was ihm, als einem künftigen Kürschner, hätte zu statten kommen können. Einsmals fügte es sich, daß, als er diesen seinen jungen Sohn Jakob bey sich hatte, und auf den instehenden Jahrmarkt sich über ein Wasser sezen lassen mußte, der Kahn, darauf sie übergesezet wurden, wider alles Vermuthen mitten entzwey gieng, und der kleine Elsner ins Wasser fiel, so daß ihn sein Vater kaum noch retten konnte. Hiedurch nun wurde dem von der Vorsicht zu ganz andern Sachen bestimmten jungen Jakob seines Vaters Profeßion und das damit verknüpfte Herumreisen noch mehr verekelt, so daß er, nicht ohne einen höhern Triebe, vest darauf bestuhnd,

stuhnd, dem Rath seiner Mutter zu folgen, und sich den Studiis zu widmen, welches denn sein Vater sehr übel aufnahm; und weil sein Sohn Jakob davon nicht abzubringen war, auch der dortige Schul=Rector vor ihn bat, daß er beym studiren gelassen werden möchte, weil er an ihm was besonderes verspüre, so gab solches der entrüstete Vater * wol zu, wollte ihn aber mit nichts unterstützen.

Doch die gütige Vorsicht fügte es nach ihrer alles in Händen habenden Macht und Weisheit, daß unser Jakob Elsner nicht nur in dem damals sehr berühmten Elbingischen Gymnasio wunderbarlich versorget und erhalten wurde, sondern auch in den Wissenschaften sehr zunahm, so daß er in kurzem die hohe Schule zu Königsberg in Preussen besuchen, und seine theologische Studia ungehindert fortsezen konte.

Weil er aber hier nicht viel hatte, und sich also sehr kümmerlich behelfen mußte, so verdoppelte er seinen Ernst und Fleiß im studiren, und brachte es in kurzem so weit, daß er eine ihm in Curland angetragene Information

---

* Das giebt unser wolsel. Herr Kirchenrath selbst deutlich zu erkennen, wenn er in seiner Lingischen Abschieds=Predigt im Gebät (S. 422. seiner Predigten) sagt: „ Wunderbarer Weise hast du mich „ von meiner Jugend an geführt, ohne den Willen „ meiner Eltern, durch tausend Hindernisse zum „ Dienst deines Worts durchdringen lassen, ꝛc. " Und weiterhin (S. 423.) heißts: „ Du hast mir, da „ ich selbst nichts hatte, und von aller Menschen Hülf „ verlassen war, alles gegeben, ꝛc. "

mation mit gutem Bedacht annehmen, und ihr recht wol vorstehen konnte.

Da aber die Vorsicht mit ihm etwas besonders vorhatte, so gab sie ihm durch das reformirte Kirchen-Presbyterium zu Königsberg in Preussen einen Wink, und befahl ihm im neunzehenden Jahre * seines Alters, die an der Königsberger reformirten Schule erledigte Conrector-Stelle ohne alles Bedenken anzunehmen, und eben dadurch sich den Weg zu höhern Sachen und Wissenschaften zu bahnen.

Denn hier geschahe es, daß unser wolselige Herr Elsner seine vorhin durch Armuth etwas unterbrochene Studia mit grossem Ernst fortsezte, und dabey doch seinem Amte vollkommen genug thate: Ja eben hier war es, da er auch nach der guten Hand GOttes in den Stand gesezt wurde, sich einige Baarschaft zu sammeln, und darauf eine ihm nüzliche und rühmliche Reise nach Holland zu thun: Denn weil er nebst seiner grossen Deutlichkeit und Fähigkeit in der Schularbeit, auch im Predigen von GOtt sehr schöne Gaben bekommen hatte, und deshalb in Königsberg sehr beliebt

---

* Diesen historischen Umstand hat der oberwehnte nahe Blutsfreund des wolsel. Herrn Kirchenraths von ihm selbst mehr als einmal gehöret. Und als er sich darüber verwundert, daß der wolsel. Herr Doctor Elsner so früh ins Amt gekommen, so hat er ihm geantwortet: „Ihr dörft euch darüber nicht wundern, „es ist wahr. Was hätte ich das denn nöthig, daß „ich euch so etwas ohne Grund vorreden sollte?" Andere geben das 23. Jahr des sel. Herrn Doctor Elsners hiebey an.

beliebt geworden war, so hörte man ihn nicht nur gerne predigen, sondern man beschenkte ihn auch bey solcher Gelegenheit oftmals auf das reichlichste. Die damals mit ihm in Königsberg gelebet haben, bezeugen, daß man ihm nach gehaltener Predigt gemeiniglich zu einem, zwey, auch mehrern Ducaten in den Hut geworfen, auch noch nach Hause manche ansehnliche Präsente geschikt habe, so daß er jede Predigt sehr reichlich bezahlt bekommen; er ist auch von einigen vornehmen Häusern nach der dortigen Gewohnheit zu ihrem absonderlichen Cabinets-Prediger ernennt worden, welches ihm denn auch viele Gunst und Geschenke zuwegen gebracht hat, so daß ihm die Erinnerung seines Königsbergischen Conrectorats nie anders als angenehm seyn können.

Eben hier war es auch, da er den Anfang zu seinen hernach so sehr beliebt gewesenen Observationibus sacris in N. Test. gemacht hat, davon der erste Theil in 8vo bald darauf zu Utrecht zum Vorschein kam. Und eben dieses Vorhaben mag ihn auch wol bewogen haben, daß er bey den damaligen Vorstehern der Königsberger Schule geziemende Ansuchung that, man möchte ihm doch gütigst erlauben, einige auswärtige hohe Schulen zu besuchen, und sich eben dadurch zum Dienst des Herrn und auch der Schule noch fähiger zu machen, welches ihm denn auch accordirt wurde, doch mit dem Beding, daß er indessen auf drey Jahre, die er wegbleiben wollte, jemand vor sich vicariren lassen, und ihm

ihm dafür die Helfte des Conrector-Gehalts abtretten mußte, damit die Schule nicht ganz verabsäumet wurde. Man sahe es wol ein, daß unser Herr Elsner einen grossen Trieb zu guten Wissenschaften habe, und daß er mit der Zeit dem Vaterlande und dem Publico ersprießliche Dienste thun würde, daher trug man Bedenken, ihm in seinem löblichen Gesuch entgegen zu seyn.

Kaum hatte er diese verlangte Erlaubniß in die Fremde zu reisen erhalten, so notificirte er solches seinem ältesten Bruder in Saalfeld; Und obgleich dieser ihm anfänglich seinen Beyfall versagte, weil er sich aus Liebe gegen ihn befürchtete, er möchte um seine gute und ruhige Conrector-Stelle kommen, und solches zuspät bedauren, so gab er ihm doch hernachmals seinen vollkommenen Beyfall, als er von ihm vernommen hatte, daß er das Conrectorat beybehalten, und doch in die Fremde reisen könnte.

Seine Reise gieng durch die fürnehmsten Städte Deutschlands nach Holland, wo er sich besonders Utrecht zu seinem Aufenthalt erwehlete, daselbst in Doctorem Theologiæ promovirte, und seinen zu Ende gebrachten ersten Theil der Observationum S. in N. Test. abdruken ließ, der ihm sowol in Holland als Deutschland vielen Ruhm erwarb. Auf der Universität zu Leyden hielt er sich auch einige Zeit auf, und beförderte allda seine Dissertationem de Lege Mosis per Angelos data, &c. zum Druk.

Auf

Auf seiner Rükreise kam er nach Lingen, im Westphälischen, in der Grafschaft Lingen, und weil eben damals ein dortiger Prediger krank darnider lag, so wurde er ersucht, vor ihn zu vicariren. Da er nun hier einen allgemeinen Beyfall fand, und der erwehnte kranke Prediger starb, so bekam er desselben vacant gewordene Prediger-Stelle, und dabey zugleich ein theologisches Professorat an dem dortigen academischen Gymnasio; welche beyde Bedienungen er einige Zeit mit vielem Ruhm verwaltete, auch hernach nicht anders, als mit Zwang, von ihnen getrennet wurde, indem er sichs vest vorgenommen hatte, hieselbst zu leben und zu sterben: weswegen er denn auch bey dem Antritt seiner Lingischen Bedienungen das Königsberger Conrectorat so gleich aufgab, und von seiner Vaterstadt Saalfeld ziemlich weit entfernt war.

Während der Zeit, daß unser Herr D. Elsner in Lingen arbeitete, geschahe es, daß der damalige Rector des Joachimsthalischen Gymnasii zu Berlin, Herr D. Volkmann, mit Tode abgieng. Und als man sich eben damit beschäftigte, diese wichtige Schulstelle wieder mit einem tüchtigen Subjecto zu besezen, so kamen hiebey Ihro Excellenz, der damals lebende Königliche Oberhof-Marschall, Herr von Prinzen, mit ihren Gedanken auf unsern Herrn D. Jakob Elsner (als welcher diesem grossen Musen-Freunde zu Utrecht seinen oberwehnten Theil der Observat. Sacr. in N. Test. unterthänigst dedicirt hatte,) schlugen

gen ihn Sr. Majestät glorreichen Andenkens Friederich Wilhelm zum Joachimsthalischen Rectorat allerunterthänigst vor, und bekamen sogleich Befehl, unsern D. Elsner aus Lingen nach Berlin zu erwehntem Rectorat zu berufen; welches denn auch ohne allen Anstand geschehen.

Doch so angenehm als auch manchem dieser vortheilhafte Ruf möchte gewesen seyn, so unangenehm war er unserm Herrn D. Elsner; er erschrak über den Empfang desselben recht heftig: und da er zu der Annehmung desselben gar keine Freudigkeit, wol aber vielen Widerstand bey sich verspürete, so wurde er gedrungen, denselben zweymal * allerunterthänigst zu verbitten, und nach der wahren Gesinnung seines Herzens in Demuth anzuzeigen, daß er in Lingen bey seiner Gemeine zu leben und zu sterben entschlossen sey; weil es aber im Rath des Höchsten einmal beschlossen war, daß unser Herr Elsner Lingen verlassen,

---

* Dieses sagt unser theurer D. Elsner selbst ganz freymüthig in seiner Lingischen Abschieds-Predigt (S. 449. seiner gedrukten Predigten): „Die „meiste unter euch wissen, (spricht er) und alle „können davon überzeuget seyn, daß ich mich gegen „diesen Beruf (nach Berlin) gesezet, und zu verschiedenen malen geweigert habe, ic." Und in seinem Gebett sagt er (S. 423.) mit gerührtem Herzen: „GOtt, du weist, was vor eine Betrübniß und „Angst mir dieser unbegreifliche Zufall verursachet „hat, ic. . . . dennoch rufest du mich von hier, HErr, „HErr! ich lege mich denn nieder zu deinen Füssen; „dein Wille, verborgener GOtt! geschehe; hier ist „dein Knecht; ich gehe, wohin du mich senden willst."

sen, und nach Berlin gehen sollte, so wurde ihm im Namen Sr. Maj. dieser dritte und geschärfte Befehl zugefertiget, entweder von Lingen nach Berlin zu gehen, oder Sr. Maj. Königliche Lande so gleich zu räumen. * Wodurch denn also unser Herr D. Elsner, als ein getreuer Unterthan Sr. Majestät in Preussen, sich im Gewissen verpflichtet sahe, diesem allerhöchsten und ganz unvermutheten Befehl GOttes und seines Landesherrn nachzuleben, und seine Lingische theologische Bedienungen mit dem Joachimsthalischen Rectorat zu Berlin zu verwechseln.

Dieß geschahe im Jahr 1722. Seine zu Lingen gehaltene Abschieds-Predigt, die gewiß lesenswürdig und rührend ist, und sich am Ende seiner Ao. 1729. zu Berlin gedrukten XII. Predigten, von der grossen Glükseligkeit der wahren Christen, befindet, thut solches dar; denn sie ist Ao. 1722 den 20. Septemb. allda gehalten, und bald darauf der dortigen Gemeine im Druk überreicht und zugeschrieben worden.

Mit was vor Segen, Ruhm und wesentlichem Nuzen für die Jugend unser Herr D. Elsner an dem Joachimico zu Berlin gearbei-

---

* Diesen historischen Umstand habe auch ich aus des wolsel. Herrn D. Elsners Munde bey Gelegenheit mehr denn einmal gehöret. Es bezeugete derselbe nicht selten, er könne es selbst nicht sagen, wie es gekommen, daß er bey sich einen so grossen Widerwillen, nach Berlin zu gehen, verspüret habe, da doch dieser Wechsel sehr vortheilhaft gewesen.

beitet habe, kan niemand beſſer beſtimmen, als der, ſo unter ihm ſtudirt hat, und einen Augen= und Ohren=Zeugen ſeiner groſſen Gaben, ſeines Fleiſſes und ſeiner Gründlichkeit abgegeben hat. Seine Antritts=Rede de Eruditione cum Pietate conjungenda hat er in ſeinem ganzen Rectorat beſtätiget und erhärtet, und ſtets beſonders auf eine ungeheuchelte Gottſeligkeit gedrungen, als ohne welche die Gelehrſamkeit nichts denn Schaden gebihret.

Seine ehemalige Schüler und Zuhörer im Joachimico haben mir oftmals mit ganz beſonderm Vergnügen erzehlet, daß er ein vortreflicher Redner, ein gründlicher Gottesgelehrter und ein recht klar und deutlich unterrichtender Lehrer geweſen ſey, ſo daß man ihn jederzeit mit dem innigſten Vergnügen angeſehen und gehöret habe. Predigte er unterweilen in der Dom= und Ober=Parochial=Kirche, ſo hatte er einen ungemeinen Zulauf von Hohen und Niedern, von Groſſen und Kleinen, von Alten und Jungen, und auch ſeine Feinde mußten ihm das Lob beylegen, daß er einer der rührendſten geiſtlichen Redner ſey, der ſeines gleichen weit und breit nicht habe. Dieſes iſt in Berlin bey allerley Glaubensverwandten ſo bekannt, daß man etwas vergebliches und unnöthiges thun würde, wenn man es weitläuftig darthun wollte.

Die Joachimsthaliſche zahlreiche Jugend, die zu ſeiner Zeit noch keine Inspectores Morum hatte (deren nu achte ſind,) wußte er durch ſeine ernſthafte Vorſtellungen dergeſtalt im Zaum zu halten, daß sich ein jeder darüber verwundern muß, der die Ungebundenheit derselben zu D. Volkmanns Zeiten gesehen hat, und der nu noch siehet, wie viel Mühe es koste, sie in den nöthigen Schranken zu erhalten, obgleich so viele Aufseher mitten unter denselben wohnen.

Der oberwehnte Herr Oberhof-Marschall von Prinzen war sein gar besonderer Gönner, so daß er fast täglich an seiner Tafel speisen mußte. Und als Se. Excellenz dieses Zeitliche gesegneten, so empfohlen Sie ihm ihr ganzes Haus bestens, weil Sie überzeuget waren, daß seine Einsichten jederzeit gut, und seine Absichten allzeit redlich waren. Demnach nun geschahe es auch, daß unser Herr D. Elsner in dem von Prinzenschen Hause jederzeit sehr lieb und werth gewesen, so daß fast nichts ohne sein Vorwissen darinnen vorgenommen, geändert oder vollführet worden. Der leidige Neid hat hieraus manches Verleumdungs-Gift gesogen, aber sich selbst damit nur vergebens gequälet, indem alles, was hiebey vorgefallen, als vor GOtt, rein und lauter gewesen ist.

So rühmlich und einträglich nun aber auch dieses Rectorat am Joachimico war, so ließ sich unser Herr D. Elsner doch Ao. 1730. bewegen, daßelbe mit der zweyten Prediger-Stelle an der Parochial-Kirche * zu Berlin

---

* Dieß geschahe nach dem Hintritt des eiferigen Herrn Kirchenrath Schmidtmanns, da denn der gewesene zweyte Prediger Herr Klug hinaufrükte, und unser Herr D. Elsner zweyter Prediger wurde.

zu verwechseln. Ein heftiger Trieb zum Predigen und vielleicht auch eine unsträfliche Sehnsucht nach Ruhe, die bey einer so grossen Anzahl junger und meist unbändiger Leute schwerlich zu finden ist, waren die Bewegursachen, die ihn diesen Schritt zu thun vermochten.

Daß er als Rector zu Berlin seinen zweyten Tomum Observationum Sacr. in N. T. zu Utrecht habe abdruken lassen; daß er nach des Herrn Prediger Klugs Tode erster Prediger am Parochial geworden, und nie ohne grossen Zulauf geprediget habe; daß er seine obbenannte Predigten Ao. 1729. in 4to habe druken lassen; daß er zwey Theilchen in 8vo von der heutigen griechischen Kirche zum Behuf der nothleidenden griechischen Christen habe herausgegeben *; daß er Ao. 1738. sich ver-

---

* Der wolsel. Herr Kirchenrath Elsner hat bey dieser Gelegenheit manches Mißvergnügen gehabt, und verschiedener Neider und Splitter-Richter lieblose Urtheile erst besiegen müssen, ehe er diesen seinen Endzwek erreichet hat. Siehe hievon seine Fortsezung der neuesten Beschreibung der griechischen Christen von 1747. S. 1-56. oder die Zusäze zum ersten Capitel. Liß desgleichen seine Vorrede zu erwehntem historischen Tractat. Da heißt es hievon unter andern: „Allmosen-Sammlungen
„ vor die bedrängte und dürftige Griechen, welchen
„ Zwek sonst das Buch auch hatte, sind nicht ange-
„ stellet, auch nicht begehrt worden. Es stieg gar
„ bald ein Verdacht gegen den Archimandriten auf,
„ und wurde von leichtgläubigen und lieblosen Men-
„ schen auf eine so arge und nachtheilige Art ausge-
„ streuet, daß ich billig Bedenken trug, mich mit sol-
„ chen Sammlungen zu bemühen und zu beschweren,
„ die

verheurathet *; daß er seinen Commentarium über den Brief an die Philipper in Predigten und Noten zum Besten des Magdenb. Wanſenhauſes habe ans Lichte ** geſtellet; daß er bey dem Evang. Ref. Kirchen-Directorio ein Membrum oder Kirchenrath geworden, und Königlicher Commiſſarius beym Armen-Directorio, auch ein Mitglied der Berliniſchen Academie der Wiſſenſchaften und Director der Philologiſchen Claſſe in derſelben geweſen ſey, auch ſehr oft zu Schloſſe geprediget habe, ꝛc. Das alles laſſe ich hier unausgeführet, weil es zum Theil ſattſam bekannt, zum Theil auch

---

„ die nur dem Neid neues Futer, und den Läſtern
„ Gelegenheit geben konnten, ihre Bosheit auszu-
„ ſchütten . . . . . Dennoch haben verſchiedene Chri-
„ ſten bey dem Kauf des Buchs mehr als den geſezten
„ Preiß freywillig erleget, und mich dadurch in den
„ Stand geſezet, daß ich nicht allein die des Druks
„ und der Kupfer halber aufgewandte Koſten leicht
„ beſtreiten, ſondern auch, auſſer dem, was ich von
„ dem meinigen gar gerne beygetragen, dem Archi-
„ mandriten eine anſehnliche Summe zu ſeiner zwey-
„ fachen Reiſe auszahlen können, welches ich mit
„ deſſen Hand beweiſen kan. So viel und noch mehr
„ werde, ſo bald das vor die übrigen Stüke des
„ Buchs bedungene erhalten, durch einen Wechſel
„ nach Conſtantinopel übermachen, und das gehö-
„ rige Zeugniß darüber beylegen, ꝛc.

\* Dieß geſchahe mit der verwittibten Frau Hofräthin Senning, ſo eine Geborne von Stoſch war. Sie iſt ihrem ſel. Ehe-Herrn Ao. 1758. in die frohe Ewigkeit nachgefolget.

\*\* Dieſer deutſche Commentarius iſt auch ins Holländiſche überſezet worden, ſo doch nicht zum beſten gerathen ſeyn ſoll.

auch in verschiedenen Biographien der Gelehrten schon vorgekommen ist.

Seine längst verlangte neu aufzulegende und stark zu vermehrende ObservationesSacræ sollten nach seinem gemachten Entwurf in 4to in drey Theilen ans Licht tretten, und mit vielen theologischen Erläuterungen und Anmerkungen bereichert werden. Es hat aber sein unvermutheter Todesfall dieses gute und sehnlich gewünschte Vorhaben unterbrochen. Den ersten Theil davon in Matthäum und Marcum habe ich rein und ganz abgeschrieben gesehen, wiewol seine fleißige Hand noch immer was hinzuzusezen fand. Man macht uns Hoffnung, daß dieser erste Theil auch noch werde zum Vorschein kommen, das übrige aber möchte wol als unausgearbeitet ligen bleiben. Die lezte gelehrte Arbeit unsers wolseligen Herrn Kirchenraths, darinnen er seine starke Belesenheit in den griechischen Auctoribus aufs neue gezeiget hat, ist sein zu Berlin in 4to Ao. 1744. bey J. G. Michaelis abgedruktes „Sche„diasma Criticum, quo Auctores aliaque „Antiquitatis Monumenta, Inscriptiones „item & Numismata emendantur, vin„dicantur & exponuntur." Dieses Werkgen trat kurz darauf ans Licht, als unser Herr Kirchenrath Director Classis Philologicæ bey der Berlinischen Academie der Wissenschaften geworden war.

Im Jahr 1746, 47. leistete unser theurer Herr D. Elsner denen Böhmischen Emigranten zu Berlin, so sich allerhöchsten Orts einen

eigenen

eigenen Prediger aus der Böhmischen Brüder-Unität zu Lissa in groß-Pohlen alleruntertänigst ausbaten, manche angenehme und ersprießliche Dienste; besonders da sie bereits über ein halbes Jahr fruchtlos supplicirt hatten. Ihro Durchläucht, der Fürst Leopold von Dessau, hochstsel. Andenkens, wurden von unserm Herrn Kirchenrath Elsner gar leicht dahin bewogen, daß Sie sich der verlassenen Böhmischen Emigranten bey Sr. Maj. dem Könige, huldreichst annahmen, und ihr ganzes Anliegen recht ernstlich beförderten, daher denn auch alles recht glüklich von statten gieng; wie anderswo gezeiget worden ist. Siehe die Weymarische *Act. H. E. Part. XCVIII. No. III. Sect. II.* gegens Ende. Die öffentliche Introduction des neuangekommenen Predigers aus der B. Brüder-Unität in Groß-Pohlen J. G. Elsners, so den 17. Sept. 1747. in der Bethlehems-Kirche zu Berlin vor sich gieng, und die den 14. Sept. vorher gemachte Einrichtung des Simultanei in erwehnter Kirche, wurde ihm auch hohen Orts aufgetragen, und mit Weisheit verrichtet. Seine rührende Einführungs-Rede erläuterte die Worte Psalm CXXIX. 1, 2. Bey diesem ersten Böhmisch-Reformirten Gottesdienst taufte auch unser Herr Kirchenrath bald nach gehaltener Introductions-Rede das erste Böhmisch-Reformirte Kind männlichen Geschlechts, so des ersten eben damals öffentlich introducirten Böhmisch-Reformirten Lehrers zu Berlin erster und ältester Sohn war.

S s 4     So

So stark und munter unser Herr Elsner auch sonst von Natur war, so schienen doch seine Kräfte die lezten 2. bis 3. Jahr ziemlich abzunehmen. Seines Lebens Ausgang habe zum Theil mit meinen Augen angesehen. Eine unvermuthete, aber sehr grosse Alteration war der Grund und Ursprung seiner lezten Krankheit. Eine Geringschäzung * derselben beförderte und vermehrte dieselbe, und brach in eine starke Kraftlosigkeit aus, dabey sich ein starker Durchfall und ein heftiges Schlukken einfand, und unsern theuren D. Elsner in wenig Tagen der Zeitlichkeit entriß, auch eben dadurch überaus viele gelehrte und ungelehrte Verehrer seiner seltenen Gaben in Berlin, und ausser Berlin, schmerzlich betrübete.

Der nun auch schon in die Ewigkeit gegangene Herr D. Razky, so unsers wolseligen Herrn Kirchenraths gewöhnlicher Haus-Medicus war, that hiebey alles mögliche, um diesen der Kirche GOttes so nüzlichen Mann noch zu retten; es wollte aber nicht gelingen. Die Zeit seines Abschiedes war vorhanden; er verschied in seinem Erbarmer, Ao. 1750. den 8. Octob. im 59. Jahre seines Alters.

Auf seinem Sterbebethe that er noch ein sehr rührendes Gebett zu GOtt, (wie er denn in seinem Leben eine gar besondere Gabe des Gebetts hatte) und empfohle ihm darinnen unter andern seine hochbetrübte Ehegattin mit

Weh-

---

* Unser sel. Herr Doctor pflegte sich nicht sehr zu schonen; daher er auch diesen Zufall nicht achtete, sondern immer fortarbeitete, bis er ligen bleiben mußte.

Wehmuth. Als ihm nun dieselbige dafür dankte, so bezeugete er ihr, daß er solches, was nun geschehen, oftmals für sie im verborgenen gethan habe.

Sein Leichbegängniß wurde den 13. October ohne allen Pracht des Abends spät gehalten, wobey ein nun noch lebender gelehrter Kirchen-Vorsteher, so ein wahrer Kenner und Freund des wolsel. und ruhmvollen Mannes war, in diese nachdenkliche Worte ausbrach: „ Ich bedaure den Verlurst dieser grossen * „ Stüze unserer Kirche! Nach seinem Tode „ werden wirs erst erfahren, was wir an ihm „ verloren haben. ”

Unser Herr Kirchenrath starb ohne Leibes-Erben, und vermachte sein ansehnliches ** Vermögen vier piis Corporibus; der Parochial-Kirche, daran er an die 20. Jahr gestanden;

der

---

* Herr D. Elsner war eine Stüze seiner Kirche im geistlichen und leiblichen. Er lehrete sehr überzeugend und rührend, und wußte auch zur Wolthätigkeit rührend anzusporren. Er hatte seiner Kirche viele schöne Legata zugezogen, und sie eben dadurch bereichert, da sie ehedem noch Schulden hatte.

** Man schäzet es 36000. Thlr. in allem, wie mir ein vornehmer Verwandter des Wolseligen gesagt hat. Es ist aber über diese Verlassenschaft des wolsel. Hrn. D. Elsners wider alles Vermuthen ein weitläuftiger Proceß entstanden, der bey dem hiesigen Königlichen Kammer-Gerichte bereits eine geraume Zeit geführet wird. Die erwehnte vier pia Corpora suchen ihr Recht zu dieser Verlassenschaft des D. Elsners laut eines vorhandenen ausdrüklichen Testaments von dem Wolsel. zu behaupten, und ein vornehmer Verwandter der wolseligen Frau-Kirchenräthin Elsnerin sucht dasselbe

der Wittwen-Casse; dem Magdeburgischen und dem s. g. Kornmesserischen Waysenhause zu Berlin; doch mit dem Beding, daß es ihnen nicht eher ausgezahlet werden sollte, als nach seiner hinterlassenen Frau Wittib erfolgtem Tode, und daß seines oberwehnten ältesten Bruders zwey nachgelassenen Söhnen 1000. Thlr. jedem 500. Thlr. und hiernächst 100. Thlr. zur Trauer gezahlet, und denen Enkeln der sel. Frau Kirchenräthin Elsnerin 3000. Thlr. gereichet würden.

Das sterbliche Theil unsers grossen Gottesgelehrten ruhet zu Berlin, auf dem die dortige Parochial-Kirche umgebenden Kirchhofe im kühlen Sande hinter der Kirche tief vergraben, und an seiner Seite hat nun auch seine Ehegattin nach ihrem tödtlichen Hintritt ihre Grabesruhe gefunden.

Ich

---

dasselbe ungültig zu machen, weil Se. jetztregirende Königl. Preußische Majestät ein Edict bekannt machen lassen, daß alle pia Corpora nicht mehr als 500. Thlr. vermacht bekommen können. Die Einwürfe, so hieben dagegen gemacht worden, beziehen sich hauptsächlich darauf, daß dieses Testament bereits gemacht gewesen sey, als das berührte Königliche Edict zum Vorschein gekommen. Und hiemit haben auch die bemeldte vier pia Corpora bereits zweymal Recht erhalten. Da aber gegentheils an einen höhern Senat des Königlichen Kammer-Gerichts appellirt worden, so muß es noch erst die folgende Zeit lehren, wie dieser ganze Streit endlich ausfallen werde. Sollte das Gegentheil gewinnen, welches doch kaum zu vermuthen ist, so bekämen die vier pia Corpora in allem nur 2000. Thaler zusammen, und das übrige fiel an die nächste Bluts-Freunde der wolsel. zwey verstorbenen Eheleute, contra Mentem Testatorum.

## Herrn D. Jakob Elsners.

Ich seze diesem unserm unvergleichlichen Gottesgelehrten diese nachstehende Gedächtniß-Zeilen:

Sieh da ein Gottes-Mann, den GOttes Hand erzogen,
Der Weisheit und Verstand aus Gottes Wort gesogen;
Der Frömmigkeit und Kunst genau zu paaren wußte,
Und oftmals hartbedrängt dem Schiksal folgen mußte.
Sein sehr beredter Mund und seine schöne Gaben,
Die sinds, die uns noch jezt nach seinem Tode laben.
Wer seinen grossen Geist nach Würden weiß zu schäzen,
Der wird ihm höchstgerührt ein stetes Denkmal sezen.
Verleumdungssucht und Neid die müssens nu bekennen,
Daß er auch nach dem Tod noch recht sehr groß zu nennen.
In Schriften seltner Art lebt er nach seinem Leben,
Und wer ihn je gekannt, der bleibet ihm ergeben.
Der Armuth eingedenk, hat er der Welt gezeiget,
Wie sehr ihm GOtt sein Herz zum Wolthun hat geneiget.

Des

Des Himmels reicher Lohn wird ihm nu
schon geschenket.
Wol dem, der so, wie er, an arme Brüder
denket.
Ein solcher leiht dem Herrn, und der wirds
ihm belohnen,
Wenn er wird freudenvoll in Salems Hüt-
ten wohnen.

---

## II.

### Zuverläßige
# Anekdoten
### zu den
## Lebens-Umständen
### und der
## Gefangenschaft
### des sel. Böhm. Predigers und Inspectors
### Johann Liberda.

---

Der sel. Böhmische Prediger und Inspector, Herr Johann Liberda verdienet in der neueren Kirchen-Geschichte einen besondern Plaz, weil er zur Verherrlichung JEsu und zur Ausbreitung seines Reichs nicht wenig bey-getragen hat. Verschiedene Lebens-Umstände desselben sind dem Publico bereits hin und her bekannt

bekannt * gemacht worden, daher ich dieselbige hier nicht erst wiederholen, sondern nur zu denselben einige zuverläßige Anekdoten beyfügen werde.

Herr Liberda war nicht nur ein guter Theologus und geschikter geistlicher Redner, sondern auch in der Arzney-Kunst und Chymie wol erfahren. Er hat solches zu Groß-Bennersdorf in der Oberlausiz unter seinen Böhmischen Emigranten bey allerley Vorfällen geäussert, indem er den dortigen armen und kranken Emigranten, weil sie allda ohne Arzt leben mußten, manchen guten Rath ertheilet hat. Man hat untrügliche Spuren, daß er auch von der Alchymie sehr viel gehalten habe. Nachdem er in Waldheim, bey seinen müssigen Stunden, dieser Geheimniß-vollen Kunst weiter nachgegangen war, hat er zu Berlin darinnen manchen Versuch gemacht, doch ohne den erwünschten Erfolg.

Aus Teschen drang ihn die Nachstellung der Päbstler, die wider ihn aufgebracht worden waren, weil er ein Juden-Mägdchen, die protestantisch werden wollte, in Sicherheit zu bringen bemühet gewesen war. In seinem Exilio gab er sich als Informator einen andern Namen, und blieb unter demselben verborgen. Als die Baronesse von Gersdorf ihn

Ao.

---

* Man schlage hierüber des Berlin. Hrn. Rector Küsters fortgeseztes altes und neues Berlin. C. IX. von der Bethlehems-Kirche nach. Desgleichen die Weymarische Acta Hist. Eccles. im XCVIII. Theile No. III. Not. m).

Ao. 1727. nach Groß-Hennersdorf zum Emigranten-Prediger berufen wollte, weil er Polnisch konnte, und ihr ein Oberschlesischer Flüchtling, Herr von Cardinal, (der vor etlichen Jahren als ein 70. jähriger Greis zu Berlin gestorben ist) von ihm gesagt hatte, und eigentlich nicht wußte, wie der Ort hiesse, da er sich aufhielt, ließ Sie ein offenes Circular-Schreiben in die Gegenden seines Aufenthalts abgehen, und nennte ihn bey seinem rechten Namen. Weil er sich nun aber bemeldter Massen seinen Namen verändert hatte, so wußte sein damaliger Patron, als ihm das erwehnte Circular zu Handen kam, nicht, daß sein Haus-Informator damit gemeinet sey; frug also denselben, ob er nicht einen Oberschlesier, Namens Liberda, kenne, weil nach ihm verlanget würde? Wobey er sich denn seinem Patron entdekte, und mit desselben Genehmhaltung den Dienst zu Groß-Hennersdorf annahm. Er freuete sich, daß er, als ein Emigrant, den Böhm. Emigranten dienen konnte.

Zu Groß-Hennersdorf lebte und lehrete er seine Emigranten an die 5. Jahr, und hatte überaus grossen Zulauf. Nicht nur aus Gebhardsdorf, Herrenhut, Zittau und den benachbarten Gegenden, sondern auch aus Böhmen zog er viele Leute nach Groß-Hennersdorf, so daß bey einer kurzen Zeit das sonst sehr grosse Dorf vor die Böhmischen Emigranten und Flüchtlinge zu gedrange wurde, da doch anfänglich nur 3. bis 5. Böhmische Familien alda gewohnt hatten. Die Neider seines Beyfalls

falls streueten allerley seltene Gerüchte von ihm aus, als ob er einem jeden, der zu ihm käme, etwas beyzubringen wußte, daß er nach der Hand unmöglich von ihm bleiben könnte. Das ganze Geheimniß seines allgemeinen Beyfalls bestuhnd darinnen, daß er sehr erweklich predigte, und die Zuhörer dadurch ganz einnahm, da sie vorhin keine oder nur laue und meistentheils mit schlechten Gaben versehene Prediger gehöret hatten. Man wollte ihn auch allerley irriger Lehrsäze beschuldigen; doch dieß waren nur lauter Mißgeburten der schwarzen Verleumdungssucht und des leidigen Professions-Neides. Wenn die Böhmen aus Zittau * zu ihm zur Predigt giengen, welches denn gemeiniglich des Sonnabends gegen Abend, oder des Sonntags ganz frühe geschahe, damit sie zu rechter Zeit da seyn möchten, so schrie man ihnen Quaker, Quaker nach, warf auf sie mit Steinen, und mißhandelte sie auf das schändlichste, so daß sie öfters ihres Lebens nicht sicher waren. ** Zu Gebbards-
dorf

---

\* Hennersdorf ligt von Zittau eine Meile.
\*\* Verschiedene von den damaligen Böhmischen Zuhörern des sel. Liberda haben mir zuverläßig erzehlet, daß man die Zittauischen Liebhaber der Groß-Hennersdorfischen Liberdischen Predigten zu Zittau auf allerley Art und Weise gemißhandelt habe. Einsmal fuhr der sel. Liberda mit einer heute noch lebenden Böhmischen Frau aus Gros-Hennersdorf nach Zittau, da ihn denn viele Zittauische Leute nebst seiner Reis-Gefehrtin mit Koth und Steinen wurfen, so daß er sich ihrer kaum erwehren konnte, und mit vielen Spott- und Ekel-Namen von denselben vorlieb nehmen mußte.

dorf bedrohete man seine Anhänger mit Arrest, verspottete sie, und machte ihnen das Leben eben-

te. Zu einer andern Zeit kam eben diese Böhmische Frau, so heute als eine tugendhafte Wittib in meiner Gemeine lebet, aus Groß-Hennersdorf nach Zittau, wo sie damals wohnete, und als sie in die Stadt kam, und an einer Ekke der Strassen viel Volks zusamen laufen sahe, trat sie diesem Geräusche näher, um zu erfahren, was da vorgehe: Hier nun hörte sie einen deutschen blinden Mann ein seltsames Liedchen öffentlich absingen und verkaufen, das wider die Groß-Hennersdorfische Quäker und ihren Prediger Liberda gerichtet war. Als sie nun solches auch aus Neugierde gekaufet hatte, so ersahe sie aus demselben, daß dem sel. Liberda und seinem Anhang darinnen die häßlichsten Schandthaten zur Last geleget wurden, als ob er die Leute bezauberte, und durch unerlaubte Zauberey-Künste an sich zu ziehen wußte: daß man in seinen Früh-Predigten, die des Winters bey Licht gehalten wurden, die Lichter auslöschete, und denn unter den Bänken der Kirche allerley Unzucht und Gottlosigkeiten ausübete, ꝛc. da doch alles dieses nur blos erdichtet und feindselig ausgestreuet worden. Anderer Spott- und Ekel-Namen, die darinnen enthalten waren, nun nicht zu gedenken. Dieses Lügen-Gedichte kam bald darauf dem sel. Liberda zu Handen, und weil er es der damaligen Baronesse von Gersdorf, als Herrschaft zu Hennersdorf, zu überdenken gegeben hatte, bekam es der Graf von Zinzendorf allda zu Gesichte, und stellete hierüber den Zittauischen Magistrat zur Rede. Dieser nun konnte zwar sothanes Verfahren des blinden Sängers und sein Lügen-Gedicht nicht billigen, doch steurete er diesem Unfug nicht recht ernstlich; daher denn die Liberdischen Anhänger nie ohne Mißhandlungen zu Zittau und daherum blieben, bis sie 1732. von dannen gegen die Niederlausiz zogen. Bey allem diesem aber geschahe es doch unterweilen, daß auch einige widriggesinnte Böhmen, wenn sie den sel. Liberda blos aus Neugierde zu hören kamen,

ebenfalls sauer. Doch durch alle diese Begegnungen wuchs der Ruhm des Herrn Liberda und das Verlangen der Leute nach ihm alle Tage, so daß endlich die gnädige Erbherrschaft gedrungen wurde, vor viele neuangekommene wohnunglose Böhmische Familien absonderliche Häuserchen ausser dem Dorfe bauen zu lassen, damit sie nicht unter freyem Himmel liegen dörften.

Der Gottesdienst wurde von ihm des Sontags vier, auch fünf mal gehalten; zwey mal in der Kirche vor dem deutschen Dienst des Herrn, und zwey mal im dortigen neuerrichteten Waysenhause. Des Abends unterwies er gemeiniglich seine meiste Zuhörer, die dazu Lust bezeugeten, im singen, und ließ sie auch selbst aus den angehörten Predigten etwas vortragen, damit sie in den christlichen Wahrheiten immer gegründeter würden, und auch in Böhmen ihren Brüdern und Bekannten was ordentliches vortragen könnten; wodurch sie denn sehr viele aus Böhmen nach Sachsen zu gehen bewogen, und eben dadurch die Böhmischen Lands-Herrschaften sehr aufbrachten. Dieß gieng bis 1732. in einem fort.

Im Jahr 1732. warf die Erbherrschaft zu Groß-Hennersdorf einen Verdacht auf unsern sel. Herrn Liberda, als ob er ihr das Böhmische Emigranten-Volk entführen wollte:

T t Daher

---

men, von ihm gewonnen, und auf bessere Gedanken gebracht würden; davon mir verschiedene Beyspiele bekannt geworden sind, und nun von mir nicht beygebracht werden können.

Daher nun geschahe es, daß, als er aus dem
Bayreutischen von einem seiner guten Freunde nach Hause kam, ihm Dieselbe sogleich die
Kanzel verbott, und indessen den Waysen-
haus-Prediger, Herrn Wanek, der auch das
Böhmische erlernet hatte, böhmisch predigen
lies. Herr Liberda, der solcher Gestalt nichts
zu thun hatte, und darüber, weil er des Ar-
beitens gewohnt war, mißvergnügt wurde,
trat eine Reise nach seiner Heymath an. Seine
Zuhörer, denen das harte Verfahren mit dem
Herrn Liberda nicht anstuhnd, und die ohnedem von da weg wollten, weil sie da allerley
Mangel hatten, brachen im Herbst 1732. auf,
und zogen gegen die Nieder-Lausiz, wo sie mehr
Erquikung zu finden gedachten. Dieses verdoppelte der Herrschaft Mißvergnügen gegen
unsern Herrn Liberda, und war auch Zweifels ohne die Grundlage zu seiner darauf er-
folgten Gefangennehmung, die 1732. im Herbst
geschahe.

Als nemlich derselbe aus Oberschlesien von
dem Besuch der Seinigen zurükkehrte, und
seiner bereits aufgebrochenen Gemeine nachgehen wollte, trat er aus Unüberlegenheit oder
übertriebener Dreistigkeit in Groß-Hennersdorf bey dem Herrn Prediger Wanek ab.
Ob ihn nun gleich derselbe recht brüderlich warnete, er solle ja nicht aufs Schloß gehen,
weil die Herrschaft hohen Orts Befehl erhalten hätte, ihn vest zu nehmen, und nach Bau-
zen zu liefern, so kehrete er sich doch nicht daran, sondern machte der Herrschaft seine Auf-
war-

wartung. Und eben dadurch lieferte er sich ohne dringende Noth der Landes-Herrschaft in die Hände, wurde nach Bautzen, Dreßden, und endlich nach vielen Verhören nach Waldheim ins Zucht- und Arbeits-Haus gebracht, doch ohne arbeiten zu dörfen.

Etliche Jahre hatte er bereits zu Waldheim gesessen, und die Böhmen hatten sich von Berlin aus seiner Loslassung wegen viele vergebliche Mühe gegeben, als er es mit denselben schriftlich verabredete, ein Paar Männer mit Pferdten nach ihm zu senden, die seiner ohnweit Waldheim warten sollten, bis er Gelegenheit fände, zu ihnen zu kommen. Als nun dieses geschehen war, bediente er sich seiner Freyheit, unterweilen aus dem Zuchthause nach der Stadt zu gehen, und die dortigen Prediger zu besuchen, doch in Begleitung eines Mannes vom Zuchthause. Er entdekte seinem Geleitsmanne vor dem Zuchthause sein Vorhaben, und bat ihn, daß er mit ihm gehen und seine Flucht zu befördern bemühet seyn möchte; gab ihm auch zur Ermunterung seine silberne Taschen-Uhr. Weil es aber sein Geleitsmann dießmal nicht vor gut ansahe, die Flucht des Herrn Liberda zu billigen; der Herr Liberda aber seine Böhmen mit den Pferdten an dem bestimmten Orte nicht vergeblich wollte warten lassen, so entlief er seinem Geleiter nach einem kurzen Gespräche, und eilete nach dem Orte zu, wo die zwey Böhmen, Martin Ernst und Paul Jánik, mit den Pferdten verabredeter Massen auf ihn warteten.

teten. Sein Geleiter, Johann Gottfried Gottbrecht, ein Copist, erstaunete über das nach seiner Einsicht unzeitige Unternehmen des fliehenden Herrn Liberda, und sahe sich, so gut als er es auch mit dem Herrn Liberda meinete, genöthiget, im Zuchthause den Verlauf der Sachen anzugeben, und die ihm geschenkte Uhr auszuhändigen, damit er nicht in den Verdacht käme, er hielte es heimlich mit dem entwichenen Herrn Liberda. Hierauf wurde dem entflohenen Arrestanten sogleich zu Pferdte nachgesezet, er wurde, weil er nur zu Fusse lief, in etlichen Stunden eingeholet, und samt den zwey bemeldten Böhmen und ihren Pferdten nach Waldheim wieder zurüke gebracht. Die zwey Böhmen wurden scharf verhöret, und nachdem sie ein Jahr Arrest gehalten hatten, wieder auf freyen Fuß gestellet; Herr Liberda aber wurde anfänglich gezüchtiget, und mußte sizen bleiben: doch genoß er hiebey die vorige Freyheit, im Zuchthause ungehindert herumzugehen, und unterwies des Inspectors vom Zuchthause Kinder.

Gottbrecht hatte sich oberwehnter Maßen bey den Vorstehern und Aufsehern des Waldheimischen Zuchthauses wol angeschrieben, daher erhielte er die Erlaubniß, den Herrn Liberda unterweilen zu besuchen, und mit ihm nach Belieben umzugehen. Hier nun erzehlete ihm Herr Liberda alle seine Umstände recht ausführlich, und zeigete ihm an, wie er an diesen unglüklichen Ort ohne all sein Verschulden gekommen wäre, auch wie viel gutes er stiften

stiften könnte, wenn er, seinem Arrest zu entkommen, Gelegenheit hätte. Dieß fand bey dem Copisten, Gottbrecht, grossen Eingang, und erwekte in seiner gerührten Seele das zärtlichste Mitleiden, daher er auch mit der grösten Sorgfalt auf Mittel bedacht war, dem unglüklich gewordenen Herrn Liberda zu seiner wirklichen Entkommung behülflich zu seyn. War Gottbrecht gleich am Leibe sehr gebrechlich, so war er doch dabey sehr verschmizt, und hatte nicht selten sehr gute Einfälle. Dieses veroffenbarete er auch bey dieser Gelegenheit zu des sel. Liberda Vergnügen. Er rieth ihm nemlich, sich von Papeir einen dort üblichen Prediger-Kragen zu machen, und an einem dazu bestimmten Abend ganz dreiste aus dem Zuchthause zu gehen, er (der Gottbrecht) wollte seiner indessen vor dem Zuchthause warten, und mit ihm entfliehen. Anfänglich wollte Herr Liberda zwar nicht daran, weil er besorgete, er möchte verrathen, und darauf sehr hart behandelt werden. Weil aber Gottbrecht ihm beständig guten Muth einflössete, und Hr. Liberda auch gerne aus dem Zuchthause gewesen wäre, so wagte er es endlich, verfertigte sich mit dem Gottbrecht (der am besten wußte, wie die da gewöhnliche Prediger-Kragen in Falten geleget werden mußten) einen Prediger-Kragen von Papeir, und gieng nach Untergang der Sonnen ganz beherzt, wiewol nicht ohne innere Furcht, aus dem Zuchthause; die Schildwachten liessen ihn auch ungehindert paßiren, in Meinung, es wäre ein Stadt-

Prediger, der sich bey dem dortigen Waysen- und Zuchthaus-Prediger etwas verspätet hatte. Gottbrecht war indessen vor dem Zuchthause schon etwas verlegen geworden, weil Herr Liberda über die gesezte Stunde ausblieb, und er (der Gottbrecht) auf die Gedanken gerieth, Herr Liberda seye vielleicht entdekt worden, und werde ihn (den Gottbrecht) auch gedrungen verrathen. Doch indem Gottbrecht mit diesen bangen Gedanken umgieng, kam Herr Liberda vor dem Zuchthause glüklich an, riß sich seinen papeirenen Prediger-Kragen ab, und begab sich mit dem Gottbrecht ungesäumt auf den Weg.

Weil sich aber beyde befürchtet hatten, man möchte ihnen etwa nachsezen, so hatten sie auch dieserhalb im Zuchthause alle mögliche Vorsicht gebraucht. Gottbrecht hatte in der Kanzley-Stube auf seinem gewöhnlichen Schreib-Tische einen Zedel ligen lassen, darauf eine erdichtete Marsch-Route verzeichnet stuhnd, die sie auf ihrer Flucht einschlagen wollten; sie selbst aber waren einen ganz andern Weg gegangen, um dem besorglichen Nachsezen zu entgehen. Und dieses war ihnen wol zu statten gekommen. Denn nach der Hand hat Gottbrecht erfahren, daß, als man bey seiner Vermissung diesen Zedel gefunden, und sich eingebildet, die Flüchtlinge wären würklich diesen Weg gegangen, und dieser Zedel wäre von ihnen blos aus Unvorsichtigkeit ligen gelassen worden, so habe man ihnen diesen fälschlich angegebnen Weg am meisten

zu

zu Fusse und zu Pferdte nachgesezet; aber vergeblich, weil sie einen ganz andern Weg genommen hatten. Gottbrecht hatte die List gebrauchet, und in seiner bemeldten fälschlich angegebenen Marsch-Route einen Weg entworfen, der einem jeden zu Waldheim am wahrscheinlichsten vorkommen mußte, nemlich nach Berlin zu, wohin Herr Liberda eigentlich wollte: Und so fand diese angegebene Marsch-Route des Gottbrechts um so viel mehr Glauben, daß es eine wahre Verzeichniß wäre; unsere Fliehenden aber giengen mit Fleiß einen Umweg, gegen Halle und Magdeburg, von da sie denn ohne alle weitere Hinderniß gar gemächlich nach Berlin kommen konnten. Herr Liberda hatte auch die Vorsichtigkeit gebrauchet, und seinen Schlaf-Rok lang aus aufs Bethe geleget, und seine Schlaf-Müze oben daran aufs Kopf-Küssen, als ob er selbst im Schlaf-Roke auf dem Bethe läge. Als nun des Abends spät gewöhnlicher Massen visitirt wurde, und der Haus-Vater fragte, ob in des Liberda Arrest-Stube alles richtig wäre, so antwortete der Compagnon des sel Liberda, der mit ihm in einer Stube schlief, und von nichts wußte: Ja, es seye alles richtig; indem er davor hielt, Herr Liberda sey nicht recht wol, und habe sich also nur im Schlaf-Roke aufs Bethe geleget, wie er ehedem wol mannichmal gethan hatte. Der Haus-Vater, der auch den Schlaf-Rok lang aus, nebst der Müze oben dran, ligen sahe, glaubte solches, und gieng weg. Hiedurch nun gewonnen unsere Flüchtlinge die ganze Nacht-Zeit, und könnten ungehindert forteilen.

Doch siehe! was geschah? Kaum waren unsere Fliehenden ¼. Meile von Waldheim, so höreten sie ein starkes Hundebellen, das ihnen immer näher kam. Hier erschraken sie nun, wie man sich leicht vorstellen kan, über alle Maßen, dachten bey sich selbst, sie wären verrathen, und man sezte ihnen mit Hunden nach, um sie desto eher zu entdeken. In dieser ihrer grösten Angst versteckten sie sich beyde in ein dikkes Gebüsche, das in einem Moraste war, legten sich darinnen ganz stille darnieder, und wollten also ihr Verhängniß abwarten. Da ihnen aber dem ohngeachtet die erwehnte Hunde ganz nahe kamen, so wurfen sie ihnen etwas bey sich habendes Brodt vor, und es gelung ihnen, daß die Hunde stille wurden, und davon giengen. Gottbrecht konnte mir seine und des sel. Herrn Liberda damalige grosse Angst nicht lebendig genug beschreiben. Nach der Hand haben sie erfahren, daß es Hunde eines Jägers gewesen, der eben damals erst von der Jagd gekommen war, und daß man diesen Abend im Zuchthause von ihrer Flucht nichts gewußt habe.

Doch so groß hieben auch ihre Freude war, daß sie durch die bemeldten Hunde nicht waren verrathen worden, so groß war dagegen ihre Bestürzung, als sie, nach vielem hin- und herlaufen des Nachts, endlich am Morgen bemerkten, daß sie des Nachts vor Angst irre gelaufen, und kaum ¼. Meile von Waldheim
weg

weg wären, so daß sie noch die Thürne von Waldheim sehen konnten. Demnach nun verdoppelten sie Frühmorgens ihre Schritte, und kamen mit Sonnen-Aufgang so weit, daß sie von Waldheim nichts mehr sehen konnten. Doch das beste Verwahrungs-Mittel vor sie war hiebey die von dem Gottbrecht oberwehnter Massen fälschlich angezeigte Marsch-Route: Denn als sie beyde des Morgens vermisset worden, und man den bemeldten Gottbrechtischen Zedel fand, so sezte man schon berührter Massen ihnen diesen Weg am meisten nach, und lies eben dadurch unsern davon Eilenden desto mehr Zeit, ihre vorhabende Reise ungehindert, wiewol mit steter Furcht, fortzusezen.

Eine neue, und ziemlich grosse Angst stieß unsern Fliehenden wenig Tage darauf zu. Als sie ganz abgemattet nach Merseburg kamen, und da etwas ausruhen wollten, wurden sie daran durch folgende Begebenheit gehindert. Der Thorschreiber zu Merseburg kannte den Gottbrecht von seiner Kindheit her. Als er nun denselben im Thor erblikte, bewillkommete er ihn ohne alle böse Absichten, und fragte ihn, wie er jezo hieher käme? Gottbrecht wurde über diese unerwartete Frage äusserst verlegen, und mußte sich in Eil was ausdenken, das dem Thorschreiber unverdächtig vorkommen konnte. Ein schüchterner oder auf bösen Wegen gehender Mensch ist gemeiniglich sehr zaghaft; und also dachte auch hier Gottbrecht, er wäre vielleicht schon verrathen, da doch daran gar nichts war. Es gelung ihm mit seiner

ner dem bekannten Thorschreiber gegebenen Antwort, und er eilete von dem Thorschreiber davon, als ob er sein gefährlicher Feind wäre. Doch, so froh als er hierüber war, so gerieth er bald darauf wieder in eine neue Angst. Br. Liberda war mit Fleiß etwas später als Gottbrecht ins Thor gekommen, um nicht etwa mit dem allda bekannten Gottbrecht verrathen zu werden. Er stellete sich im Thor ganz dreiste, um nicht etwa seines schüchternen Wesens wegen für verdächtig gehalten zu werden. Kaum aber war er ins Thor getretten, so fragte man sehr scharf nach seinen Umständen: Und ob er gleich auf alles sehr behutsam antwortete, so wollte man es doch dabey nicht sein Bewenden haben lassen, sondern man lies ihn sogleich durch einen Soldaten zum Commandanten führen. Hier nun dachte sowol Herr Liberda selbst, als auch der von weitem stehende und auf den Herrn Liberda wartende Gottbrecht, ihre Flucht wäre durch nachgeschikte Stek=Briefe verrathen worden. Gottbrecht gieng seinem Liberda von ferne betrübt nach, bis vor das Haus, darein er war geführt worden. Weil ihm aber hier die Zeit zu lange ward, und er sich auch furchte, man möchte ihn ebenfalls aufgreifen, so verlies er die Stadt, und sezte sich vor dem Thor, da sie hinaus gehen wollten, nicht ohne grosse Bekümmerniß, auf eine Bank, überdachte sein ganzes Schiksal, fieng es an zu bedauren, daß er diese bedenkliche Reise je angetretten hätte, und sahe immer nach dem Thor, aus welchem

chem er gegangen war, ob ihm nicht Herr
Liberda bald nachkommen würde. Und weil
er es vor gefährlich hielt, länger allda zu warten, so stuhnd er eben im Begriff, aufzuste-
hen, und seinen Weg allein mit banger Seele fortzusezen; doch indem kam der entlassene
Herr Liberda aus dem Thor, und erfreuete
seinen schon gar sehr niedergeschlagenen Reise-
Gefährten Gottbrecht über alle Maßen, besonders da er ihm erzehlete, daß er zwar sehr
scharf sey verhöret worden, daß man aber von
ihrer zeitigen Flucht noch gar nichts zu wissen
scheine. Da nun also unsere Flüchtlinge GOttes Güte hiebey gepreiset hatten, und in dieser Gegend dem Frieden nicht traueten, damit nicht etwa noch Stekbriefe hinter ihnen
herkämen, und sie verrathen würden, so brachen sie sogleich auf, und eileten, wiewol von
aller gehabten Angst ganz müde, weiter fort. *

Sie trafen auf ihrer bangen Reise endlich
in Halle ein, wo ihnen alle bishero gehegte
Furcht benommen worden, und wo Herr Liberda seinen Freund, den Herrn Inspector
des Pädagogii Sarganek sprach. Doch hier
blieben sie nicht lange, weil sie noch durchs
Sächsische zu gehen hatten, so vor sie nie ohne
Gefahr war. Sie eilten nach Magdeburg,
wo

---

* Nach der Hand sind unsern Flüchtlingen noch einige
mal widrige und Furchtbringende Begebenheiten zu-
gestossen, die ich aber geliebter Kürze wegen nicht erst
beybringen will. Die gütige Vorsicht hat sie jederzeit
wieder aus ihrer Noth gerissen. Gottbrecht hat mir
davon verschiedene Proben erzehlet.

wo Herr Liberda seinen theuren Landsmann, den Herrn Abt Steinmez, besuchte. Und von hier aus meldete Herr Liberda den Böhmen in Berlin seine glükliche Entkommung; daher denn einige Böhmen von Berlin sich sogleich aufmachten, und ihrem Liberda mit Freuden entgegen liefen; auch seine Ankunft so fort Sr. Majestät anzeigeten, und um ihn, als ihren so sehnlich gewünschten Seelsorger, baten. Im Herbst Ao. 1737. kam Herr Liberda zu Berlin an; weil aber Herr Macher, als damaliger Interims-Prediger der Böhmen, nicht sogleich untergebracht werden konnte, so mußte sich Herr Liberda mit der wirklichen Antretung seines Diensts in Berlin so lange gedulden, bis hierinnen nähere Verfügung gemacht werden konnte. Dieß geschahe A. 1738. im Frühjahre, da Herr Macher nach Teltau, 2. Meilen von Berlin, als deutscher Prediger kam, und Herr Liberda seinen Böhmen wieder vorgesezet, und zum Seelsorger gegeben wurde.

Hier nun war er sogleich darauf bedacht, seine Emigranten im geistlichen und leiblichen zu erquiken; er unterwiese sie fleißig; er that solches nach der ihm besonders eigenen Munterkeit und Fertigkeit. Er gab ihnen auch kurz darauf gute Anschläge *, den Genuß des ge-
bro-

---

* Ich habe eine Königliche Cabinets-Ordre vom 26. May 1739. an das Consistorium zu Berlin in Händen, daraus deutlich erhellet, daß der sel. Liberda seinen Böhmen nicht nur einen guten Rath ertheilet habe, wie sie

brochenen Brodts im heil. Abendmal nach ihres ganzen Herzens Wunsch zu erlangen; ob er gleich darüber vom Inspector der Friederichstadt und einigen andern angefeindet wurde. * Er nahm auch allerley gute Maß-Regeln, nicht nur den Bau des in der Wilhelmstraße gelegenen Böhmischen Pfarr- und Schul-Hauses zu vollführen, sondern auch nicht wenigen Böhmischen Haus-Vätern ihren vorhabenden Haus-Bau zu erleichteren. ** Dem Gottbrecht

---

sie es anstellen sollten, damit sie des Brodtbrechens im heil. Abendmal möchten theilhaftig werden, sondern daß er auch dieserhalb selbst an Se. Maj. Friederich Wilhelm, glorreichen Andenkens, vor sie eine wolmeinende Fürbitte eingeleget habe, die nicht ohne Nutzen gewesen ist.

* Ein besonderer Gönner hat mich hierüber verschiedene Acten sehen lassen, die beym heutigen Hochlöbl. Ober-Consistorio aufbehalten werden, und daraus ich sattsam habe schliessen können, daß unser Herr Liberda 1739. hierüber sehr viele Debatten gehabt habe, auch von beyden Seiten sehr hart geschrieben worden sey.

** Se. Majestät Friederich Wilhelm hatten verschiedenen Böhm. Colonisten zu ihrem Hausbau vor eine Ruthe der Hausbreite à 200. Thlr. allergnädigst ausgesetzt. Da aber solches nicht zureichen wollen, hat ihnen der sel. Liberda noch ein Dongratuit von Sr. Majestät aus. Und da auch dieß nicht zulänglich war, bewegte der sel. Liberda viele neuangekommene Colonisten, die von Sr. Majestät Reise-Gelter und Hausmiethen bekommen hatten, daß sie dieses Gelt gröstentheils ihren bauenden Brüdern, als ein Darlehn, gaben, und solches bey ihnen in den neuerbauten Häusern ablassen, bis sie von ihnen nichts mehr zu fordern hatten. Wodurch den bauenden Colonisten ein doppel-

brecht, seinem Erretter, wirkte er den deutſchen Schulhalter-Dienſt bey der Colonie, den ehedem Herr Petermann gehabt hatte, und mit demſelben das nothdürftige Brodt aus. Ao. 1739. am Jubilate-Sonntage fieng unſer Hr. Liberda in der Bethlehems-Kirche eine deutſche Früh-Predigt zu halten an, welches vorhin noch nie geſchehen war; und davor bekam er von Sr. Majeſtät jährlich 120. Thlr. allergnädigſt ausgeſezt, ſo daß er von der Zeit an 240. Thlr. jährliches Gehalts hatte, da er zuvor nur 120. Thlr. bekam. Es wurde nemlich Sr. Majeſt. angezeiget, daß hiedurch auch die Böhmen das Deutſche erlernen könnten, und wenn mit der Zeit vor ſie kein Böhmiſches Subjectum ausfindig gemacht werden konnte, ſie mit einem deutſchen Prediger verſehen werden könnten. Dieſes war bey Sr. Majeſtät ein ſtarker Bewegungsgrund, daß Sie dem ſel. Liberda monatlich 10. Thlr. zulegten, ſo nu noch den Nachfolgern des ſel. Liberda wol zu ſtatten kommt, als welche jährlich 120. Th. aus der Magiſtråts-Kämmern, und 120. Th. aus der Montis Pictatis Caſſa haben.

Doch Herr Liberda genoß ſeiner Berliniſchen Ruhe nicht gar zu lange: Denn, weil Ao. 1740. gegen Ausgang der bekannte Schleſiſche

---

pelter Dienſt geſchahe. a) Bekamen ſie hiedurch ein Darlehn, ohne davon Intereſſen zahlen zu dörfen. b) Blieben ihnen auch ihre ausgebauete Stuben nicht ledig ſtehen, welches widrigenfalls geſchehen wäre, weil die neuerrichtete Friederichsſtadt anfänglich wenig Bewohner hatte.

fische Krieg angieng, bekam er Ao. 1741. im Frühjahr Königliche Ordre, nach Schlesien zu reisen, und allda das Kirchenwesen mit den neuen Böhm. Emigranten zu Münsterberg zu reguliren. Bey dieser Gelegenheit bekam Hr. Liberda den Titul: Inspector der sämtlichen Böhmischen Gemeinen, sintemal man in Schlesien verschiedene Böhmische Colonien und Gemeinen anzulegen Vorhabens war.\* Zu Berlin versahe indessen den Böhmischen Gottesdienst in der Bethlehems-Kirche Herr Augustin Schulz, als Riechsdorfischer Böhmischer Prediger, und Herr Liberda hatte zu Neisse, in Oberschlesien, das Unglük, etwas Gift zu bekommen, (wie seine damalige Reise-Gefehrten aussagen, und der eine davon bezeuget, er habe auch etwas von demselbigen bekommen, habe es aber sogleich wieder weggebrochen) welches von den dortigen sehr eiferigen Päbstlern hergeleitet wird, so daß er zu Mün-

---

\* Weil man nicht alles sagen darf, was man weiß, so muß hier einen besonders wichtigen historischen Umstand mit Stillschweigen vorüber gehen, daraus erhellen würde, wie gar sehr sich unser sel. Liberda 1741. den Anwachs der reinen Bekenner JEsu habe angelegen seyn lassen. Er trug bey diesem Unternehmen auf eine kurze Zeit den Namen Doctor Frey, weil man ihn damals für einen Doctor Medicinæ ausgab, und er auch so gekleidet gieng. Ich muthmasse bey dieser Gelegenheit, daß er ehedem, als er obbemeldter Massen ausser seinem Vaterlande eine gewisse hochadeliche Jugend informirte, als Informator, gleichfalls diesen Namen Frey geführet habe. Der Anfang seines wahren Namens Liber, heißt, wie bekannt, im deutschen Frey.

Münsterberg, als dem damaligen Sammelplaze der nach und nach emigrirenden Böhmen, einige Zeit krank darnieder ligen mußte. Ja, weil es sich allda mit ihm zur Besserung sehr schlecht anließ, wurde er Ao. 1742. im Frühjahr von da nach Berlin gebracht, um bey seiner Frau und unter den Händen geschikter Aerzte mehr Verpflegung zu haben. Weil aber seine Lebens-Säfte schon ganz inficiret, und sein Geblüt ganz verderbet war, so wollten die angewandten Arzney-Mittel bey ihm nicht mehr anschlagen. Er starb Ao. 1742. den 9. August an einer beschwerlichen Schwulst im 42sten Jahre seines Alters, und wurde bald darauf in der Bethlehems-Kirche zu Berlin vor der Kanzel unter Vergiessung vieler tausend Thränen beerdiget. Er hinterließ eine Wittwe und eine einzige Tochter, die noch bis dato zu Berlin am Leben sind.

Eine wolmeinende Feder sezte ihm nachstehende wenige Gedächtniß-Zeilen:

Hier ruht ein Gottes-Mann im kühlen Staub
der Erden,
Dems wenige an Fleiß und Eifer nachthun
werden.
Sein Wiz und sein Verstand war recht vorzüglich groß,
Und seine Redlichkeit war wirklich tadellos.
Die Wege seines Herrn, die er ihn heissen
gehen,
Sind wahrlich wunderbar, wer kan sie recht
einsehen?

Durch

### Herrn Johann Liberda.

Durch Trübsal, Schmach und Noth, ja Leiden ohne Zahl,
Hat ihn die Vorsichts-Hand geführt im Thränenthal.
Nun ruht sein Leib im Staub nach überstandnen Leiden;
Nun kan sein Geist vor GOtt sich stets mit Wonne weiden.
Dein Ruhm, o Seliger! bleibt bey uns immer groß;
Dein Name bleibt uns werth, auch da du Lebens los,

---

## III.

Einige
# Lebens-Umstände
des wolseligen
### Herrn Augustin Schulzes
Predigers an der Gertrauts-Hospital-Kirche zu Berlin.

---

Unter diejenigen Lehrer der Evangelisch-Lutherischen Kirche, so denen Böhmischen Flüchtlingen manche gute Dienste gethan, und mit ihnen manche Noth ausgestanden haben, gehöret

höret Zweifels ohne auch der sel. Herr Augustin Schulze, ein mir in seinem Leben sehr werth und lieb gewesener Freund. Durch den oft wiederholten Umgang mit demselben habe sehr vieles erfahren, was mir in der Geschichte der neuern Böhmischen Emigranten grosses Licht giebet; auch seine eigene meiste Lebens-Umstände habe aus seinem eigenen Munde vernommen. Sie enthalten einige merkwürdige historische Begebenheiten in sich. Ich will sie dem Publico nicht vorenthalten. Das Andenken dieses lieben Freundes ist mir so angenehm, daß ich mich recht vergnüge, wenn ich seinen mir bekannt gewordenen Lebens-Umständen in der Stille nachdenke.

Herr Augustin Schulze war aus Breßlau, in Schlesien gebürtig. Von seinen Eltern habe ich nie was zuverläßiges erfahren. Er hatte zu Halle studirt, und nach seiner Zurückkunft ins Vaterland wurde er bey dem sel. polnischen und deutschen Prediger in Schlesien, Herr Sassadius, zum Gehülfen angenommen,*
da

---

* Hier war es, da der sel. Herr Schulze einen seltenen historischen Vorfall mit ansahe, den er mir verschiedene mal erzehlet hat, um zu zeigen, wie man sich auch bey seinen lautersten Absichten viel Unheil und gar manche üble Nachreden unverschuldet zuziehen könne. Der junge Herr Sassadius kam eben damals, als der sel. Schulze bey seinem Vater war, von Halle nach Hause, und hielt zu Hause bey seinem Vater unterweilen Privat-Erquikungsstunden, welches zuvor in seines Vaters Hause und da herum nie von jemand geschehen war. Weil nun der junge
Can-

da er denn das polnische zu erlernen und sich darinnen auch im Predigen zu üben Gelegenheit fand. Nach der Hand ist er in dem neu-angelegten Waysenhause zu Groß-Bennersdorf Informator geworden.

Als sich zu Gerlachsheim, an der Schlesischen, Sächsischen und Böhmischen Gränze, nach und nach nicht wenige Böhmische Emigranten niedergelassen hatten, wurde er als Candidatus Ministerii zu ihrer Unterweisung in der christlichen Religion dahin gegeben. Hier mußte er in Ermanglung eines erforderlichen Salarii sehr armselig leben. Ein schlech-

---

Candidat Sassadius damit viel Aufsehens machte, und auch vielen Beyfall fand, so veroffenbareten sich sogleich hieben allerley lieblose Gegner und gewissenlose Splitter-Richter, so von dem erwehnten Candidaten allenthalben ausstreueten, er hielte bey dieser Gelegenheit mit jungen Frauensleuten zu, und hätte allerley verborgene Unterredungen und heimliche Schandthaten mit denselben vor. Ob nun gleich der junge Sassadius hieben ein gutes Gewissen gehabt hätte, und je weiter je ernstlicher geworden wäre, so hätte er es doch hieben in die Länge nicht aushalten können, sondern hätte seines Vaters Haus verlassen, und der Ruhe wegen anderswohin gehen müssen. Bis hieher war der sel. Schulze von den dortigen lieblosen Zungen vor seine Person verschonet geblieben. Weil er aber nach der Zeit es auch vor gut angesehen, ebenfalls Privat-Erbauungen anzustellen, und dem weggezogenen jungen Sassadius in seine Fußtapfen zu tretten, so bekam auch er bald darauf hierüber üble Nachreden, und wurde ebenfalls hiedurch gedrungen, anderswo sein Auskommen zu suchen. Dieß sind die alten gewöhnlichen Kunstgriffe der rohen Weltkinder, wodurch sie in der Kirche JEsu viel gutes zu hindern oder zu unterminiren bemühet zu seyn pflegen.

ter Mahlbrey, der noch dazu nicht eben sonderlich fett gemacht war, war seine gewöhnliche Mittags-Mahlzeit. Doch trug er dieses Ungemach mit vieler Geduld, und war dabey jederzeit vergnügt und aufgeräumt, wie mich Augen- und Ohren-Zeugen dessen oft versichert haben. Weil er als ein Candidat seinen Böhmen mit der heil. Communion nicht dienen konnte, so pflegte solches ein deutscher Feldprediger zur gesezten Zeit zu verrichten; Herr Schulze aber sagte dabey die gewöhnliche Ausspendungs-Formul im Böhmischen her.

Als endlich diese Colonie Ao. 1734. von Gerlachsheim * nach Berlin aufbrach, und man

---

* Verschiedene Ursachen bewogen die Böhmischen Emigranten, Gerlachsheim zu verlassen, und anderswohin ihre Zuflucht zu nehmen. Die Herrschaft war zu strenge, und der Mangel nahm überhand. Eine grosse Furcht vor der Leibeigenschaft, die allen Emigranten schreklich vorkommt, mag sie wol am meisten aus Gerlachsheim getrieben haben. Es kostete aber viel Mühe, ehe sie von da wegkamen. Die Herrschaften (denn es waren ihrer etliche in diesem Dorfe) wollten es nicht zugeben, daß sie wegziehen sollten. Sie droheten ihnen mit Arrest, mit Zurüklieferung nach Böhmen, ꝛc. Es wurden auch wirklich einige Hausväter in den Stok geworfen, und sehr übel geplaget, bis sie alles wieder gegeben oder ersezet hatten, was sie je von der Herrschaft gutes genossen. Am meisten half ihnen die deutsche Böhmische Br. Conf. von 1564. durch, daß sie glüklich davon kamen: Denn, als einige Männer mit derselben zur Herrschaft giengen, und ihr daraus anzeigten, was da von der Gegenwart Christi und vom heil. Abendmal stehet, so rief die Herrschaft aus: Mit solchen Calvinischen Lehrsäzen dörfen wir euch hier nicht einmal

## Herrn Augustin Schulzes.

man dem sel. Herrn Schulze dessen Schuld gab, so mußte er sich in der Stille * davon machen, um einer persönlichen Nachstellung zu entgehen. Doch in Berlin vereinigte er sich wieder mit seinen Böhmischen Emigranten, und wurde Ao. 1737. zu ihrem ordentlichen Prediger ordinirt. Nachdem seine Böhmen etliche Jahre darauf zu Riechsdorf, ohnweit Berlin, auf dem Lande etablirt worden waren, bekam er als ihr dortiger Prediger ein monatliches Gehalt von 6. Thalern, und pflegte ihnen in dem dortigen deutschen Gotteshause die Sacra zu verrichten.

Während der Zeit, daß Herr Liberda in Schlesien war, vicarirte Herr Schulze bey seiner Gemeine; und nachdem er zu Berlin die Prediger-Stelle an der Gerträuts-Hospital-Kirche erhalten hatte, wurde er im leiblichen

---

mal dulden; gebt uns das unserige, und packet euch fort.

* Man wollte zu Gerlachsheim dem sel. Hrn. Schulze auch dieß zur Last legen, daß er einigen Böhmen gerathen hätte, sich ein Supplicat an die Evang. Stände oder das Corpus Evangelicorum zu Regenspurg aufsezen zu lassen, und darinnen über den grossen Gewissens-Zwang in Böhmen zu klagen, auch zugleich zu bitten, daß ihnen in ihrem Vaterlande die völlige Gewissens-Freyheit verstattet würde. Worauf denn wirklich auch einige Böhmische Männer nach Regenspurg abgiengen, und da das bemeldte hohen Orts anhängig machten: welches ihnen und ihrem vermuthlichen Rathgeber vom Keiserlichen Hofe sehr übel ausgeleget worden, so daß der Hirte und die Schaafe aus Gerlachsheim zu eilen genöthiget waren, damit sie nicht nach Böhmen ausgelieferet, und übel behandelt würden.

chen in etwas bessere Umstände versezt. Seine heute noch lebende Frau, so aus Cottbus eines Doctoris Medicinæ Tochter ist, hat ihm bey seinem manigfaltigen Mangel mit ihrer fleißigen Hände-Bemühung und allerley anständiger Frauenzimmer-Arbeit die beste Dienste thun müssen; widrigen Falls hätte er es mit den Seinigen nicht aushalten können.

Nach Herrn Liberda tödtlichem Hintritt verwaltete er bey den Böhmen zu Berlin von 1742. bis 1743. gegen Michaeli der Wittwe das Gnadenjahr, darauf denn Herr Paul Pinzger ordentlicher Böhm. Prediger wurde. Nach Herrn Pinzgers bekannter Entweichung von Berlin, so 1745. im September geschahe, wollten viele Böhmen zu Berlin unsern Hrn. Schulze zu ihrem Prediger haben; weil aber hierinnen nicht alle gleichgesinnet waren, schlug er diesen Antrag wolbedächtlich aus, und blieb bey seiner deutschen Gertrauts-Gemeine und bey seinen Riechsdorfischen Böhmen, die ihn alle 14. Tage einmal hinaus zu holen pflegten, um aus seinem Munde Gottes Wort zu hören, und aus seinen Händen denn und wenn das heil. Abendmal zu empfangen.

Indem Herr Schulze an der Gertrauts-Kirche zu Berlin stuhnd, und also von Riechsdorf entfernt wohnete, waren seine Böhmen nach und nach Herrnhutisch * gesinnt geworden, und

---

* Wenn ich mit dem sel. Herrn Schulze über seine Herrnhutisch gesinnte Böhmen im Vertrauen sprach, so pflegte er mir zu antworten, daß der Feind

in

und giengen mehr dem Plan der f. g. Mähr. Brüder nach, als den Anstalten, die Herr Schulze unter ihnen gemacht hatte. Herr Schulze trug sie mit Sanftmuth, sie aber wurden dadurch immer eigensinniger, bis sie sich endlich ganz und gar in den Schoos des Zinzendorfianismi nach Herrn Schulzes Tode begeben haben. Man wollte den sel. Herrn Schulze selbst zwar auch zu einem verborgenen Herrenhuter machen; doch ich glaube, man habe ihm hierinnen zuviel gethan. Diese Vermuthung mag wol blos daher gekommen seyn, weil viele Herrenhuter mit ihm Umgang hatten, und auch gröstentheils bey ihm zum heil. Abendmal giengen. Die geringen Brüder der-

Uu 4 sel-

---

in seiner Abwesenheit dieses Unkraut unter seine Böhmen ausgestreuet habe. In der Stadt Berlin wären seine Gerlachsheimer Böhmen Herrnhuter geworden, weil er bey einer vorgefallenen Verdrießlichkeit mit dem sel. Lib. hätte nach Riechsdorf ziehen müssen. Zu Riechsdorf aber wären seine Böhmen zum Zinzendorfianismus verleitet worden, weil er in der Stadt hätte wohnen, und vicariren müssen. Ein gewisser Emissarius der Herrenhuter, Namens Wydielek, ein ehemaliger Böhmischer Einwohner zu Zittau, hat hiezu das meiste beygetragen, daß so viele Böhmen Herrenhuter geworden sind, und daß nach der Hand von Ao. 1740. zwischen den Herrenhutern und Evangel. Luth. Böhmen grosse Mißhelligkeiten entstanden, so daß die Prediger damit viel zu thun bekommen haben, um ein jedes Theil in den behörigen Schranken zu erhalten. Die Herrenhutische Böhmen separirten sich endlich förmlich von ihren andern Landsleuten, und halten bis dato in einem absonderlichen Hause der Wilhelm-Strasse ihre gottsdienstliche Uebungen.

selben mußten bey ihm Nachmittags in Rieche-
dorf communiciren, die wichtigern aber thaten solches zu Berlin in der Gertrauts-Kirche
früh, um 6. Uhr; sonst stuhnd unser Herr
Schulze wol weiter in keiner Verbindung mit
ihnen.

Als der damalige Teltauische Prediger,
Herr Macher, Ao. 1743. von Teltau nach
Münsterberg in Schlesien zu gehen beordert
wurde, um allda Böhmischer und deutscher
Prediger zu werden, so wurde unserm Herrn
Schulze die Teltauische Stelle allergnädigst
conferiret. Er hatte die Bestallung dazu schon
in Händen, und sollte sich nur öffentlich intro-
duciren lassen. Als er aber erfuhr, daß Hr.
Macher, der zu Münsterberg verschiedener Ursachen wegen nicht beliebet wurde, ausser Brodt
gesezet seyn sollte, so hatte er die Liebe für ihn,
und nahm die Teltauische Prediger-Stelle
nicht an, sondern blieb bey seinem schlechten
Brodt, damit Herr Macher nicht in Noth
käme. So weit hat es unser Herr Schulze
in der Selbst-Verläugnung und Nächsten-
Liebe gebracht.

Ueberhaupt hatte unser Herr Schulze ein
redliches und friedfertiges Gemüthe, und gab
sich aus dem Grunde alle Mühe, um auch seinen Nebenchristen, so viel möglich, zufrieden
zu stellen. Er soll den Böhmen, so nach dem
Brodtbrechen im heil. Abendmal ein grosses
Verlangen trugen, öfters gesagt haben, sie
wurden nicht eher beruhiget werden, bis sie
einen Seelsorger aus Lissa in Pohlen von der
Böh-

Böhmischen Brüder-Unität bekämen, der alles nach ihrem Sinn thun würde; wie auch hernach 1747. wirklich geschehen ist.

Ein Jahr vor seinem Ende warf sich zu Berlin eine gewisse Secte auf, die aus allerley Menschen und Religions-Verwandten bestuhnd, und die durchgehends Musfelder * genannt wurden, von einem gewissen Schneider mit Namen Musfeld oder Mausfeld. Diese Leute affectirten einen besondern Ernst im Christenthum, und hielten bey unserm Hrn. Schulze um einige absonderliche Erbauungs-Stunden an. Weil nun Herr Schulze ihnen hierinnen zu Gefallen ** lebte, so gab ihm die rohe Welt allerley Spott- und Ekel-Namen,

---

* Der sel. Herr Schulze hat mir von diesen s. g. Musfeldern einige mal bezeuget, daß sie nicht selten eine gar zu grosse Selbstliebe und Verachtung des Nächsten an sich blikken liessen; daher er immer daran zu arbeiten hätte, um ihnen solches zu benehmen, und sie zur wahren Demuth anzuspornen. Sie pflegten zu fragen: Hast du den Glauben? oder: Weist du es auch, daß du in dir selbst ein verdammter und verlorner Sünder bist? Man hielt sie anfänglich zu Berlin für eine neue Art der Herrenhuter, die zu fragen pflegen: Hast du den Heiland? Es hat sich aber das Gegentheil nach dem veroffenbaret. Sie bleiben noch jezt vor sich, und halten sich gemeiniglich zu der Kirche des sel. Herrn Schulzes, ja legen ihr einen besondern Segen bey, als ob sie da das Wort GOttes mit mehrerm Nuzen hören, und das heilige Nachtmal seliger geniessen könnten, als anderswo.

** Anfänglich hielt Herr Schulze diese Erbauung des Montags Abend in seinem Hause, hernach aber in der Kirche, wo er vielen Zulauf bekam.

men, streuete auch allerley seltsame und nachtheilige Gerüchte von ihm aus, als ob ihm die Kanzel Obrigkeitlich wäre verboten worden; wozu eine ihm um eben diese Zeit zugestossene harte Krankheit, darinnen er sich einige Monat lang vertretten lassen mußte, einigen Anlaß gab. Unser Herr Schulze trug alle diese unverdiente Schmach ganz gedultig; schalt nicht wieder, da er gescholten ward; richtete nicht, da er gerichtet wurde, sondern stellete alles dem anheim, der da recht richtet, und auch das verborgneste der Menschen kennet. Die Worte Pauli Ephes. I. 5, 6. „ Er „ (GOtt) hat uns verordnet zur Kindschaft „ gegen ihm selbst durch JEsum Christ, nach „ dem Wolgefallen seines Willens, zu Lobe „ seiner herrlichen Gnade, durch welche er „ uns hat angenehm gemacht in dem Gelieb= „ ten; " hat sich unser sel. Herr Schulze selbst einsmal in meiner Gegenwart sehr erbaulich und tröstlich vorgehalten und zu Nuze gemacht, auch seine betrübte Ehegattin jederzeit sehr christlich aufgemuntert, und zur Gottgelassenheit angesporret, besonders, wenn sie über seinen bevorstehenden Hintritt sich zu härmen anfieng. Er blieb sich allezeit gleich; auch die grösten Mattigkeiten, so fast nur seine lezte Krankheit ausmachten, konnten ihn nicht ungedultig machen. Er bat GOtt einsmal in meiner Gegenwart, da ich über obbemeldte Schmach mit ihm in Liebe sprach, er wolle ihn doch nur einiger Massen wieder stärken, damit er noch einmal die Kanzel besteigen, und dadurch alle
seine

seine Verleumder beschämen könne: welches denn auch nach der guten Hand GOttes wirklich geschehen ist. Doch kurz darauf legte er sich wieder ein, die Kräfte nahmen immer mehr ab, und er starb Ao. 1752. im April in seinem Erlöser sanft und selig. Sein Hintritt ist von sehr vielen stillen und redlichen Seelen bitterlich beweinet worden. Er ligt in der Gertrauts-Hospital-Kirche begraben, und hinterlies eine Wittwe nebst einer Tochter, welche leztere ihm auch bereits in die Ewigkeit nachgegangen ist.

Ein Herz, das JEsum liebt, und auch mit
    JEsu leidet;
Das alle List und Tük nach JEsu Beyspiel
    meidet;
 Das ächter Christen Art stets hält vor sei-
    nen Schmuk,
 Und sich mit Redlichkeit auch in dem grö-
    sten Druk
Allzeit hervor zu thun, im Ernst bemühet
    bleibet;
Ja selbst der Frevler Neid mit Liebe hinter-
    treibet;
 Das Eintracht, wahre Treu und rechten
    stillen Muth
 Verehret, und dabey nur hängt am höch-
    sten Gut:
Das ist Herrn Schulzes Bild, so uns vor Au-
    gen stehet.
Wol dem, der so, wie er, des Glaubens We-
    ge gehet;

Der Tugend, Lieb und Treu stets führt
in seinem Sinn.
Und sich dadurch erringt den sichersten Gewinn.

---

## IX.

### Gespräch *
zweyer unparteyischen, patriotischen Männer
über die Frage:

### Ob die Aufnahm und Anbauung
der Jesuiten in dem Hauptfleken des
Löbl. Cantons Schweiz dem Staat und
der Kirche nüzlich oder schädlich
sey? Ao. 1758.

---

**Georg.** Gelobt sey JEsus Christ!

**Jakob.** Amen!

**Georg.** Wie geht es Nachbar Jakob, was giebt es neues, was hört man von unserer künftigen Landsgemeind?

**Jakob.**

---

* Herr St... R.. einer der vornehmsten und reichsten Männer des Löbl. Cantons Schweiz hatte sich, nebst seiner Gemahlin, einige Jahre die möglichste Mühe für die Aufnahm und Anbauung der Societät

in löbl. Canton Schweiz.

**Jakob.** Ich höre nicht viel, es ist alles still wegen der Aemter; aber gestern Abends ist unsere Nachbarschaft zusamen kommen, da habe von einem Geschäfte gehört sagen, so mich zwar wichtig bedunkt, aber in der That nicht recht verstehe, was ich thun soll, wann an der Gemeind ein Rathschlag deswegen geschehen sollte.

**Georg.** Was ist es dann, Nachbar Jakob?

**Jakob.**

---

cietät Jesu in dem Hauptfleken dieses löbl. Cantons gegeben. Sein Eifer stiege in gleichem Grade mit den dawider gemachten Schwierigkeiten, und er wollte endlich seine eigene Wohnung, Matten und Güter, nebst einem Capital von 80000. fl. zur Stiftung einer Kirche, eines Collegii und zur Unterhaltung der Societät an diesem Ort, willig hergeben; jedoch erreichete er seinen Endzwek nicht. Die andern Ordens=Leute kennten das einnehmende Wesen dieser Societät, von dem sie manchen Nachtheil mit Recht zu befürchten hatten; insbesondere widersezte sich der dasige Capuciner=Orden diesem Begehren auf alle Weise und mit dem grösten Eifer. Gegenwärtiges Gespräch, so ohne anders von einem Capuciner herkommt, ist dessen ein überzeugender Beweiß. Der Verfasser hat in demselbigen den Nuzen seines Ordens mit dem Nuzen des Staats und des Landes glüklich zu vereinigen gewußt, und deswegen in seiner Absicht glüklich gesieget; denn da das Geschäft für die Landsgemeinde, als den höchsten Gewalt dieses löbl. Cantons gebracht ward, überwand der gemeine Nuzen alles angebotene Privat-Interesse. Die Aufnahm der Jesuiten auch bey diesen recht glänzenden Anbietungen ward verworfen, und über das durch das Mehr ein Gesäz gemacht: „daß bey grosser
„ Straf, oder noch etwas verbindlicherm, kein einiger
„ sich mehr getrauen oder erfrechen sollte, dieses Ge-
„ schäfts halber auf einer Landsgemeinde jemals
„ einen Anzug zu thun."

Jakob. Man hat geredt, als wann man sollte neue Geistliche ins Land nehmen, die Missions-Herrn, so Jesuiten heissen.

Georg. Von diesem hab ich noch nichts gehört; wer hat das auf die Bahn gebracht, oder wer treibet das Geschäft, Nachbar Jakob?

Jakob. Der Herr St... R..

Georg. Ja, Nachbar Jakob, ich sihe diese Sach für einen Handel an, der sich nicht läßt über das Bein abbrechen, ich weiß auch etwas von diesen Herrn, darum wird man sich wol müssen berathschlagen, dann solche Herrn in ein Land annehmen, wie unsers ist, hat ein weites Aussehen.

Jakob. Wie so Nachbar Georg?

Georg. Daher, das sind Herrn, sie müssen erstlich eine schöne Kirchen, ein wolgebautes Kloster, Haab und Güter, Zins und Capital haben; zum andern ein beständige Unterhaltung so gut als die Herrn zu Einsidlen für ihre Personen, Kirchen und Kloster; zum dritten haben sie Gelt, wie man sagt, daß sie reich seyen, so können sie Matten und Alpen kaufen, Gült-Briefe machen, wie sie an allen andern Orten dergleichen besizen; also bedunkt mich, man werde müssen auf drey Sachen Achtung geben. Erstlich, wie man diesen Herrn eine genugsame Stiftung wolle geben? zum andern, wer ihre Personen, Kirchen und Kloster für ewig wolle erhalten? zum dritten, ob diese dem Vaterland nüzlich oder schädlich seyen?

Jakob.

# in löbl. Canton Schweiz.

**Jakob.** Das ist wahr, Nachbar Georg, das sind drey Puncten, so ein weit Aussehen haben.

**Georg.** Und was die Wichtigkeit der Sach ausmacht, so sage er mir, Nachbar Jakob, wer will diesen Herrn eine genugsame Stiftung geben?

**Jakob.** Man sagt, der Herr St... R.. mit der Fr.. St.... wolle dieses gute Werk stiften.

**Georg.** Aber, aber, nur zu einem kleinen Entwurf, Nachbar Jakob, was meint er, wäre es nicht GOtt angenehmer, wann dieser Herr unsern armen Spithal liesse bauen, oder die Pfarrkirchen erneuern, oder die grosse Glokken giessen; ich glaub die armen Leute wurden ihnen eben so dankar seyn als andere, und hätte Diesem das ganze Land eine ewige Schuldigkeit, wie auch der Fr.. St....

**Jakob.** Ich bin auch der Meinung, Nachbar Georg.

**Georg.** Aber von diesem Entwurf besser zur Hauptsache zu schreiten, wann der Herr St... und Fr.. St.... die Herrn Jesuiten wollen stiften, wie viel tausend Gulden will er dann herschiessen?

**Jakob.** Man sagt sein Haus, Matten und Güter wolle er ihnen schenken, Zins und Capital geben, daß sich auf 80000. Gulden belaufe.

**Georg.** Das wär ein schöne Vergabung; aber, Nachbar Jakob, meint er, das wäre genug für eine Stiftung den Herrn Jesuiten?

**Jakob.**

**Jakob.** Ich meine ja.

**Georg.** Aber ich glaube nein; wir wollen, Nachbar Jakob, ein Ueberschlag machen. Erstlich muß man diesen Herrn eine Kirchen bauen, und das nicht ein schlechte, auf das wenigste so groß als die Pfarrkirche zu Yngenbol, dann an allen andern Orten haben sie noch grössere und schönere; was meint er dann, daß ein solche Kirche zu bauen bey jeziger Zeit koste? 20000. Gulden; ja wol mit Stein, Kalch, Holz, Fuhren, Eisen und anders; so gehen dann Anfangs 20000. Gl. hinweg. Nun zum andern, Nachbar Jakob, gehören in diese Kirche Altäre, in den Thurn 2. oder 3. Glokken, und keine Beinhaus-Glökli, aber doch auch nicht gar zur grosse; was meint er, was kostet dieß alles mit einander? Ich will 7. Altäre rechnen, dann weniger haben sie nicht in ihren Kirchen, mit 2. Glokken; ich will für dieß alles zusammen rechnen 6000. Gulden, so doch nicht genug; nun so gehen Anfangs von dem Capital hinweg 26000. Gulden, und bleiben noch 54000. Gulden übrig. So denn zum dritten, Nachbar Jakob, was gehört auf die Altäre? Ein Tabernakul, ein silberne und vergülte Monstranz, ein silber-vergultes Geschirr zum communiciren, so viel Kelche als Altäre, ein silbernes Rauchfaß und Schifli, auch silberne Kerzenstök und Crucifix, auch darzu eine schöne Kanzel; was kostet wol dieses alles? Ich rechne gut 5000. Gulden; so gehen 5000. Gl. hinweg, und bleiben noch übrig 49000. Gulden. Jezt komme ich in die Sacristey,

in löbl. Canton Schweiz.

cristey), darein gehören. Meß-Gewänder, mit Silber- und Gold-Schnüren, über 2000. Ellen, nicht eben ristig, sondern auch Libet-Zeug, Tischmacher-Arbeit, Meßbücher, und mehr dergleichen Waar; ich rechne von allen Farben, weiß, roth, grün, braun, schwarze Meßgewänder, Kelchtüchlein für ein jedes Altar von allen Farben: item, Leviten-Röke von allen Farben, und was mehr dergleichen. Was kostet nun dieses alles? Auch nicht weniger als 6000. Gulden, genau ausgerechnet, so gehen diese 6000. Gulden hinweg, und bleiben annoch übrig 43000. Gulden. Nun, Nachbar Jakob, wo muß die Kirche gebauet werden?

Jakob. Nachbar Georg, dieß ist kein Frage, in des Herrn St... R.. Matten.

Georg. Ich lasse es gelten; wie viel ist die Matten werth?

Jakob. Fünftausend Gulden.

Georg. So geht dieß Capital auch hinweg?

Jakob. Warum?

Georg. Die Kirche nimmt aller Orten grossen Plaz hinweg, es müssen um die Kirche Mauren, auch zu allen Zeiten zu der Kirche kommliche Weg seyn, und vor der Kirche ein Plaz. Nach Abzug auch dieser Matten, von welcher wenig Nuzen wurde überbleiben, sind annoch übrig 38000. Gulden. So denn, Nachbar Jakob, kommt noch ein schwerer Puncten, was kostet Tach und Gemach? was Kerzen, Ampelen, Oel, Meßwein, die Sacristey? was dann zerbricht, was mangelt darinn zu erhalten? auch aufs wenigst 400. Gulden jährlich.

Jakob. Das glaub ich auch.

Georg. Man kan aber den Kirchen-Vogt zu Schweiz fragen, was die Erhaltung der Pfarr-Kirche koste, so kan man wissen, was die Erhaltung der Jesuiter-Kirche koste, denn solche eben so köstlich müssen erhalten werden, als grössere Pfarrkirchen; gesezt aber, 400. Gl. seyen erkleklich, so gehen abermalen 8000. Gulden von dem Capital hinweg, welche jährlich die 400. Gulden Zins tragen, und bleiben noch übrig 30000. Gulden.

Jakob. Das ist noch ein schönes Capital, Nachbar Georg.

Georg. Wahr ist es, aber, mein lieber Nachbar Jakob, die Kösten, so zu dieser Stiftung gehören, sind noch nicht alle erörtert; die Herren Jesuiten haben noch ein Kloster und Schulhaus vonnöthen. In ihr Kloster gehört Schiff und Geschirr, Bethgewand, ein Betthaus; mit einem Wort, was in eine Haushaltung gehört, und das aufs wenigst für zehen Personen, was kostet das, Nachbar Jakob? Aufs wenigst einmal 1000. Gulden.

Jakob. Ja verzeihe mir, Nachbar Georg, der Herr St... R.. will den Jesuiten sein Haus eingeben, also braucht es kein Kloster bauen, auch kein Schulhaus.

Georg. Ich lasse es gelten, Nachbar Jakob, aber des Herr St... R.. Haus siehet keinem Jesuiten-Kloster gleich, weder inn- noch auswendig, und muß also verändert werden

zu

## in Löbl. Canton Schweiz.

zu einem Kloster und Schulhaus, und, wie oben gesagt, alles, was darein gehört, muß angeschaft werden; was kostet wol dieses alles für etwann 8. oder 10. Personen? Einmal gewiß 3000. Gulden. Was bleibt denn von dem ersten bis zum lezten übrig? 27000. Gulden Capital.

Jakob. Ist das, Nachbar Georg, nicht noch eine schöne Summ?

Georg. Es gienge, Nachbar Jakob, an, wann die Stiftung ein End hätte. Aber, lieber Jakob, woraus müssen die Herrn Jesuiten essen und trinken, sich bekleiden, Tach und Gemach im Kloster, und Schulhaus erhalten? Aus dem 27000. Gulden werthigen Capital; das wird genau zugehen, daß sich ein Jesuit mit 15. Gulden jährlich könne nach seinem Stand und Lebens-Manier in Kleidern und andern Nothwendigkeiten in Speiß und Trank erhalten. An andern Orten haben die Herrn Jesuiten ganze Höf, Alpen, Zinß und Lust-Häuser, und von Obrigkeiten bis 3000. Gulden baares Gelt, und sagen jedoch, sie können sich nicht durchbringen, und gehen hin und wieder, sich zu beklagen: was sollten dann jährlich 1350. Gulden seyn ohne Capital und Zinß, ohne Matten und Alpen? Nun, nun, Nachbar Jakob, ist die Stiftung aufgerechnet; des Herr St...R.. Matten wird durch selbe ganz aufgezehrt, ja ist kaum genug; warum und aus was Ursachen soll man dann die Herrn Jesuiten annehmen, wann ein solches grosses Capital gebraucht wird, es könnten ja alle Erben des Herrn St... und viele Haushaltungen im Land daraus erhalten werden, viele Eltern ihren Kindern und Kinds-Kindern helfen?

Jakob. Das ist wahr, ich finde die Sache, wie sie der Nachbar Georg mir vorgestellt; aber viel hundert Landsleute denken niemalen an dergleichen Sachen, und wurden es nicht glauben, wann man ihnen die Sach nicht vorstellte, wie er sie mir jezt vorgestellt hat; ich will doch, wann unsere Nachbarschaft wieder zusammen kommt, das Geschäft ihnen auch ein wenig vor Augen stellen. Aber, Nachbar Georg, ich sihe, daß ihr die Sach aus dem Grund verstehet, darum habe ich noch eins zu fragen, und zwar das, worauf ihr schon oben gedeutet, ob es dem Vaterland nüzlich oder schädlich seyn würde?

Georg. Wann der Seelen Heil kein Mangel leidet, und das gemeine Wesen kein Nuzen hat, so kan man eine solche Sach in einem Land annehmen oder nicht; also ist es auch mit den Herrn Jesuiten, wann diese Herrn dem Land einen allgemeinen Nuzen bringen, so kan man sie in unser Land annehmen; wo das nicht, so sihe ich nicht, warum man diese Herrn in unserm Land soll säßhaft machen. Was meint er dann, Nachbar Jakob, kan nicht ein jeder Mensch, wann er will, seiner Seelen Heil wirken ohne die Hrn. Jesuiten?

Jakob.

Jakob. O, das ist kein Frage nicht, sonst helf GOtt unsern in GOtt ruhenden Vor-Eltern!

Georg. So ist denn wegen des geistlichen Nuzens nicht nothwendig, daß man fremde Geistliche ins Land ziehe?

Jakob. Ja, das ist wahr, aber ich hab gehört sagen, sie haben einen gar schönen GOttesdienst, seyen gute Beichtväter, tröstliche Prediger, gelehrte Leut in den Schulen, fleißig bey den Kranken.

Georg. Ich lasse es gelten, die Herrn Jesuiten sind gelehrte und gewaltige Geistliche; aber, Nachbar Jakob, ist etwa ein Mangel in unserm Land an dergleichen Geistlichen? Kein ehrlicher Mann wird das sagen können; wir wollen ein wenig eins nach dem andern mit Vernunft und Wahrheit erlesen. Erstlich sagt er, Nachbar Jakob, die Herrn Jesuiten haben einen schönen Gottesdienst; worinn besteht er dann? Sie halten Aemter, Predigten, Kinderlehren; ist das nicht schon viel hundert Jahr in unserm Canton alle Sonn- und Feyer-Täge in unsern Pfarrkirchen gehalten worden?

Jakob. Das ist wahr: dann im ganzen Land muß jedermann sagen, daß die Pfarr-Herrn eiferig im Gottesdienst seyen, und selben fleißig halten.

Georg. Zum andern sagt er, die Herrn Jesuiten seyen gute Prediger, fleißige Beichtväter, sorgfältig bey den Kranken: Das glaube ich, Nachbar Jakob; aber das glaube ich nicht, daß sie unsern Herrn Pfarr-Herrn, Caplánen, Geistlichen, und denen Vätern Capucinern, Meister seyen im Predigen, es kan ja das ganze Land die Pfarrherrn nicht genug wegen der Predigten loben, und vermeint eine jede Pfarrey, sie habe den bessern Prediger aus ihren Herrn. Was die Herrn Väter Capuciner hernach für brave Prediger haben, hört man in der Fasten, und wann sie an den Sonntagen predigen, es kan ja mit gutem Gewissen sich niemand klagen?

Jakob. Das ist abermal wahr, man thäte allen unsern Geistlichkeiten das größte Unrecht, aber die Mißions-Herrn sind doch wakere Leut?

Georg. Das ist auch wahr; doch hab ich nichts gehört von ihnen predigen, das unsere Pfarrherrn und Capuciner nicht eben ausdruklich mit gleichem Eifer geprediget haben; ja, ich hab gehört, daß man an andern Orten, wo Jesuiten sind, die Pfarrherrn, Capuciner, Barfüsser für so gute Prediger schäze, als die Herrn Jesuiten, wo nicht für bessere, das hab ich selber an der Römerfahrt gehört sagen von Herrn, die das Predigen aus dem Fundament verstehn. Was dann das Beicht hören angehet, Nachbar Jakob, ist nicht wahr, daß bey Mannsgedenken keine fleißigere Herrn im Beichtstuhl gewesen, als unsere fünf Kirchen-Herrn zu Schweiz? und den Capucinern kan man auch nichts vorhalten, oder wann ein Mangel wäre, so würde gleich geholfen.

Jakob.

Jakob. Das ist, GOtt Lob! jedermann bekannt, daß an fleißigen Beichtvätern in der Pfarr-Kirchen ein Ueberfluß, und im Kloster kein Mangel ist.

Georg. Zudem was ist für ein schöner Gottesdienst bey den Kloster-Frauen, so der hochwürdige Pater Beichtiger haltet? und was für ein fleißiger Seelen-eiferiger Beichtvater er seye, müssen Reiche und Arme ihm Zeugniß geben.

Jak. Ein gleiches muß man, Nachbar Georg, auch bekennen von Heimsuchung der Kranken, der Herrn Pfarrherrn, Herrn Helfern und Frühmessere. Der alte Pater Galli und andere Capuciner laufen Tag und Nacht, in Wind und Wetter, über Berg und Thal zu allen Kranken. Kinderlehren werden nicht allein in der Pfarrkirchen, sondern vast in allen Capellen, zu Sewen, Ibach, Rikenbach, Oberschönenbuch, ja so gar auf Yberg oben gehalten; das ist und bleibt wahr.

Georg. Ja, Nachbar Jakob, er hat Recht, und wanns auf eine Probe ankäme, so wollte ich Dörfen wetten, unsere Jugend im Land wäre so wol unterwiesen im Glauben und Canisio, als wo die Herrn Jesuiten selber Kinderlehren halten.

Jakob. Es kan seyn, Nachbar Georg, daß er das Gewett nicht verlierte.

Georg. Wann dem also, so wollen wir die lezte Ursach auch noch untersuchen. Er sagt, Nachbar Jakob, die Herrn Jesuiten seyen gelehrte Leute in den Schulen und Lehren; hernach

nach gebe es gelehrte Geistliche und gewaltige Männer im Land; das Lob haben die Herrn Jesuiten, welches ich ihnen auch allzeit hab hören geben; aber sage er mir, Nachbar Jakob, wo haben zuvor die jezige geistliche Pfarrherrn und andere Geistlichen, unsere so gewaltige Stands-Personen im Land, gelehrt; wo sind sie in die Schul gegangen?

Jakob. Nachbar Georg, Anfangs in das Klösterli.

Georg. O, so kan man ja die Sache bey dem Klösterli lassen bestellt seyn, und nuzet nichts, daß die Herrn Jesuiten und Klösterli-Herrn mit einander ein doppelte Knabenschul hälten.

Jakob. Ja, Nachbar Georg, man muß die Schul im Klösterli aufheben.

Georg. Das wäre eine saubere Sach, wann man die Herrn im Klösterli wollte verstossen, das doch für die Welt-Geistlichen gestiftet worden.

Jakob. Des bin ich auch der Meinung, es gienge vor GOtt und der ehrbaren Welt nicht an. Nachbar Georg, ist das Klösterli für die Welt-Geistlichen gestiftet worden?

Georg. Das habe ich, Nachbar Jakob, für gewiß gehört sagen.

Jakob. Das wäre aber eins; und wann dem also ist, so kan ich selber nicht finden, daß der Seelen Heil im Land daran gelegen, daß man die Herrn Jesuiten annehmen soll,

weil

weil jedermann mit Händen greiffen kan, daß der ganze Canton mit schönem GOttesdienst, gewaltigen, gelehrten Predigern, fleißigen Beichtvätern, eiferigen Kinderlehrern, sorgfältigen Kranken-Warteren, und gnugsamen Schulen versehen; aber mit diesem allem, Nachbar Georg, ist die Sach nicht erörtert, des gemeinen Manns höchstes Absehen an einer Landsgemeinde ist das gemeine Wesen, der Nuzen oder Schaden im Land.

Georg. Das ist eine billiche Sach, Nachbar Jakob, darauf schweeren wir alle mit einander ein Eid. Was sagt man dann, daß die Herrn Jesuiten dem gemeinen Wesen im Land werden nuzen?

Jakob. Erstlich, die Herrn Jesuiten werden, wie schon gesagt, Schul halten. Zum andern können die Kinder im Land studiren ohne Kösten. Zum dritten, wann die Herrn Jesuiten im Land, so kommen fremde Studenten auf Schweiz zu studiren, und bringen Gelt ins Land.

Georg. Was mehr, mein Nachbar Jakob, ist das der ganze Landes Nuzen? Höre er, mein lieber Nachbar Jakob, fürs erste hat er schon gehört, daß man im Klösterli auch ohne Kösten der Eltern studiere, wie bey den Herrn Jesuiten.

Jakob. Holla, Nachbar Georg, man muß im Klösterli jährlich 4. Kronen geben.

Georg. Das ist wahr, Nachbar Jakob, aber meint er, man müsse denen Herrn Jesuiten nichts geben? frage er nach zu Lucern, Solothurn und Freyburg, und andern Orten, Es ist aber nicht der werth davon zu reden, es ist eine Kleinigkeit, die dem Land weder nutzet noch schadet. Dann gesezt, die Herrn Jesuiten hätten Schul zu Schweiz, und die von Art Steinen, Brunnen, Sattel, und andern Oertern wollten zu Schweiz studiren, müßten ihre Eltern nicht auch für die Kinder das Kosigelt bezahlen?

Jakob. Das ist wahr, Nachbar Georg.

Georg. So hat der gemeine Mann kein Nuzen davon, als etwann ein oder der ander Particular zu Schweiz; zum dritten, daß fremde Studenten werden ins Land kommen, ist eine lautere Einbildung, Nachbar Jakob.

Jakob. Wie so?

Georg. Erstlich wird man in unserm Land keine hohe Schul können aufrichten, wie an andern Orten, als zum Exempel zu Lucern, daß man könne die Philosophie und Theologie studiren. Zum andern, wann man nicht weiters studirt, als die Rhetorik, wird kein Fremder kommen; vornehme Kinder gehen lieber in die Städt, wo sie weiters im Studiren können fortfahren. Von den Armen wird das Land kein Nuzen machen, zudem wird auch kein armer kommen. Dann wann ein armer Student an andern Orten sich wol haltet, so kan er bey vornehmen Kindern ein Schuler werden, und vergebens studiren, und könnten den Eltern ab der Deke; solche wurden

zu

in löbl. Canton Schweiz.

zu Schweiz, wann die Herrn Jesuiten schon Schul halten würden, nichts dergleichen zu hoffen haben. Wer ist zu Schweiz, der fremde Studenten vergebens ins Haus nehmen wird? wenig, oder niemand, sie haben genug an ihren Kindern. Zum dritten will ich ihn versichern, Nachbar Jakob, unsere eigene Lands-Leute würden ihre Kinder nicht auf Schweiz schiken, zu geschweigen von Fremden zu reden.

Jakob. Wann man es recht beym Licht betrachtet, Nachbar Geörg, so muß ich diesem Puncten Beyfall geben.

Geörg. Wann er dann, Nachbar Jakob, dieser Meinung ist, worinn soll dann der Nuzen des gemeinen Wesens, so die Herrn Jesuiten dem Land bringen, weiters bestehen?

Jakob. Ich habe weiters hievon nicht vieles gehört sagen, Nachbar Geörg, oder wisset ihr etwas?

Geörg. Ja, Nachbar Jakob, aber nicht viel nuzliches dem gemeinen Wesen: beynahe könnte wol mit der Zeit ein grosser Schaden im Zeitlichen zu besorgen seyn.

Jakob. Das wäre mir eins, ich hätte schier Zeit heim, aber das will ich noch mit Aufmerksamkeit anhören, ich bitte, Nachbar Geörg, fange er an zu erzählen.

Geörg. So seye es dann. Woraus, sage er mir, Nachbar Jakob, leben unsere Herrn und der gemeine Mann im Land?

Jakob.

Jakob. Aus den Landgütern, Matten, und Alpen und anderm.

Georg. Er hat recht, Nachbar Jakob, die Herrn haben Zinß und Capital darauf, der gemeine Mann nuzet die Güter, und giebt den Herrn den Zinß. Nun, wann der Herr St... K.. den Herrn Jesuiten 80000. Gulden Capital giebt, dieses Capital aber, wie oben gesagt, sich in Kirchen bauen; Kirchen-Zierarten; in Veränderung seines Hauses in ein Kloster; in dem Haus-Rath, so in einem Kloster, wie die Herrn Jesuiten sind, sich aufzehrt, so leidet das Land Schaden an 80000. Gulden Capital mit dem tragenden Zinß; welches Capital, wann die Herrn Jesuiten nicht angenommen werden, allzeit dem Land Nuzen trägt: das ligt zum ersten am Tag; zum andern, wann auch den Herrn Jesuiten der Herr St... K.. mehr als 80000. Gulden geben wollte, damit sie sich erhalten könnten, wäre es gleichwol ein gemeiner Schaden.

Jakob. Warum?

Georg. Darum, das Gut fiele alles in todte Händ, da es hingegen auf des Herrn St... K.. Familien oder dessen Erben zufiele. Zum andern haben die Herrn Jesuiten aller Orten Landgüter, Matten, Alpen, Lust-Häuser; wann man sie annimmt, werden sie auch dergleichen haben wollen.

Jakob.

Jakob. Woher aber nehmen?

Georg. Kaufen, oder man muß es ihnen verehren; kommt abermal also in todte Händ mit gröstem Schaden des gemeinen Manns und Wesens. Zum dritten, sind die Herrn Jesuiten aller Orten wol bemittelt, haben Gelt genug auf Zinß auszulehnen, mit der Zeit können Höf, Matten, Alpen, Wälder, an sie fallen; kommen abermalen diese Güter in todtne Händ mit einem nicht kleinen Schaden des Lands.

Jakob. O, Nachbar Georg, man kan die Herrn auskaufen, oder ihnen gar verbieten, daß sie nichts kaufen.

Georg. Wer will sie auslösen, wann die Güter übersattelt sind?

Jakob. Der gemeine Mann oder die Herrn in Particular.

Georg. Wer dann? Nicht wahr, Nachbar Jakob, der Kasten- oder Lands-Sekel?

Jakob. Das käme sauber heraus.

Georg. Den Herrn Jesuiten aber verbieten, daß sie nichts kaufen können, meint er, das würde gehalten werden? Fallen dann die Güter an sie, so werden sie viel Recht haben wollen, auf das wenigst eben so viel, wie ein Beysäß. Wann man dann recht betrachtet, daß, falls der Herr St... K.. 80000. oder noch mehrere tausend Gulden den Herrn Jesuiten stiftete; dieß Capital, wann sich die Herrn

Herrn Jesuiten wollen erhalten, kaum erkleklich, darum man mehr beysezen muß; und
daß das Capital samt dem Zins, so dem Land
zu Nuzen kommen wäre, nemlich das Erbgut,
so denen Erben des Herrn St... K..
zukäme, in todtne Händ fiele; und daß überdieß zu besorgen, daß mit der Zeit tausend
und aber tausend Gulden noch in diese todtne
Händ gerathen möchten, wann die Herrn Jesuiten angenommen würden; was dunkt
ihn, Nachbar Jakob, was hat das gemeine
Wesen für ein Nuzen von den Herrn Jesuiten?

Jakob. Diese Sach ist bald errathen; keinen, Nachbar Georg.

Georg. So ist es, Nachbar Jakob, nicht
allein hat unser Land und gemeines Wesen keinen Nuzen, sondern noch einen grossen Schaden zu beförchten, so fasse er es denn wol zu Herzen, Nachbar Jakob, und wann er hört von
dem Jesuiten Geschäft reden, so lege er es den
Landsleuten ein wenig zu Sinn.

Jakob. Das will ich, und finde es im Gewissen schuldig zu thun, Nachbar Georg.

Georg. So lebet wol, Nachbar Jakob,
grüsset mir euere Nachbarschaft daheim, es
bleibt allezeit beym alten.

Jakob. Behüt euch GOtt, Nachbar Georg.

Georg. Lebet wol, Nachbar Jakob.

Jakob. Poz, höret! noch eins wundert
mich, Nachbar Georg: Bettlen die Herrn
Jesuiten auch im Land, wie die Capuciner?

Georg.

in löbl. Canton Schweiz.    699

**Georg.** Nein, sie sind keines Bettler Ordens, sie bettlen nicht wie die Capuciner, etwan Anken, Brot, Kerzen, Garn und dergleichen, aber dennoch nehmen sie an Gelt, Matten, ganze Höfe für ihre Haushaltung, Silber-Geschirr, guldene Ketten für ihre Kirche, und wann etwas am Kloster oder Collegi, wie sie es nennen, oder an der Kirche fehlt, so muß die Obrigkeit oder der Lands-Sekel herschiessen, sie mögen gestiftet seyn, wie sie wollen. Das hab ich erst am alten Markt zu Lucern gehört sagen, daß die Herrn Jesuiten haben die Kirchen mahlen lassen, dazu ihnen die Obrigkeit 1800. Gulden geben müssen, und haben dazu noch eine Gelt-Steuer zu Stadt und Land in allen Pfarreyen gebettelt, ohne was sie heimlich von reichen Leuten bekommen haben; was meint er dann, Nachbar Jakob, wäre das dem gemeinen Wesen oder dem Lands-Sekel nuzlich?

**Jakob.** Poz Blust! die Herrn sind einmal zu köstlich für unser Land, sie würden zulezt reich, und das Land arm: Dieses kommt auch bey hundert Schritten nicht überein mit dem, was der Nachbar Gilg gesagt hat, nemlich er habe von gewissen Leuten hören sagen, sie führen ein Leben wie die Apostel.

**Georg.** Ich halte die Jesuiten für gewaltige Apostolische Männer, aber einmal sind diese Herrn zu köstlich für unser Land, und wie ich euch erklärt habe, so ist es dem ganzen Land mehr schädlich als nuzlich, wann man

man diese Herrn sollte annehmen: Dann einstheils, wie ihr hört, Nachbar Jakob, so ist das ganze Land mit Geistlichen überflüßig versehen; anderstheils ists dem Land schädlich, weil so viel tausend und aber tausend Gulden in todtne Händ fallen, und zu besorgen wär, daß nicht noch tausend und aber tausend darein gerathen könnten. Schließlich finde ich bey meiner Ehr und Eid, daß man diese Herrn Jesuiten nicht solle annehmen.

Jakob. Und ich, Nachbar Geörg, bin auch euer Meinung, glaube aber, es seye kein Gefahr, dann das Geschäft ist jezt wiederum still.

Geörg. Ja, Nachbar Jakob, traget Sorg, trauet nicht, es könnte einsmals diese Sach an der Landsgemeind ausbrechen; und wann wahr ist, daß der Herr St... K.. auf den Mann ein Thaler gebe, könnte die Sach fehlen; eben darum, Nachbar Jakob, wollte ich nicht dazu helfen, dann ich habe einmal gehört im Evangelio, daß Christus seine Apostel nicht mit Gelt gekauft habe.

Jakob. Nachbar Geörg, hat man auch Gelt anerbotten, wie man die Capuciner ins Land angenommen?

Geörg. Ich muß vast ab dieser Frag lachen, Nachbar Jakob! wer wollts geben haben? nicht ein Rappen ist anerbotten worden, es hat niemand daran gedenket.

Jakob. So muß unter dem Jesuiten Wesen etwas anders steken, was ist aber zu thun, damit die Sach nicht zu Stand komme?

Geörg.

**Georg.** Nichts anders, als man muß mit den Landsleuten von der Sach reden, und ihnen in Sinn legen, wie viel daran gelegen, und daß sie dem Land mehr schädlich als nutzlich, damit sie sich nicht etwann lassen durch Gelt verblenden.

**Jakob.** Ich will mich, Nachbar Georg, schon in der Sach brauchen lassen, damit man bey dem alten bleibe, und nichts neues in das Land einführe.

**Georg.** Und an mir, Nachbar Jakob, soll es gewiß auch nicht fehlen.

**Jakob.** Es will anfangen spat werden, Nachbar Georg, behüt euch GOtt!

**Georg.** Lebet wol, Nachbar Jakob, ja es bleibt, und soll alles beym alten bleiben.

**Jakob.** Das hoff ich auch. Gelobt sey JEsus Christ! Nachbar Georg.

**Georg.** In Ewigkeit! Nachbar Jakob, vergesset nicht, mit den Landsleuten zu reden.

**Jakob.** Nein, nein!

## X.

## Authentische Nachricht

von der Ao. 1760. in Genf auf Obrigkeitlichen Befehl verbrannten Schrift:

Dialogues Chrétiens,
*par M. V.. à Geneve.*

---

Viro Reverendo
*Domino Joh. Jacobo Breitingero*
S. P. D.
*Jacobus Vernet.*

Mihi quidem in manu non funt, utpote rure degenti, literæ, quas ad me dabas, & quibus mihi commendatos esse volebas ornatissimos quosdam vestrates, qui jam ulterius abivere, quique mihi omnes viri sunt laudatione tua dignissimi; sed ne illas literas requiram vetat urgens negotium, quod tecum, vir doctissime, & per te cum clarissimis tuis Collegis communicare, pro amicitia nostra, debeo. Initio Septembris transmissus est Lugduno ad aliquem Bibliopolam nostrum fasciculus continens ducenta exemplaria li-
belli

belli sic inscripti: *Dialogues Chrêtiens, par M. V., a Geneve.* In priore Dialogo loquitur Philosophus Encyclopedista cum Sacerdote Pontificio, qui furiosus est philosophiæ criminator. In altero Sacerdos idem loquitur cum Ministro Reformato, qui agit fraudulentum hominem avarum proditorem suæ causæ, &c. Hic libellus, etiam tacente Synedrio nostro, statim ab Clarissimo Senatu correptus, damnatus & flammis addictus est. Quem ubi legebam, ne quidem veniebat mihi in mentem, aut me, aut quemquam ex nostris ibi designatum esse. Sed paulatim occulto susurro vulgari cœpit me ipsum peti; mox sparsi sunt rumores ex nonnullis ante XX. annos peractis ac fraudulenter contortis, cum multiplici impostura, elicitis, ut appareret talia tela in me contorta esse. Omnes quidem probi talia, ut decebat, contemnebant; attamen, ut non pauci sunt homines aut maligni, aut creduli, hærebat in pectore quorundam nescio quæ suspicio vix prorsus eluenda. Indignabundus ego veterum chartarum fasces dudum in pulvere jacentes, sic feliciter evolvi, ut fraudem totam ( præter spem mendacis destitutum me in re antiqua documentis putantis ) patefecerim primo quidem venerando Cœtui nostro, deinde Senatoribus multis, idem jamjam facturus coram Ven. Consistorio, mox coram ipso Senatu, ne quid vel levissimæ

maculæ

in cute mea hæreat. Eo vivimus tempore ubi defensoribus fidei Christianæ, qualem me acrem professus sum, adversus *Voltairium*, multum laboris, fastidii & calumniarum tolerandum incumbit. Negavit quidem ille, scripta ad primarium Consulem epistola, libellum hunc a se inspectum, ut suspicio erat; imo se dixit illum detestari. Hoc mihi potius verisimile fit, aliquem ex illius cohorte, illo quidem non inscio, istud veneni effudisse, quo Pastoralem coetum omnem in me uno laceraret, meamque auctoritatem in libris jam a me evulgandis elevaret. Sed gratias ago permultas Divinæ Providentiæ, quæ sivit pus istud me vivo emitti, dum adhuc suppetunt clara documenta innocentiæ meæ; unde mea dignitas, nedum labefactetur, crescit, & quo laqueo irretire me inimicus volebat, ipse eo decipitur. Hanc victoriam nostram confidenter & alta voce spargas velim, quo impiorum audacia magis magisque confundatur, nec Helvetiam nostram turbare suis libellis, ut Lutetiam lacerabant anno præterito, adgrediantur. Servet te Deus incolumem; nos interim opus D. N. Jesu Christi in coelo regnantis agamus in terris impigre. Datum Genevæ die Octobris VI. Anni 1760.

Innhalt.

# Innhalt

des zweyten Theils dieses zweyten Bandes.

Blat.

I. Nachricht von den Zürichischen Herausgaben der heiligen Bibel, in deutscher Sprache, von J* J* B*    381

II. Annales sive Chronicon Cœnobii Capell, opus incœptum ab orbe redemto 1526. Librariis Promis, *Petro Symlero* & *Heinrycho Bullingero*, Cal. Febr. sub *Volcatio Jonero*, Monasterii Abbate. *Ex Originali in Archivo Eccles. Turic.*    397

III. Zwinglii trüw und ernstlich Vermanung an die frommen Eydgnossen, daß sy sich nach jrer Vordern Bruch und Gestalt leytind, damit sy die Untrüw und Geuärd jrer Jugenden nit beleydigen mög. Aus dem Ao. 1524. gedruckten Exemplar.    456

IV. Martin Buzers historische Nachricht von dem Gespräch zu Marburg zwischen Luthern und Zwinglin.    471

V. Johann Conrad Füßlins Urtheil über diese Nachricht.    505

VI. Melch. Zändelins Costanz. Sturm Ao. 1548. Aus einem Mscr.    513

VII. Joh.

Blat.

VII. Joh. Gottlieb Elsners historische Abhandlung von dem beneideten glüklichen Fortgange des Böhmisch-Reform. Kirchenwesens in der Chur-Mark Brandenburg und im Herzogthum Schlesien; zweyter und dritter Abschnitt.    568

– – Attestat, welches die Böhmisch-Reform. Gemeine in Berlin Herrn Wenceslaus Blaniski gegen die Angriffe Hrn. Andreas Machers ertheilet hat.    611

VIII. Joh. Gottlieb Elsners Anekdoten zu den Lebens-Umständen dreyer ansehnlicher und berühmter Gottesgelehrten zu Berlin, D. Jakob Elsners, Johann Liberda und Augustin Schulzes.    619

IX. Gespräch dreyer unparteyischer patriotischer Männer über die Frage: Ob die Aufnahm und Anbauung der Jesuiten in dem Hauptfleken des Löbl. Cantons Schweiz dem Staat und der Kirche nüzlich oder schädlich sey? Ao. 1758.    680

X. Herrn Professor Vernets authentische Nachricht von der Ao. 1760. in Genf auf Obrigkeitlichen Befehl verbrannten Schrift: *Dialogues Chrétiens, par M. V. . à Geneve.*    702

www.ingramcontent.com/pod-product-compliance
Lightning Source LLC
Chambersburg PA
CBHW030010240426
43672CB00007B/901